PARADIGMAS DA EDUCAÇÃO

Rui Fava

PARADIGMAS DA EDUCAÇÃO

Conectando revoluções e gerações através da aprendizagem

2024

Av. Paulista, 901, Edifício CYK, 4º andar
Bela Vista – São Paulo – SP – CEP 01310-100

SAC | sac.sets@saraivaeducacao.com.br

Diretoria executiva	Flávia Alves Bravin
Diretoria editorial	Ana Paula Santos Matos
Gerência de produção e projetos	Fernando Penteado
Gerenciamento de catálogo	Gabriela Ghetti de Freitas
Design e produção	Jeferson Costa da Silva (coord.)
	Verônica Pivisan Reis
	Alanne Maria
	Lais Soriano
	Rosana Peroni Fazolari
	Tiago Dela Rosa
Planejamento e projetos	Cintia Aparecida dos Santos
	Daniela Maria Chaves Carvalho
	Emily Larissa Ferreira da Silva
	Kelli Priscila Pinto
Diagramação	Adriana Aguiar
Revisão	Daniela Georgeto
Capa	Lais Soriano
Produção gráfica	Marli Rampim
	Sergio Luiz Pereira Lopes
Impressão e acabamento	Ricargraf
OS	232534

DADOS INTERNACIONAIS DE CATALOGAÇÃO NA PUBLICAÇÃO (CIP)
VAGNER RODOLFO DA SILVA – CRB-8/9410

F272e Fava, Rui
  Paradigmas da educação: conectando revoluções e gerações através da aprendizagem / Rui Fava. – São Paulo: Saraiva Uni, 2024.
  296 p.
  ISBN 978-85-7144-238-2 (Impresso)
  1. Educação. 2. Aprendizagem. I. Título.

2023-3072
CDD 370
CDU 37

Índices para catálogo sistemático:
1. Educação   370
2. Educação   37

1ª edição

Dúvidas? Acesse www.saraivaeducacao.com.br

CÓD. OBRA	3513	CL	651986	CAE	854578

Agradecimentos

Dizem os filósofos da vida que não existe "pouquidade" de tempo: há falta de vontade. Quando desejamos mesmo, a madrugada se torna dia, sábado e domingo viram segunda e terça-feira, e qualquer momento disponível, mesmo que seja em um aeroporto abarrotado, tumultuado, barulhento e anárquico, se transfigura em uma oportunidade. Entretanto, não somente com vontade, inspiração, transpiração e desejo foi possível reescrever este texto. Houve também a paciência, o incentivo, a sinergia de muitas mentes privilegiadas. Entre estas, a força inspiradora de meus saudosos e amados pais, que, estejam onde estiverem, estarão sempre ao meu lado, vibrando com minhas vitórias. Minha esposa Rejani, pela paciência e compreensão de minhas ausências. Meus filhos Vinicius, Rui Leonardo e Matheus, fontes de motivação, alacridade, persistência em meu trabalho e em minha vida. Agradeço a Deus e ao meu amigo, inspirador de todas as horas, São Francisco de Assis, que, como homem e ser humano (e não como mito ou santo), ensinou-me que devemos ter foco e ser heroicamente apaixonados por tudo que fazemos e realizamos.

Rui Fava

Sumário

Prefácio

Prefaciar uma obra é sempre uma honra e compromisso. Honra porque, dentre tantas pessoas em condições de o fazer, fui o convidado. Compromisso porque se espera uma reflexão que venha agregar valor além da riqueza já dita na obra.

Permito-me sair das linhas academicistas, muito usuais nos meus textos científicos, para aqui poder utilizar uma forma livre, uma vez que se trata de escrever sobre educação voltada para o futuro que já é presente. Portanto, livre das burocracias da escrita, permito-me divagar sobre meus sonhos educacionais após ler, reler e ruminar, como bem nos dizia Rubem Alves, esta bela obra.

Aqui, tocado pelos desafios da escrita de Rui Fava, partilho minha inquietude e meu desejo em contribuir com possíveis estratégias para evoluirmos da educação que temos para a educação que queremos. Portanto, permito-me registrar o que estou ruminando, sim. Escrevo no gerúndio para registrar minha crença na educação enquanto processo, sonho, utopia que nos ajuda a caminhar.

Sonho com uma educação menos cartorial, sem quebrar leis, regras e limites. Contudo, acredito que somente tem sentido aquela norma que esteja a serviço da vida, do desenvolvimento humano e social, do crescimento econômico e solidário, que reflete resultados esperados a partir dos investimentos feitos.

A educação que quero supera a reserva de mercado, não reedita ideologias escravocratas, como no tempo do Brasil Colônia. Ela extingue de seu vocabulário a "grade curricular", resquício do mundo fabril, que boicota, inclusive, o inconsciente coletivo junguiano, limitando o espaço para a inovação e o empreendedorismo.

Trabalho com a concepção de uma educação protagonista, que não vá a reboque de induzida parceria com a sociedade, com o mercado e com a inteligência artificial. Almejo uma educação protagonista pautada por princípios éticos e democráticos, capaz de construir soluções para um mundo novo que encanta e espanta, tanto pela curiosidade que desperta quanto pela estranheza que nos causa. Até quando vamos aceitar que as maiores e melhores invenções aconteçam alijadas do protagonismo da educação formal? Por que as escolas e universidades, em sua grande maioria, não conseguem lidar satisfatoriamente com o novo que surpreende o mundo a todo instante, e que é gerado, na maioria das vezes, fora dos tradicionais paradigmas educacionais? Por que o mundo educacional entra em ebulição toda vez que a criatividade do outro lado da educação chega com novidades disruptivas, como o Metaverso ou o GPT-4 (evolução com mais recursos e precisão do ChatGPT)? Até quando ficaremos assistindo a essa esquizofrenia entre a educação de ontem resistindo à inovação e ao empreendedorismo do mercado produtivo da atualidade?

Sonho com uma educação que acorde, para as mudanças já em curso, sobre o mundo das relações trabalhistas, familiares, sociais, educacionais, todas elas aceleradas com a realidade da inteligência artificial. A educação formal, este gigante adormecido, precisa acordar urgentemente para se engajar com as forças produtivas, inclusive dentro de seus atuais espaços e estruturas, na construção de respostas críticas e escaláveis a problemas complexos que este momento histórico nos impõe.

Não lamento a extinção de instituições educacionais "avestruzes", que insistem em esconder a cabeça na areia, reforçando o mecanismo da negação, não reconhecendo que as soluções de ontem serviram apenas para ontem e que hoje precisamos de novas respostas. Essa atitude é sinônimo do infantilismo educacional, não se permitindo estar na vanguarda dos movimentos criativos e empreendedores. Portanto, a educação de hoje exige rupturas que superem o modelo medieval, fabril, industrial, bancário, como recordava Paulo Freire, na formação de pessoa cidadã para um amanhã que já está entre nós, como nos alerta Yuval Noah Harari.

E por falar em pessoa, é preciso dar espaço para o estudante se desenvolver em suas múltiplas competências, inclusive aquelas voltadas para o conviver, para o coletivo. É necessário agregar, com qualidade, mais tempo e espaço para a intuição, a observação, a maiêutica socrática, a realidade virtual, a interação humana, a ética do ser e estar no mundo, em movimento de transcendência, por uma vila que vale a pena.

Essa educação que faz sentido se dá além da atual discussão das modalidades presencial, a distância (EAD) ou híbrida. Todos nós sabemos que precisamos de uma educação que, independentemente da modalidade, promova pessoas com foco no que é mais importante: a pessoa. Devemos mirar na educação que trabalhe os princípios e buscar sermos éticos, sérios, competentes, responsáveis por resultados esperados e capazes de resolver problemas complexos da humanidade. Nesse contexto, faz-se necessário considerar a possibilidade de ensinar e aprender em qualquer lugar e a qualquer tempo além do estabelecido pelos princípios legais.

Nessa concepção, potencializaremos pessoas que agreguem valor onde estão, que evidenciam o investimento recebido com retornos tangíveis e intangíveis à sociedade. Do contrário, calcados em leis, normas e planejamentos burocráticos, amargaremos simplesmente gastos e sintomas de adultos que não realizaram a tarefa do desenvolvimento humano. Para essa educação que queremos, alimento o sonho com a volta de perguntas inteligentes. Estas, a meu entender, podem despertar curiosidade e levar à investigação instigante, em vez de respostas programadas, prontas, sem significado e sem o elemento reflexivo a este novo perfil de estudante. Respostas prontas sobre conteúdo elaborado e sistematizado podem, sim, ser terceirizadas à inteligência artificial.

Esse novo cenário exige a escuta das novas gerações que já estão ocupadas e capturadas em assuntos da vida real, distante dos temas que ainda ocupam as agendas teóricas e legais da educação formal-tradicional. Enquanto esta última discute modalidades *on-line*, *off-line*, presencial ou virtual, os jovens estão preocupados e ocupados com a vida como ela é.

E nós, educadores? Reconhecemo-nos atores ou expectadores deste novo mundo? Sabemos acolher as novas gerações entre nós, que já não participam do modelo da escola de ontem calcada na grade curricular, no linear, no conteúdo, no sequencial? Estamos cientes e preparados para educar gerações que exigem uma educação em que a sala de aula é apenas uma sala de aula, mas que entendem a vida educativa acontecendo em muitos lugares e a todo tempo? Caso a resposta seja afirmativa, estamos colaborando para que as pessoas aprendam, se potencializem, transformem a Potência em Ato, conforme a profecia de Nietzsche, ao anunciar o Super-Homem em *Assim falou Zaratustra*. Estamos igualmente sendo mediadores o suficiente para ajudar nossos estudantes a crescerem com segurança, autonomia, iniciativa e criatividade sem sufocar a Vontade de Potência nietzschiana.

Logo, a leitura da obra de Fava retoma meu sonho por profundas mutações docentes, discentes e metodológicas para que a educação volte ao encantamento pela vida, num mundo de descobertas, superando a estagnação e o tédio que se instalou no formalismo educacional. Sonho com docentes e discentes substituindo o famoso "sextou", sinônimo de que não viveram a experiência durante a semana, apenas cumpriram tarefas, para o tão esperado "segundou", sinônimo de que a vida boa e a vida significativa, parafraseando o psicólogo americano Martin Seligman, podem ser construídas nos espaços educacionais formais.

E por falar em espaços, vocês já pensaram na atual arquitetura e estética das escolas e universidades? Elas convidam para a convivência, para a criatividade, para estar lá? Minha resposta a essas perguntas não é muito esperançosa. Ela acompanha a crítica feita por Michel Foucault, já no século passado. Contudo, ainda sonho com uma nova estética das obras educacionais superando a atual similaridade com a estética das fábricas, dos quartéis, das igrejas, das prisões e de tantos outros ambientes que delimitam espaços onde a vida pode acontecer.

Como se não bastasse a arquitetura da fábrica, ainda vemos corpos disciplinados e enfileirados, em todos os níveis de ensino. Qual é o princípio pedagógico que justifica que uma criança, um jovem, um adulto ou mesmo um idoso aprende melhor olhando a "nuca" de seu colega de classe? Por que continuamos organizando a sala de aula colocando uns atrás dos outros, em simples filas? Estamos repetindo, inconscientemente, o modelo da fábrica? Alguém tem uma justificativa pedagógica para tal organização? Dependemos de uma lei para mudar esse cenário? Como vamos exigir pessoas que saibam trabalhar em grupo, que exerçam liderança partilhada, que saibam cooperar, que desenvolvam competências socioemocionais, relacionais e tantas outras passando horas e horas em um ambiente totalmente hostil à educação que queremos e ao cidadão e profissional que esperamos? Logo, nosso sonho busca a libertação desta escola de ontem, para que possa dar passagem ao advento de uma escola do hoje e do amanhã.

Acreditar na nova educação é substituir a palavra crise por criação, desafio ou criatividade. É assumir o enfrentamento da passagem da crise do professor, que, por séculos, professava, e que, ainda tardiamente, resiste a morrer, para dar espaço ao nascimento da criatividade do educador, do mentor, do mediador. É com a coragem de fazer morrer o professor, ressuscitando-o no educador-mediador-mentor, que formaremos para o futuro, para o mundo que ainda não existe, mas que já está entre nós. Somente assim poderemos reclamar a retenção de talentos numa sociedade e num sistema educacional que os entenda, os acolha e os potencialize.

Tal potencialização resulta em pessoas desenvolvendo suas melhores respostas aos desafios de seu tempo. E responder bem à vida nos desafios que ela nos apresenta é antídoto para eliminar a lista dos desempregáveis e engrossar a lista dos empregáveis, dos empreendedores, dos que sabem e sabem fazer, e o fazem colaborativamente, na responsabilidade socioambiental. Essa educação supera a mera busca por diplomas e promove o desenvolvimento de competências, fazendo do mundo e de cada ser humano infinitas possibilidades e conexões. Tudo isso é facilitado pela linguagem digital, que já conecta os jovens com todo o planeta.

Neste mundo conectado, transpondo barreiras geográficas pela inteligência artificial, a educação pode trabalhar com a variável das constantes surpresas e rápidas mudanças. Dessa forma, deve estar alinhada com a realidade do *lifelong learning*, na convicção existencial de que aprendemos por toda a vida. Assim, deixamos no passado a crença de que a aprendizagem terminou ao conquistar um título de bacharel, de licenciado, de tecnólogo, de mestre ou de doutor. É preciso que todos busquem constantemente atualizar seu *status* de "nova versão de si mesmo" em humanização e conhecimento até o último momento desta existência.

Esta nova realidade de aprender por toda a vida precisa evoluir para uma consciência coletiva. Do contrário, aqueles que não se permitirem novas formas de aprender e de ensinar, certamente ficarão para trás e serão esquecidos pela vida e pelo mercado na medida em que já não responderão mais àquilo que a vida lhes pede. Essa consciência coletiva conclama as áreas do conhecimento, até então encasteladas em suas duras convicções, à abertura ao diálogo na construção de saberes coletivos, multi, inter e transdisciplinares, na busca por maior assertividade na construção de respostas globais aos grandes e pequenos problemas humanos.

Este sonho educacional nos alerta que é insuficiente apenas boa dose de resiliência. É preciso desenvolver Inteligência Adaptativa para construir novos caminhos, andar movido pelo pensamento lateral, na busca por novas soluções a problemas que também são novos, dor e privilégio de nosso tempo. Essa Inteligência Adaptativa ajuda a lidar com eventos inesperados, a exemplo da pandemia da Covid-19, grande Cisne Negro, na linguagem de Nassim Nicholas Taleb.

Este mundo tomado por constantes metamorfoses atinge todas as profissões, promovendo a morte de muitas e o surgimento de novas. Sim, é preciso se preparar para a morte de um velho modo de existir e trabalhar para dar espaço para que o novo possa nascer. O futuro das profissões, ainda muito desconhecido, dialoga no equilíbrio da humanização com as novas tecnologias.

Apesar de vivermos no mundo das incertezas profissionais, badalado pelas novas tecnologias, é preciso investir na potencialização do humano, especialmente no desenvolvimento das *soft skills*. Estas sempre serão essenciais em qualquer área do conhecimento e profissão. Elas nos diferenciam da máquina e nos tornam verdadeiramente humanos. Elas nos elevam da condição que ultrapassa a limitação cognitiva e nos asseguram as dimensões comunicativa e socioemocional, dentre outras. Este humano, verdadeiramente humano, no dizer de Nietzsche, nos leva a educar para uma consciência que não aceita um existir apenas baseado em metas e resultados do mundo produtivo. Estou falando de propósito de vida movido a desafios e experiências significativas. Tais propósitos, individuais e coletivos, podem ser pautados, por exemplo, pelos Objetivos de Desenvolvimento Sustentável (ODS), nada menos que 17 grandes metas globais assumidas pela Organização das Nações Unidas (ONU). Digo isso, pois é preciso recuperar uma educação que resgate sonhos coletivos, utopias coletivas.

Uma Agenda, como esta da ONU, pelos ODS, pode levar os estudantes além-fronteiras, superando o tédio da atual sala de aula estagnada no tempo. Nessa perspectiva, a educação ajudará a responder ao questionamento pela nossa, pela minha, pela tua necessidade e diferença neste mundo. Educação que leva pessoas e coletivos a responder afirmativamente à pergunta: Eu/nós sou/somos importante/s a ponto de fazer falta?

Essa educação garante, conforme o francês João Batista de La Salle, precursor da Pedagogia moderna, o princípio do "Bem Viver". Ela integra a inteligência da escola, com a inteligência do trabalho e da vida na resposta concreta a problemas sociais, como bem tematiza Fava nesta obra. É por esta e outras razões que invisto minhas energias na superação da educação da cobrança, da obrigação, do ter que fazer, do imperativo categórico "dever" dando lugar ao sentido que nos coloca no eixo do "querer" estudar, querer fazer, querer se dedicar a uma causa, a um projeto, a uma missão, no sentido da logoterapia do neuropsiquiatra austríaco Viktor Frankl, em que a pessoa decide ser o que é pautada no princípio da vontade de sentido.

Como dito anteriormente, meu sonho continua se ocupando de uma educação pautada na experiência, a exemplo do Cristo Jesus, que viveu o que pregou e deu o exemplo estando com os seus. Ele não teorizou. Ele percorreu as aldeias, conheceu suas comunidades, sentiu a dor de seu povo, vivenciou as alegrias e agruras de seu tempo. E, da experiência vivida, não se preocupou em criar uma religião, mas, acima de tudo, instaurou um novo modo de existir, de se colocar no mundo pautado pela vida plena e vida para todos. A educação que queremos maximiza esse poder transformador da experiência significativa, tão fomentada na literatura e vivenciada por outros tantos educadores, a exemplo dos renomados Dewey, Rogers e Maturana.

E a experiência é por toda a vida. Portanto, ousamos chegar no dia em que não teremos uma determinada idade para aprender. Dia em que entenderemos com o coração e com a intuição que a vida é uma caminhada de contínuas descobertas, sem nenhuma data para concluir esta bela jornada de aprender em todos os lugares e a todo tempo. Desse modo, superaremos o Estágio da Estagnação elevado para o Estágio da

Criatividade, conforme nos alerta a Teoria de Erik Erikson. Para tal, não podemos dispensar, como nos alerta Fava, uma educação que não pare no *Feedback* de seus atores, sejam eles docentes ou discentes. Encorajamos uma educação que colabore na construção de projetos de vida, que faça a mentoria diante das inúmeras possibilidades para responder bem à vida por meio de *feedforward*.

Contudo, num mundo de tantos desafios, o que é fundamental pontuar nas mentorias de *feedforward*? Na condição de educador-pesquisador, acredito no investimento em uma educação que dê respostas às grandes dores e aos grandes sonhos da humanidade. Dentre eles, a globalização da solidariedade e da fraternidade universal. Essa premissa não é ingênua, é utópica. Ela se sustenta no princípio de que é possível formar pessoas que proclamem com a vida o expresso no documento *Fratelli Tutti*, do papa Francisco. Que cultivem a utopia de que podemos, sim, viver como irmãos. Não no conceito de doutrina religiosa, mas como condição antropológica de humanos que evoluem sendo cada vez mais humanos, voltando-se ao seu eixo estruturante. Esse princípio se sustenta no valor da solidariedade como uma forma de viver por uma vida que vale a pena na entrega a uma pessoa, a um projeto ou a uma causa, como bem nos ensinou Frankl com sua vida transformada em teoria.

Esse modo de existir dá elementos para que as pessoas construam sentido pelo lado de dentro, e não somente pelo lado de fora. Pois é do lado de dentro que se esculpem respostas de educação emocional. Esta é necessária para dar conta do vazio existencial, que é a grande doença do século XXI, acentuando sintomas de depressão, de adição e de suicídio. A educação emocional ajuda a pessoa a ser responsável, no sentido de responder bem àquilo que a vida lhe pede, em condições concretas. Desse modo, educaremos com possibilidades de respostas para a cotidiana pergunta: Quem eu estou me tornando em cada aula, em cada disciplina, em cada módulo, em cada diploma conquistado?

O livro do Fava chega até a geração Alpha. O que temos a oferecer para a próxima geração? Que educação estamos construindo para esta que ainda não chegou? Que escola, universidade, metodologia, docência ela irá encontrar? A resposta está em cada um de nós. Está na medida de nossos sonhos. Da minha parte, acredito no poder da educação para transformar vidas. Obrigado por participar deste sonho, não mais pessoal, mas coletivo.

PAULO FOSSATTI
Conselheiro Nacional de Educação.
Professor Pesquisador do Programa de Pós-Graduação
em Educação.

Introdução

Os seres humanos são exímios no processo de compartimentalização mental. Trata-se de um instrumento de defesa psicológica, utilizado
para evitar desequilíbrio cognitivo, bem como apreensões, fomentadas
por movimentos, tendências e eventos discrepantes. O propósito da
compartimentalização mental é manter separações para facilitar a compreensão e a interligação. Daí a divisão da peregrinação da sociedade
em plataformas, gerações e revoluções.

O vocábulo **revolução** remete à ideia de revolta, disputa,
guerra e insurreição. Não é esse o enfoque que queremos abordar.
A caracterização é de transformação, ruptura, transmutação de paradigmas, arquétipos, modelos mentais, hábitos e comportamentos,
provocados pela evolução de tecnologias que modificam a forma de
produzir e de ofertar produtos e serviços, além de delimitar o início e
o fim de cada geração. Nesse sentido, as revoluções industriais representaram circunjacências e marcos na epopeia da humanidade, pois
transmutaram as relações sociais e de trabalho. Esses eventos poten-
cializaram os sistemas produtivos; estabeleceram distintos padrões
de consumo e uso dos recursos naturais; interferiram nos propósitos
e na forma de se ofertar educação. As consequências são inúmeras e
estão relacionadas em cada fase experienciada no processo evolutivo
das tecnologias.

Os períodos das revoluções simbolizam compartimentalizações logradas no desenvolvimento da civilização humana, causadas pelos avanços tecnológicos, surgimento de modernas indústrias e aumento da capacidade produtiva. Historicamente, não se pode considerar que existem rupturas entre uma e outra revolução, mas alcance de contemporâneos níveis de industrialização e a consequente abundância na oferta de produtos e serviços.

Todo fim de ciclo significa o surgimento de inéditas necessidades repletas de oportunidades. É útil pensar nas revoluções como um processo lento, com cada pequena mutação aproximando de alterações de paradigmas, comportamentos, hábitos e modelos mentais. Tendemos a esquecer que essas modificações são cumulativas, similar a um copo sendo enchido lentamente, gota a gota. Quando, repentinamente, a água transborda, somos pegos de surpresa e o alarme dispara. Assim são as revoluções: de repente, tudo está diferente.

Na primeira Revolução Industrial (1760-1850), restrita à Europa Ocidental, tendo a Inglaterra como precursora, o modo de fabricação se reorganizou. Naquele intervalo de tempo, a produção artesanal e o trabalho humano foram substituídos por máquinas mecanizadas, as fábricas se amplificaram e surgiu um conjunto de mudanças no setor econômico e social, possibilitado pela evolução tecnológica. Nessa época, o mundo contava com cerca de 1 bilhão de habitantes, sendo que, destes, 97% trabalhavam na produção agrícola, ou seja, apenas 3% viviam nas cidades. A Revolução Industrial acarretou o êxodo rural e fez com que a riqueza se tornasse urbana. Além disso, proporcionou melhores condições de vida, maior longevidade e, consequentemente, acelerou o crescimento populacional. Em apenas 220 anos, a população do planeta passou para 8 bilhões de habitantes. Atualmente, embora as cidades ocupem apenas 1% da superfície terrestre, elas abrigam 55% da população e representam 80% do consumo de energia e emissão de carbono.

A Segunda Revolução Industrial harmoniza-se com a sequência evolutiva do processo de industrialização, estimulando e suscitando a expansão para outros países afora da Inglaterra, como Estados Unidos, França, Japão e Alemanha. Se o legado da primeira fase industrial foi o carvão e a energia a vapor, na seguinte o protagonismo foi para o aço, a eletricidade e o petróleo. O desfecho deste novo momento é o advento da produção em massa, avanços nos setores de transporte e telecomunicações, ganho de produtividade, ganho de variedade de mercadorias e a racionalização do trabalho (taylorismo e fordismo). Essa fase também marca o surgimento das grandes cidades e, com elas, problemas de ordem social devido à superpopulação. A educação seguiu os mesmos princípios e arquétipos, sendo ofertada uma instrução em massa, focada no ensino e não na aprendizagem, com objetivos de treinamento e transmissão de conteúdos padronizados para muitos como se fossem um só.

Denominada de Revolução Técnico-Científica, a Terceira Revolução Industrial surgiu após o fim da Segunda Guerra Mundial. Nesse período, houve um sensível avanço tecnológico até então não experimentado. O aprimoramento de métodos e técnicas abrangeu não somente o processo produtivo, mas alcançou o campo educacional e científico. Dentre outros elementos representativos do período, destacam-se a robótica, as telecomunicações e fortes avanços da medicina e da área de genética, que melhoraram a qualidade de vida da população. Nos aspectos econômicos, consolidou-se o capitalismo financeiro e, consequentemente, ampliou-se o número de empresas multinacionais. O lado negativo dessa época está no aumento dos impactos nocivos ao meio ambiente e no esgotamento de recursos naturais, sem qualquer preocupação com o desenvolvimento sustentável.

A Quarta Revolução Industrial é a denominação do mais recente estágio evolutivo da produção em escala. Singulariza-se pela utilização massiva de tecnologias digitais cognitivas, razão pela qual também é chamada de Indústria 4.0. Contudo, não se caracteriza tão somente como digital, mas como a integração das diversas tecnologias digitais cognitivas. O sequenciamento genético só foi possível em virtude do avanço do processamento de dados. A Internet das Coisas só acontece com uma sinergia entre o mundo virtual e o concreto. A Realidade Virtual e Aumentada, o *Big Data*, a Impressão 3D e 4D, a Robótica, enfim, são todas tecnologias provindas de agregações de múltiplas tecnologias.

De certa forma, estão em andamento, simultaneamente, duas revoluções que se interligam. No mundo do trabalho, vivenciamos a Indústria 4.0, que propiciou a transformação e agregação digital no cotidiano de todas as empresas em todos os setores. No universo da educação, experienciamos uma revolução no processo de ensino, desenvolvimento e aprendizagem. Se outrora a incumbência da escola era transmitir conhecimento, agora ela tem, entre outras funções, o compromisso de auxiliar o estudante a conviver com o excesso de informação. Na verdade, possui a responsabilidade de desenvolver a inteligência decernere, isto é, a aptidão de rastrear, discernir, escolher dados e informações, transformá-las em conhecimento para que o discente seja capaz de tomar boas decisões, bem como solucionar problemas complicados e/ou complexos.

Algumas propriedades são tão marcantes nessa entrante plataforma digital, que afetam tanto as linhas de fabricação, quanto o comportamento e os hábitos da sociedade em geral. A primeira especificidade é a velocidade e o ritmo acelerado com que as tecnologias prosperam. A segunda, se trata da amplitude e profundidade, bem como as conexões, vínculos e liames que as inovações têm entre si que promovem uma sensível interferência nos hábitos e no comportamento humano. Essas ingerências são tão relevantes que causam uma concussão sistêmica, impactando empresas, indústrias, educação, governos e sociedade de forma geral.

Estamos no "olho do furacão" de uma convulsão tecnológica, movida pela inteligência artificial generativa que está tirando o sono dos educadores. Isso porque, até então, as tecnologias estavam sob o domínio da escola e dos educadores; com as IAs generativas, passam para o domínio dos estudantes. São eles que farão a escolha entre ouvir a transmissão de conteúdos de um professor ou de um *chatbot* (programas de computador movidos por inteligência artificial, que simulam uma conversa "natural" ao interagir com o usuário), uma vez que a transmissão nada mais é que a repetição de um conteúdo concebido por alguém, e sabemos que repetição, as máquinas tidas como inteligentes fazem ou farão melhor que os humanos.

Nessa entrante plataforma digital cognitiva, amplificada pelo aperfeiçoamento dessa atordoante inteligência artificial generativa, as linhas entre o papel dos professores e dos computadores têm sido debatidas por especialistas da educação, ao utilizar termos como "instrução assistida por computador"; "instrução combinada"; "aprendizagem personalizada". Hoje, os sistemas e ferramentas de IA já permitem a adaptação de sequências de ensino às necessidades dos estudantes para lhes dar *feedbacks* e dicas. O certo é que essa discussão sobre a utilização da IA na pedagogia e na aprendizagem será renovada e intensificada à medida que os sistemas e ferramentas baseados na IA avançam em capacidade e se tornam mais omnipresentes. Tudo isso está dilatado com a explosão de *smartphones*, *tablets* e demais *mobiles* (que se converteram nos mais balbuciantes membros do corpo humano); a evolução da tecnologia na nuvem e a ampliação da capacidade de processamento de computadores conectados com redes cada vez mais velozes aceleraram o processo de digitalização, e os consumidores passaram a realizar atividades *on-line* que não pressupunham antes.

Ao compreender que a IA aumenta a automação e permite que máquinas realizem tarefas que apenas as pessoas faziam no passado nos leva a uma questão imperativa: Qual é a visão de um sistema educacional desejável e alcançável que aproveite a automação para promover o desenvolvimento e a aprendizagem sem perder o foco de proteção e centralização no ser humano e não nas máquinas?

Podemos utilizar a IA para estudar a diversidade, a pluralidade de metodologias de aprendizagem eficazes e pensar sobre os vários modelos para nos ajudar a obter uma compreensão mais ampla de como pode ser um envolvimento eficaz e significativo numa variedade de contextos diferentes. Entretanto, em qualquer que seja a abordagem, os docentes permanecem no comando das principais decisões instrucionais. Isso significa que em nenhum momento é possível afirmar que a IA irá substituir o professor ou o tutor.

Os sistemas e ferramentas de inteligência artificial identificam padrões e escolhem ações para atingir um determinado objetivo. Esses recursos de reconhecimento de padrões e recomendações automatizadas serão utilizados de maneiras que impactarão o processo educacional, incluindo o aprendizado dos estudantes e a tomada de decisões instrucionais dos professores. Os aplicativos serão capazes de dialogar com discentes e docentes, copilotar o desenrolar das atividades de aprendizagem, bem como realizar ações que impactem estudantes e professores em maior magnitude. Enfim, haverá oportunidades de adaptação, personalização e aperfeiçoamento do processo de ensino, desenvolvimento e aprendizagem muito melhor do que fazemos hoje.

A adaptação às vezes é confundida com personalização. Para alguns educadores, personalização significa proporcionar aos estudantes "voz e escolha". Para outros, expressa que um sistema de gestão instrucional recomenda uma "lista de tarefas" individualizada de atividades para cada aprendiz. Camuflada nessa imprecisão, está a realidade de que muitas soluções tecnológicas personalizadas as fazem de maneira limitada. Por exemplo, ajustar a ordem dos materiais didáticos para o perfil do estudante está entre as formas mais comuns dos produtos edtech. No entanto, qualquer educador tem consciência de que apoiar a aprendizagem e o desenvolvimento do estudante envolve muito mais que ajustar a sequência dos materiais didáticos.

Um bom docente pode encontrar formas de envolver o discente, utilizando sua inteligência de escola acoplada a inteligência de rua, em outras palavras, conectando-se com seus próprios conhecimentos, experiências e aprendizagem passadas. Quando um educador afirma que se deve "encontrar o estudante onde ele está", os professores humanos observam a inteligência de vida do aprendiz, trazendo, assim, uma imagem mais completa do estudante do que a maioria das tecnologias educacionais disponíveis conseguem detectar. Por outro lado, também não é improvável que o docente "personalize em demasia" (atuando como um algoritmo que apresenta apenas material pelo qual o estudante manifestou interesse), limitando, assim, a exposição do discente a novos tópicos. De toda forma, o feitio dos "momentos de ensino, desenvolvimento e aprendizagem" que um professor humano pode compreender é mais amplo do que os momentos de ensino que os protótipos de IA atuais compreendem.

Os modelos de inteligência artificial generativa são historicamente mais eficientes e eficazes em incumbências racionais e fundamentadas, como solucionar problemas matemáticos ou tarefas lógicas, como jogar um game. Porém, em termos de empregabilidade e trabalhabilidade, o mercado atual valoriza mais os indivíduos abertos e criativos, que saibam aplicar, analisar, sintetizar, criar abordagens inovadoras e, se possível, disruptivas. Em suma, se faz mister modelos de IA que permitam o progresso do estudante em tarefas circunstanciais, imaginativas e criativas.

Sabendo que cada estudante aprende de forma distinta, a inteligência artificial generativa poderá também auxiliar os estudantes neurodiversos, proporcionando diferentes percursos e trilhas de aprendizagem que se adequem aos seus pontos fortes. Para tanto, se faz mister ofertar múltiplos caminhos instrucionais e diversas modalidades de interação. Evidentemente, ao fazer uso desses aplicativos, a eficácia deve ser testada, para evitar a possibilidade de que alguns estudantes possam receber um recurso de aprendizagem personalizado, mas inadequado. Os modelos de IA não podem ser totalmente equitativos e não conseguem reconhecer ou desenvolver as fontes de competência de cada estudante. No entanto, a retórica em torno da adaptabilidade tem sido muitas vezes baseada no défice; a tecnologia tenta identificar o que falta ao estudante e, em seguida, fornece instruções para preencher essa lacuna específica.

O fato é que a tecnologia digital cognitiva aplicada na educação está se tornando uma espécie de "Sofistas Tecnológicos". Sofistas eram professores itinerantes que percorriam as cidades da Grécia Antiga, ensinando a arte da retórica às pessoas interessadas. Não havia escola, eram os aprendizes que os escolhiam e determinavam o local dos ensinamentos. Não obstante, é pertinente assinalar que, pelo menos por enquanto, essas ferramentas são mais assistentes do que substitutas de professores. Realizam as tarefas físicas, repetitivas e preditivas, mas não conseguem apresentar ideias únicas e criativas, são meras repetidoras do que já existe. Sendo assim, as máquinas e *softwares* movidos por inteligência artificial poderão substituir muitos afazeres e ocupações, mas não as pessoas, os seres humanos. O professor ainda continua a ser o ator principal no processo de ensino, desenvolvimento e aprendizagem, desde que passe a ensinar a aplicar, transferir os conhecimentos e desenvolver as competências e habilidades programadas, e não meramente transmitir e repetir conteúdos.

As revoluções e as tecnologias são as determinantes do início e término de cada geração. A Geração *Belle Époque* vivenciou um período histórico aprazado pela paz e harmonia, com avanços tecnológicos latentes. O período em que nasceram e viveram caracterizou-se como a "a era de ouro" no âmbito cultural e científico da França, que se tornou referência em educação, ciências e arte. Não é por acaso que Paris foi cognominada de "Cidade da Luz", em razão da relevância educacional e cultural durante o Iluminismo e o auge da Geração *Belle Époque*.

Conhecidos como a "Geração da TV", devido à popularização dos televisores no pináculo dos *Baby Boomers*. O novo meio de comunicação teve papel relevante na transformação dessa geração, que lutava por ideias sociais, concebendo movimentos de contracultura como dos hippies, feminismo, lutas pelos direitos das minorias, defesa da diversidade, da ecologia e do meio ambiente.

Trabalhar, produzir, viver a vida, deixar o idealismo de lado era a filosofia da Geração X. Individualistas, materialistas, *workaholic* e subjugados ao trabalho, são os valores em que os nascidos nessa geração cresceram e vivenciaram. Esses preceitos influenciaram e balizaram o comportamento da Geração Y, também denominada de *Millennials*. Epitetada como a geração do "eu-eu-eu", foram rotulados como preguiçosos, narcisistas e mimados, pois eram controlados e monitorados pelo **drones paternos**, aqueles pais que pairam e revoam sobre seus filhos com o intento de protegê-los, bloqueando o crescimento e a capacidade de aprender com os erros.

Conhecidos como *Centennials*, pois surgiram no transcurso do século XX para o XXI, os imberbes da Geração Z nasceram atracados com um *tablet* e um *smartphone* embaixo dos braços. Marcados pela internet e pelas redes sociais, não concedem a apropriada importância às relações interpessoais, apesar de serem assíduos defensores das causas sociais. Em consequência do mundo digital em que vivem, desejam tudo de forma imediata. São multitarefas, independentes e necessitam de uma educação diferenciada, pois, no futuro, trabalharão em profissões que ainda não existem.

Primeira geração a nascer em um período totalmente digital, os jovens da Geração Alpha transitam com naturalidade e desenvoltura entre o real e o virtual. No contexto social, são propensos a crescer em meio à diversidade, em configurações familiares menos tradicionais, com pais inter-raciais e homoafetivos. As principais características dessa geração são independência, curiosidade, agilidade, empatia e dificuldade de concentração.

As tecnologias já fazem parte do cotidiano de todas as gerações, contudo, com o aperfeiçoamento da inteligência artificial, certamente isso se intensificará, provocando mutações nos paradigmas, arquétipos, modelos mentais e comportamentos, suscitando a provável geração Beta. Filhos de uma geração que tem a tecnologia incrustada no cotidiano, os Beta tendem a privilegiar as inteligências artificiais e viver em um mundo totalmente digitalizado, fazendo com que tecnologia e humanidade estejam entrelaçadas.

Todos os predicados de cada revolução que afetam e interferem no comportamento, nos valores, nos hábitos e modelos mentais de cada geração, do mesmo modo que a maneira de ofertar uma educação aderente a essas mutações, estão delineados no corpo do livro. No epílogo, apresento o PDDA e o BSC Acadêmico, ferramentas de gestão acadêmica que auxiliarão os educadores e gestores a conceberem currículos, desafios e atividades de aprendizagem, aderentes às tecnologias e perfis das recentes gerações e que levarão os estudantes a adquirir as competências necessárias para a empregabilidade e a trabalhabilidade, bem como a habilidade de redigirem perguntas pertinentes, objetivas e coerentes, tornando-os nexialistas. Com conectividade e aptos a utilizarem a inteligência coletiva existente ao seu redor e, assim, terem o discernimento de evocarem acertadas escolhas e tomarem decisões que os viabilizarem a solucionar problemas complexos, desenvolver projetos e inovar produtos e serviços.

Estou ciente de que, ao longo do texto, incluo muito do "o que fazer" e menos do "como fazer". Essa talvez seja a minha maior angústia e aflição, a falta de referência, pois, se olhar para a plataforma anterior, nada do que se fez é eficiente para os dias atuais. Quando miro para o futuro, vislumbro uma escuridão com muitas perguntas e poucas respostas. Não obstante, planejar o porvir do que realizar certamente é o primeiro e essencial passo para chegar ao como fazer, pois levará a uma grande reflexão sobre como atuar nessa desconhecida e desafiadora plataforma digital cognitiva.

Boa leitura.

CAPÍTULO 1

O advento das escolas formais

Não é possível saber com precisão, entretanto, em algum instante da crônica humana, percebeu-se que era factível e relevante transmitir conhecimento de um indivíduo para outro, demonstrando, assim, que a história da educação se iniciou de uma maneira intuitiva e natural. Condizente com a evolução de toda a história da educação, o aprendizado era (e ainda é) concentrado nas necessidades do momento. Em outras palavras, na Revolução Neolítica e parte da Revolução Agrícola focava-se em atividades de sobrevivência, como a caça, a pesca e a construção de moradias. A aprendizagem estava disponível para todos, realizada por meio da observação. Não havia currículo, a metodologia era de imitação e o processo era de desenvolvimento e aprendizagem, com o intuito de ampliar as habilidades alicerçadas na inteligência construtiva.

"A história da educação se iniciou de uma maneira intuitiva e natural. A aprendizagem era realizada por meio da observação."

A evolução fez surgir a propriedade privada e as relações se alteraram, fazendo com que na Grécia e Roma antigas irrompessem as classes sociais e a escravatura. Com a escravidão, as pessoas livres ficavam ociosas, provindo a necessidade de se ocuparem. Cria-se, en-

1

tão, uma instituição que se nominou "Escola". Nela, os aprendizes se capacitavam para a vida política, que era o grande mote da sociedade greco-romana.

"Para muitos historiadores, a Idade Média, marcada pelo feudalismo, é um período em que pouco se contribuiu para o desenvolvimento da humanidade, de onde vem a pecha de Idade das Trevas."

As tendências educacionais costumam caminhar acopladas ao momento histórico causado pela conjuntura tecnológica, econômica, política, religiosa e social. Se a política ditava a concepção da sociedade greco-romana, na Idade Média esse papel foi dominado pela religião. Para muitos historiadores, a Idade Média (de 476 a 1453), marcada pelo feudalismo, é um período que pouco contribuiu para o desenvolvimento da humanidade. Denominada como Idade Negra ou Idade das Trevas, revelou-se uma época de embrutecimento, ignorância, bestialidade, subdesenvolvimento generalizado, superstições, crendices, fanatismo, estagnação e crueldade.

Esse negativismo advém do cenário de ruína física, derrocada dos princípios sociais, crise espiritual em que se inseria o Império Romano nos últimos séculos da Idade Antiga, período no qual o cristianismo, junto ao conflito sociopolítico externo contra os inimigos da fé, vinha arrostando uma batalha de cunho espiritual e cultural. Nesse tempo, existiam dois livros basilares para os cristãos: a Bíblia e o *Livro da Natureza*, ambos inspirados, concebidos, enunciados por Deus. Para ler, entender, decifrar, comentar, apregoar, disseminar, alastrar, divulgar a Bíblia, era preciso dominar a arte da linguagem, sistematizada no *trivium* (gramática, retórica e dialética). Para se fazer o mesmo com o *Livro da Natureza*, seria necessário compreender a arte dos números *quadrivium* (aritmética, geometria, astronomia e música). Os fundamentos de todas essas artes estariam na tradição pagã greco-latina que, portanto, era preciso preservar de maneira seletiva para não obstar ou prejudicar a evolução do cristianismo.

É nesse tópico que se pode atribuir ao cristianismo uma das causas involuntárias desse pirronismo em relação aos avanços na Idade Média. Os elementos deste mundo não atraíam, encantavam ou interessavam aos cristãos e deveriam ser considerados, em seu conjunto, um balbucio, uma tentativa de conhecer a natureza e suas forças e de se aproveitar delas, ou seja, saber, utilizar, desfrutar das coisas profanas. A atitude cristã perante a ciência e o influxo de Roma, que prestou pouca atenção aos conhecimentos científicos (com claras deficiências nos meios de instrução, como escassez de livros, dificuldades de encontrá-los para poder transcrevê-los, falta de mestres, entre outras), levaram à preconceituosa e equivocada crença de que a Idade Média foi a Idade das Trevas em relação ao desenvolvimento da ciência.

É verdade que, durante quase mil anos, a Europa Medieval passou por lentas modificações políticas e científicas. No entanto, essas morosas mutações prepararam o caminho para a modernidade, afinal, entre tantos outros benefícios, na Idade Média houve a invenção de inúmeros objetos, instrumentos e ferramentas, que levaram a humanidade ao desenvolvimento tecnológico, social e econômico.

Diferentemente dos escravos, por exemplo, que labutavam até a exaustão, os servos medievais, que representavam 75% da população, eram fâmulos não livres, pois estavam sujeitos a certas restrições de movimentos e trabalhavam em terras dos senhores feudais em troca de proteção física e legal. Essas restrições da força de trabalho fizeram com que houvesse uma importante revolução tecnológica na Idade Média, com a invenção da roda d'água e dos moinhos de vento, estilo Dom Quixote.

"Para muitos a Idade Média, marcada pelo feudalismo, ainda é um período no qual teriam havido poucas contribuições para o desenvolvimento da humanidade – de onde vem a pecha de Idade das Trevas. No entanto, na Idade Média houve a invenção de inúmeros objetos, instrumentos e ferramentas, que levaram a humanidade ao desenvolvimento tecnológico, social e econômico."

As duas engenhocas proporcionaram gigantesca sofisticação mecânica, utilizadas para moer grãos, operar serrarias, elevadores, guindastes e bombas d'águas. A Holanda auferiria 17% de seu território abaixo do nível do mar em virtude dos moinhos de vento.

O relógio mecânico foi uma forma de registrar melhor a passagem de tempo. A compreensão das horas, minutos e segundos transformou a rotina medieval e do mundo moderno. A bússola foi outra invenção que auxiliou os marinheiros e comerciantes a navegarem e viajarem através dos oceanos, em suas longas jornadas, propiciando notáveis descobertas.

Surgido na China, mas popularizado por Johannes Gutenberg, que o desenvolveu e tornou viável, o sistema mecânico de tipos móveis deu início à Revolução da Imprensa, alterando a forma das pessoas aprenderem e acessarem informação. Mas a leitura requer visão boa. Ainda bem que, na Itália, em torno de 1268, surgiu a primeira versão dos óculos de grau, que logo caiu nas graças de monges copistas e intelectuais.

Criado pelo frade franciscano Luca Bartolomeo de Pacioli, considerado o "pai da contabilidade moderna", o Método das Partidas Dobradas foi uma das concepções mais relevantes da Idade Média. Ainda hoje é adotado na escrituração das empresas contemporâneas.

Além dessas conquistas, vale lembrar que o modelo instrucional hodierno também foi uma contribuição da Idade Média. No período medieval, a educação era ofertada em estreita simbiose com a Igreja. As primeiras escolas paroquiais remontam ao século II e se limitavam à formação eclesiástica. Os mestres eram os sacerdotes encarregados de uma paróquia. Com base numa educação estritamente cristã, as aulas aconteciam nas próprias igrejas e o ensino se reduzia às lições das Escrituras e à leitura e ao estudo dos Salmos.

Composta de uma pequena comunidade, com fiéis dispostos a enfrentar o martírio, a Igreja se tornou vitoriosa, dominadora, com grande incremento no número de seguidores, mas esse crescimento trouxe um relativo enfraquecimento da crença cristã. No final do século III, houve uma revolta contra esse abrandamento da fé, surgindo os eremitas, fiéis que levavam uma vida solitária, contemplativa, mística, ascética, de prece, de meditação. Estes eram desassossegados apenas pela visita de indivíduos atraídos pela reputação de sabedoria e santidade que esses monges alcançaram.

No século VI, São Bento de Núrsia elaborou no Mosteiro de Monte Cassino, na Campânia (Itália), a *Regula Benedicti*, um conjunto de preceitos destinados a regular a rotina dos monges. Entre as várias referências de regra, a mais importante é a recomendação de que eles se dedicassem ao estudo e ao ensino. Os mosteiros beneditinos se tornaram centros culturais que desempenham importante contribuição para a história da civilização ocidental. Surgiram as Escolas Monásticas, que, inicialmente, tinham como objetivo a formação de futuros religiosos. No princípio, elas funcionavam em regime de internato. Depois, passaram a aceitar leigos, tornando-se também escolas externas. Com um currículo bastante elementar, o programa consistia em aprender a ler e escrever, conhecer a Bíblia, além de aprender canto e um pouco de aritmética. Depois, os currículos evoluíram, incluindo o ensino de latim, gramática, retórica e dialética.

Carlos Magno, uma figura poderosa, inteligente e modestamente letrada, ascendeu ao poder do Império Carolíngio em 768. Para unificar e fortalecer seu reino, o monarca decidiu

"Na Idade Média, os estudantes começavam o processo de alfabetização soletrando as palavras dos Salmos, daí a importância que tinham os livros sagrados para a mentalidade medieval."

executar uma reforma na educação. Para tanto, incrementou o número de escolas em mosteiros, conventos e abadias, e obrigou a Igreja a fornecer instrução aos leigos. A direção dessas escolas ficava a cargo de um eclesiástico (*scholasticus*), daí o nome escolástica.

Em março de 781, o prelado, professor, poeta e filósofo anglo-saxônico Alcuíno de York (735-804) se encontrou com Carlos Magno em Parma. Certamente, o grande imperador dos francos gostou do que ouviu de Alcuíno, tanto que o convidou para cuidar dos interesses educacionais e elaborar o projeto de desenvolvimento escolar para seu vasto Império. Por recomendação de Carlos Magno, o prelado idealizou, projetou e criou as Escolas Paladinas ou Palácio-escola. Seu projeto procurou reafirmar o saber clássico, estabelecendo os estudos a partir das sete artes liberais.

Consoante o programa criado por Alcuíno, o ensino se harmonizou em dois focos: primeiro, os estudos literários e retóricos, muito valorizados pela tradição dos clássicos romanos; segundo, os estudos de matemática e geometria, transmitidos pela sabedoria grega e codificados por Platão. O resultado desses eixos foi o regime de ensino que seguia a estrutura de organização curricular proposta pelo filósofo romano Anício Mânlio Torquato Severino Boécio, mais conhecido simplesmente como Boécio (480-524 d.C.), que compreendia as sete artes liberais, divididas no *trivium* e no *quadrivium*.

Obedecendo o modelo acadêmico de Boécio, a formação básica, o aprendiz estudava dos 14 aos 20 anos de idade. A disciplina de gramática, por exemplo, abrangia a literatura e a retórica, com as quais se aperfeiçoavam a aptidão de falar bem e a arte do discurso. Coroando o *trivium*, ainda se ofertava o estudo da dialética. Também a leitura e o estudo das Escrituras Sagradas (ou, como se dizia na época, estudos da *Sacra Pagina*) estavam presentes desde o início da formação; por meio da leitura dos Salmos se realizava a iniciação dos jovens na arte de ler e escrever. Na verdade, eles começavam o processo de alfabetização soletrando as palavras dos Salmos, daí a importância e o valor que tinham os livros sagrados para a mentalidade medieval. É isso que destaca a historiadora medievalista francesa Régine Pernoud, em *Luzes sobre a Idade Média*, quando diz:

> Na Idade Média, a Bíblia nutria a vida espiritual tanto dos intelectuais quanto dos simples camponeses. Estes a conheciam porque ouviam seus comentários nos ofícios paroquiais. Aprender a ler, na Idade Média, era

aprender o saltério. Os estudantes soletravam as passagens dos Salmos que antes tinham ouvido cantar nos ofícios[1].

Somados aos estudos das artes liberais e da ciência divina, também o Direito e a Medicina faziam parte do currículo dos estudantes da Idade Média. Essas ciências se desenvolveram quando se tornaram conhecidas as traduções realizadas pelos filósofos árabes das obras de grandes pensadores gregos, como Euclides, Ptolomeu, Hipócrates e, principalmente, Aristóteles.

A prática da dialética foi um importante campo de estudos dos jovens da época. Para os filósofos medievais, a dialética tinha duas características funda-

> "A dialética foi considerada a 'ciência das ciências', pois o estudante aprendia não somente a distinguir o verdadeiro do falso, mas, sobretudo, a pensar."

mentais: primeira, estava profundamente ligada à lógica; segunda, era a ciência que instruía a importante arte da disputa. Com o objetivo de ensinar retamente o uso da razão, a dialética foi considerada a "ciência das ciências", pois o estudante aprendia não somente a distinguir o verdadeiro do falso, mas, sobretudo, a pensar. Utilizando os princípios da gramática, da retórica e da lógica, outra finalidade essencial da dialética medieval era preparar os aprendizes para a arte da disputa. Nesse sentido, a dialética era considerada pelos educadores a *scientia bene disputandi*, ou seja, a ciência que ensina a saber disputar bem.

A utilização do termo "artes" visava significar que as artes liberais não se reduziam simplesmente ao ensino do conhecimento teórico. Também era importante a projeção no mundo concreto do fazer e no mundo prático do agir. Em última análise, a arte era uma *recta ratio factibilium*, isto é, o reto emprego da razão para fazer as coisas como deviam ser realizadas. A arte era uma verdadeira técnica, uma técnica inteligente de se fazer.

---

1. PERNOUD, R. *Luz sobre a Idade Média*. Portugal: Publicações Europa-América, 1997. p. 27.

Para os gregos, a *téchné* (técnica) tinha um campo de utilização muito vasto. Ela se aplicava a toda profissão que, para seu desempenho, tivesse que se basear em experiências e conhecimentos específicos e bem determinados. Assim acontecia com a medicina, a música, o direito, a navegação e a arte da guerra. Nenhuma dessas profissões poderia ser exercida com excelência sem o domínio da *téchné*, visto que esta articulava teoria (conhecimento) e prática (experiência).

As características da escola atual reúnem resquícios e fragmentos bons e ruins da Idade Medieval. A presença, por exemplo, de um professor que ensina muitos estudantes passiva e silenciosamente sentados, de diversos perfis, procedências e classes sociais, é uma delas. Nesse modelo, a metodologia de transmissão dá ênfase à formação religiosa, à leitura e à escrita, somadas ao desenvolvimento de habilidades como falar, refletir, pensar, debater e concluir. Também são frutos da Idade Média (da organização nas escolas monásticas, nas catedrais e nas universidades) os currículos sequenciais, alicerçados nas artes liberais, bem como as práxis disciplinares e avaliativas.

1.1. O mestre do século XII e sua metodologia de ensino

Indubitavelmente, na fase medieval, o mestre era a figura mais importante na organização e no trabalho de formação do aprendiz. À vista disso, os indivíduos que desejavam estudar artes liberais, ciência divina, dialética e arte da disputa, deviam procurar e escolher um professor.

"No final do século XII, a natureza era entendida como um sistema coerente de princípios e leis, que poderiam ser explicados pela razão."

Na alta Idade Média, com o surgimento dos monges copistas, padres dedicados em período integral a reproduzir as grandes obras, os mosteiros não só se tornaram as entidades que preservaram da destruição os grandes tesouros da literatura clássica, mas também representavam o ambiente em que se alimentou o amor pela leitura e pelo livro. Havia o *scriptorium* (literalmente um *local para escrever*), um quarto destinado aos copistas que escreviam os manuscritos e redigiam cópias que garantiram a sobrevivência até nossos dias dos clássicos antigos. Aparecem nessa época os primeiros livros didáticos destinados ao ensinamento e à formação dos religiosos.

Nas escolas monásticas, os mestres, em virtude de sua erudição, eram procurados por estudantes que, sentados passivamente à sua frente, numa atitude de admiração e submissão, recebiam silenciosamente os ensinamentos. A metodologia de ensino consistia essencialmente na *lectio*, em outras palavras, na leitura dos textos sagrados. Nessa leitura, eram ressaltados três momentos principais: primeiro, o aspecto gramatical do texto (*littera*); em seguida, o texto era submetido ao trabalho de interpretação, com o qual se procurava decifrar o seu sentido (*sensus*). Para esse estudo interpretativo, o mestre lançava mão das glosas e dos comentários das autoridades (padres e doutores da igreja). Depois, era realizada uma confrontação dos diversos comentários num trabalho que se chamava de *collatio glossarum*, e que era feito com a participação dos aprendizes. Finalmente, após esse trabalho de confrontação dos principais comentários, o mestre tirava suas conclusões e formulava as chamadas *sententiae* (sentenças).

No final do século XII, a ciência, que se desenvolveu no período áureo da filosofia escolástica que dava ênfase à lógica e advogava o empirismo, renovou o seu foco e houve um maciço interesse pela investigação da natureza. Esta era entendida como um sistema coerente de princípios e leis, que poderiam ser explicados pela razão. Nessa época, as grandes catedrais acompanharam o movimento de transformação das estruturas sociais, políticas e econômicas, que marcou o Renascimento. Com essas mutações, surgiram as escolas urbanas, que tinham seus pilares alicerçados nas catedrais. Somada a importância cada vez maior da dialética, a metodologia adotada até então sofreu considerável alteração.

O mestre já não era visto como o personagem que, no alto de sua erudição, conhecimento, experiência, prática e incontestável sapiência, tirava suas conclusões e as transformava em sentenças, que deveriam ser recebidas e acatadas subservientemente pelos aprendizes, que não ousavam duvidar, contradizer, rebater ou refutá-las. Enquanto o estudo da dialética incentivava o questionamento dos textos, que outrora eram abordados sob a égide da autoridade única do mestre, as sentenças proferidas deixaram de significar uma conclusão que encerrava o debate. Ao contrário, nestes novos tempos, abriu-se espaço para a discussão de novas possibilidades, reflexões e alternativas.

Não obstante o mestre ser ainda admirado e respeitado pelos seus aprendizes, esse *status* não era um direito automaticamente adquirido. A reverência, a fidelização e o fascínio dependiam do seu sucesso na arte da disputa e de sua capacidade de responder convincentemente às questões que lhe eram feitas por ocasião dos debates.

No novo contexto político e à margem do feudalismo, no período denominado de Baixa Idade Média, emergiu um importante grupo social: a burguesia urbana, mercantil, manufatureira, com poder e importância cultural, operando-se a renovação da ideia de escola e promovendo-se sua abertura para além das paredes eclesiásticas. Nesse contexto, os debates foram se tornando querelas públicas que se trasladaram muito além dos muros dos mosteiros e catedrais. Os aprendizes continuavam a apresentar comportamento passivo, disciplinado, de respeito e submissão; no entanto, o mestre que não fosse bem nas questões disputadas corria o risco de ver seus pupilos desertarem das salas de aula e procurarem outros mestres, similar ao que muitas vezes presenciamos em nossas escolas, com a fuga de estudantes dos ambientes de aprendizagem, nos quais o professor não consegue motivá-los suficientemente.

A história ostenta e realça que todas as instituições de ensino, em qualquer tempo, em todas as situações, são únicas, originais e requerem sua própria combinação de conjeturas, pressupostos, teorias, ferramentas e métodos de aprendizagem. Foi no século IV a.C., com a fundação da escola de Isócrates, um orador e retórico ateniense, em 393 a.C., e da Academia de Platão, em 387 a.C., que a escola se institucionalizou. Os romanos conquistaram o mundo da Antiga Grécia e assimilaram o que havia de melhor da sua erudição. Como resultado disso, construíram escolas com influência da cultura helenista, mas acrescentaram disciplina e respeito pela lei. Foi nesse período que as ciências tiveram seu primeiro grande desenvolvimento com Euclides e Arquimedes.

A partir do final do século II d.C., o Império Romano cristianizado entrou em decadência e, em 476, os bárbaros devastaram a Europa. Resistindo, mantendo sua organização, servindo de apoio e amparo às populações sobressaltadas, a Igreja Católica se tornou a instituição mais momentosa e importante da Idade Média, deixando um legado de influência na organização das escolas, que perdura até os nossos dias. As instituições de ensino da época nos proporcionaram uma valiosa herança no processo de ensino, desenvolvimento e aprendizagem. Esse espólio tanto nos mostra o âmago, a essência que as intuições de ensino devem preservar e manter quanto aponta a direção do processo de comutação educacional e social que nos conduzirá à educação hodierna.

CAPÍTULO 2

Os primórdios da educação no Brasil

Na terra de Santa Cruz, o valor e as possibilidades de comércio não justificavam um investimento maior em educação por parte de Portugal. Assim, ao contrário das Américas Espanholas e Inglesa, que tiveram acesso ao ensino superior já no período colonial, o Brasil precisou esperar o final do século XIX para ver surgirem as primeiras instituições culturais e científicas deste nível, a partir da vinda da família imperial ao país.

Por muito tempo, a atitude e os objetivos de Portugal para sua colônia eram a fiscalização, o controle e a defesa. Não havia qualquer preocupação ou iniciativa quanto à oferta de uma educação organizada, sistematizada, profusa e abrangente. Por mais de duzentos anos, o ensino formal da possessão esteve a cargo dos jesuítas, que se dedicavam desde à cristianização dos indígenas acomodados em aldeamentos até à formação do clero, em seminários teológicos.

Os jesuítas não transmitiram somente a moral, a doutrina, os costumes e a religiosidade europeia. Trouxeram também os métodos pedagógicos para a alfabetização e para o processo de ensino e aprendizagem. Os primórdios da educação no Brasil foram, portanto, profundamente influenciados pelas metodologias dos jesuítas, os quais, comandados pelo padre Manoel de Nóbrega, chegaram em março de 1549, acompanhando o primeiro governador-geral, Tomé de Souza. Quinze dias após a chegada em Salvador, edificaram a primeira escola elementar brasileira, tendo como mestre o irmão Vicente Rodrigues. Com apenas vinte e um anos de idade, o irmão Vicente tornou-se o primeiro professor nos moldes europeus em terras brasileiras e, durante mais de cinquenta anos, empenhou-se e se dedicou ao ensino e à propagação da fé religiosa.

Os jesuítas se concentraram na pregação cristã e no trabalho educativo. Perceberam, porém, que não seria possível converter os indígenas à fé católica sem que soubessem ler e escrever. De Salvador, a obra jesuítica se estende para o Sul e, em 1570, a rede de ensino da colônia já era composta de cinco escolas de instrução elementar (Porto Seguro, Ilhéus, São Vicente, Espírito Santo e São Paulo de Piratininga) e três colégios (Rio de Janeiro, Pernambuco e Bahia). Todas as unidades eram regulamentadas por um documento redigido por Inácio de Loyola, conhecido como *Ratio Atque Institutio Studiorum*, que, em português livre, pode ser traduzido como "Plano e Organização de Estudos da Companhia de Jesus".

O modelo pedagógico se centrava nos princípios das artes liberais, isto é, no método *Trivium* e *Quadrivium*. No entanto, no Brasil Colônia se enfatizavam as disciplinas associadas ao *Trivium*. Indubitavelmente, essa simplificação do método medieval implicou uma formação mais literária e estilizada, não desenvolvendo adequadamente as habilidades de raciocínio, representação, comunicação e argumentação. Isso significa que a desprimorosa qualidade da educação brasileira irrompeu nos primórdios de sua história.

Os jesuítas não se limitaram ao ensino das primeiras letras. Além do curso elementar, mantinham cursos de Letras e Filosofia, considerados secundários, e o curso de Teologia e Ciências Sagradas, de nível superior, para formação de sacerdotes. No curso de Letras, estudava-se gramática latina, humanidades e retórica; e no curso de Filosofia, ofertava-se lógica, metafísica, moral, matemática, ciências físicas e naturais.

O grande poderio e influência dos jesuítas causaram ciúmes e implicâncias, assim, em 1759, o Marquês de Pombal os expulsou, findando o período de 210 anos em que os bravos religiosos foram os únicos professores no Brasil. Na época da expulsão, eles possuíam 25 residências, 36 missões e 17 colégios, além de seminários menores e escolas de primeiras letras instaladas em todas as cidades onde havia casas da Companhia de Jesus.

Os jesuítas foram expulsos em decorrência das profundas e radicais diferenças de objetivos em relação aos interesses da Corte. Enquanto eles se preocupavam com o ensino, a alfabetização e o doutrinamento religioso, Pombal pensava em reerguer Portugal da decadência em que se encontrava, se comparado a outras potências europeias da época. A educação jesuítica não convinha aos interesses comerciais portugueses. Em outras palavras, enquanto as escolas da Companhia de Jesus tinham como propósito servir aos interesses da fé, Pombal optou por organizar a educação para assentir aos interesses do Estado.

O projeto pedagógico instrucional adotado e ministrado pela Companhia de Jesus não só grifou o advento da história da educação no Brasil, como também foi a mais importante ação realizada no que diz respeito às consequências para a cultura brasileira. Sem o modelo jesuítico, Pombal implantou as aulas régias, autônomas e isoladas de latim, grego e retórica, além de ensino coletivo, com professor único para muitos estudantes e um sequenciamento em que uma disciplina não se articulava com as outras.

O modelo foi um fracasso. Ineficiente e ineficaz, a educação brasileira estava paralisada. Para conseguir recursos a fim de prosseguir com os ensinos primário e médio, Portugal instituiu, em 1772, o subsídio literário, uma taxação que incidia sobre a carne, o vinho, o vinagre e a aguardente. Além de exíguo, nunca foi cobrado com regularidade, fazendo com que a inadimplência dos salários dos professores se tornasse constante. Improvisados e despreparados, os professores eram nomeados por indicação ou sob concordância de bispos e se tornavam *proprietários* vitalícios de suas aulas régias. O resultado de todo esse descontrole foi que, no princípio do século XIX, a educação estava em estado catastrófico, funesto e calamitoso. O modelo dos jesuítas foi desmantelado e nada foi organizado para dar continuidade ao incompleto, mas portentoso trabalho realizado pela Companhia de Jesus.

O que se avistou após os jesuítas foi o mais absoluto caos. Essa situação perdurou até 1808, ano da fuga da família real portuguesa para o Brasil, a fim de escapulir das tropas napoleônicas. Com a realeza em terras brasileiras, surgiu o primeiro interesse de se estabelecer uma instituição de ensino superior. Dispostos a contribuir com uma significativa ajuda financeira, empresários baianos solicitaram a Dom João VI, então príncipe regente, a criação de uma universidade. Ainda em 1808, em vez de uma universidade, foi fundado em Salvador o Colégio Médico-Cirúrgico e, em abril do mesmo ano, com a transferência da Corte para o Rio de Janeiro, foi aberta uma Escola de Cirurgia nessa cidade. Em 1810, Dom João assinou a Carta de Lei de 4 de dezembro, instituindo a Academia Real Militar da Corte que, anos mais tarde, se converteria na Escola Politécnica do Rio de Janeiro, a primeira instituição de ensino superior do Brasil.

Por todo o Império, ao longo dos reinados de Dom João VI, Dom Pedro I e Dom Pedro II, pouco se realizou pela educação e muitos reclamavam de sua baixa qualidade. Apesar das várias propostas apresentadas, não foi instalada uma universidade no Brasil. O ensino superior nessa época se firmou como um modelo de institutos isolados, de natureza profissionalizante e elitista, já que atendia somente aos filhos da aristocracia colonial, que não podiam mais estudar na Europa, devido ao bloqueio de Napoleão.

Em 1821, Dom João VI regressou a Portugal. Em 1822, seu filho, Dom Pedro I, proclamou a Independência e, em 1824, outorgou a primeira Constituição brasileira, que determinava (art. 179): "a instrução primária é gratuita para todos os cidadãos".

Na tentativa de suprir a falta de docentes, instituiu-se o Método Lancaster ou Método de Ensino Mútuo, em que um discente treinado ensinava a um grupo de dez estudantes sob a rígida vigilância de um docente. O *quaker* inglês Joseph Lancaster (1778-1838) amparou seu método de ensino oral no uso refinado e constante de repetição, no qual a memorização era a superestrela a ser conquistada. Em face dessa opção metodológica, não se esperava que os estudantes tivessem originalidade ou elucubração intelectual na atividade pedagógica, mas disciplina mental e física. Para Lancaster, o principal encargo do professor não estava na tarefa de ensinar ou de suprimir os erros, mas, sim, na de observar e coordenar para que os estudantes se corrigissem entre si.

> "Durante o Segundo Reinado, houve um aumento de escolas superiores no país, mas sempre no modelo de unidades desconexas, voltadas para a formação profissional."

Apesar da afeição pessoal do imperador Dom Pedro II pela educação, pouco foi realizado em sua gestão para que se concebesse no Brasil um sistema educacional eficiente. Houve diligências de reformas que pudessem dar uma guinada, porém a educação brasileira não sofreu um processo de evolução que pudesse ser considerado marcante ou significativo em termos de espécime. Durante o Segundo Reinado, houve um aumento de escolas superiores no país, mas sempre no modelo de unidades desconexas, voltadas para a formação profissional. Algumas tentativas de estabelecer a primeira universidade surgiram sem êxito, como um projeto de 1843, que visava instituir a Universidade Dom Pedro II, e outro de 1847, destinado à constituição da Universidade Visconde de Goiânia, entre outras.

Nesse compasso, foi somente por meio do Decreto n. 14.343, de 7 de setembro de 1920, que se fundou a Universidade do Rio de Janeiro, hoje Universidade Federal do Rio de Janeiro (UFRJ), que reunia, administrativamente, faculdades profissionalizantes preexistentes, como a Escola Politécnica, a Faculdade de Medicina e a Faculdade de Direito. O que unia esses cursos eram tão somente a Reitoria e o Conselho Universitário, conservando-se, assim, a orientação profissional dos cursos e a autonomia das faculdades.

A Revolução de 1930, que conduziu Getúlio Vargas ao poder, foi um marco que criou as precondições para a expansão do capitalismo no Brasil. O acúmulo de capital do período anterior permitiu que o Brasil pudesse investir no mercado interno e na produção industrial. A nova realidade brasileira passou a exigir mão de obra especializada e, para supri-la, era necessário investir em educação. Em 1930, foi instituído o Ministério da Educação e Saúde Pública e, em 1931, foi aprovado o Estatuto das Universidades Brasileiras, que vigorou até 1961. De acordo com o estatuto, as universidades poderiam ser públicas (federais, estaduais, municipais) ou privadas.

Aproveitando o interesse do governo Vargas em recuperar o apoio da Igreja, que havia perdido com a Proclamação da República em 1889, as lideranças católicas, entre 1930 e 1945, passaram a desenvolver um intenso trabalho pedagógico visando à recristianização da sociedade brasileira. A partir de 1934, a Igreja manifestou interesse na criação de uma universidade subordinada à hierarquia eclesiástica e independente do Estado, ficando os jesuítas com a incumbência de organizar, administrar e orientar pedagogicamente a futura instituição universitária. Em 1946, satisfeitos os pré-requisitos legais, surgiu a primeira universidade católica do Brasil, na cidade do Rio de Janeiro. Em 1947, a Santa Sé lhe outorgou o título de Pontifícia. Similar às outras instituições católicas no mundo, introduziu-se nos currículos a frequência aos cursos de cultura religiosa, tornando-se referência para o estabelecimento de outras universidades católicas pelo país.

"A partir de 1934, a Igreja manifestou interesse na criação de uma universidade subordinada à hierarquia eclesiástica e independente do Estado, o que daria origem, em 1946, à primeira universidade católica do Brasil, na cidade do Rio de Janeiro."

As décadas de 1930 e 1940 marcaram a consolidação da sociedade urbano-industrial brasileira, com a geração de novos empregos tanto no setor público quanto no privado. Com a maior aceitação da participação da mulher no mercado de trabalho, a partir da década de 1940, principalmente no magistério, novos cursos passaram a ser frequentados por jovens mulheres, que ingressavam na universidade e aspiravam ser professoras. Essas faculdades, que se disseminaram pelo país, na verdade, não passavam de um aglomerado de cursos, cada um formando um tipo específico de docente, por exemplo, de história, matemática e geografia.

No período de 1945 a 1964, houve um processo de integração do ensino superior a partir do surgimento de universidades que vincularam administrativamente faculdades preexistentes. Nesse período, foram fundadas 22 universidades e cada Estado passou a contar, em suas respectivas capitais, com uma universidade pública federal. Nesse mesmo período, foram também estabelecidas nove universidades religiosas, sendo oito católicas e uma presbiteriana. Com a maior oferta de vagas, ocorreu uma expressiva expansão das matrículas, acentuando a mobilização de estudantes e culminando, em 1938, na criação da União Nacional dos Estudantes (UNE), um importante elemento para organização e reivindicações dos discentes. No entanto, ao longo do caminho, a UNE se politizou e perdeu reconhecimento e visibilidade, fazendo surgir outras corporações representativas.

Após um período de 14 anos de tramitação no Congresso Nacional, foi promulgada, em 1961, a Lei n. 4.024, a primeira Lei de Diretrizes e Bases da Educação Brasileira, que, mesmo possibilitando certa flexibilidade, reforçou o modelo tradicional de instituições de ensino superior vigente, mantendo maior preocupação com o ensino que com a pesquisa e a extensão. A nova lei concedeu expressiva autoridade ao Conselho Federal de Educação para deliberar sobre o currículo mínimo de cada curso, fortalecendo, assim, a centralização do sistema de educação superior.

O final da década de 1960 ficou sublinhado pelo aumento de pressão por vagas e, em razão disso, ocorreu uma forte expansão de faculdades privadas isoladas nas periferias das grandes metrópoles e no interior dos estados mais desenvolvidos. Em 1971, foi instituída a Lei n. 5.692, a Lei de Diretrizes e Bases da Educação Nacional. A característica mais marcante dessa norma era tentar dar à formação educacional um cunho mais profissionalizante.

O período de 1980 a 1986 foi o ciclo em que os mantenedores, utilizando-se de meios como força política, porte e *lobbies*, esforçavam-se para auferir a autorização de muitos cursos e novas unidades. Em 1981, o Brasil contava com 65 universidades e mais de 800 faculdades isoladas que se dedicavam exclusivamente às atividades de ensino; e 30% dessas instituições tinham menos de 300 estudantes.

No epílogo do Regime Militar, a discussão sobre as questões educacionais perdeu seu sentido pedagógico e assumiu caráter unicamente político. Pensadores de outras áreas passaram a falar de educação num sentido mais amplo e não mais somente no que se refere a questões pertinentes à escola, à sala de aula, à didática, ao processo de ensino, desenvolvimento e aprendizagem, à relação direta entre docente e discente, enfim, à dinâmica escolar em si mesma. Desde então, a tônica seria o esforço para implantação ideológica, dependendo da força política no poder. A educação está pagando um preço alto por essa sandice e irresponsabilidade, com a má qualidade e formação de egressos despreparados, sem as devidas competências requeridas pelo mercado de trabalho.

Os debates para a elaboração da Constituição Federal de 1988 foram marcados por dois conjuntos com interesses distintos. De um lado, a turma que defendia o ensino público laico gratuito em todos os níveis e procurava assegurar verbas exclusivamente para as intuições públicas governamentais. De outro, os grupos ligados ao setor privado, que brigavam e pleiteavam pela autorização de mais cursos e buscavam menor interferência do Estado nos negócios educacionais. O resultado foi que a Constituição Federal estabeleceu um mínimo de 18% de receita anual da União para manutenção e desenvolvimento da educação, assegurou a gratuidade do ensino em estabelecimentos públicos em todos os níveis e reafirmou, em seu artigo 207, a indissociabilidade das atividades de ensino, pesquisa e extensão nas universidades.

Promulgada a Constituição da República Federativa do Brasil em 5 de outubro de 1988, iniciou-se um grande debate para elaboração de uma nova Lei de Diretrizes e Bases da Educação Nacional. A Lei n. 9.394, aprovada em 20 de dezembro de 1996, agourou variados graus de abrangência ou especialização. Com ela, foi introduzido o processo regular e sistemático de avaliação de desempenho para as instituições de ensino superior, condicionando seus respectivos credenciamentos e recredenciamentos ao desempenho mensurado, bem como ao reconhecimento e renovação dos cursos, também vinculados ao resultado do processo de avaliação de desempenho nas dimensões de estrutura física, corpo docente e projeto pedagógico.

> "Com a promulgação da Constituição em 5 de outubro de 1988, iniciou-se um grande debate para elaboração de uma nova Lei de Diretrizes e Bases da Educação Nacional."

Certamente, após a peroração do Regime Militar, a fase politicamente marcante da educação brasileira ocorreu sob a regência do presidente Fernando Henrique Cardoso. Logo no início de seu governo, por meio de medida provisória, foi extinto o Conselho Federal de Educação e criado o Conselho Nacional de Educação, órgão menos burocrático e mais político, vinculado ao Ministério da Educação e Cultura. Para os mantenedores, apresentou-se um período de exponencial crescimento, principalmente nos anos de 1996 a 2003, quando o foco era a abertura de novas unidades, ampliação de cursos e construção de prédios.

Mesmo para aqueles que discordam do modo como foram produzidos e efetivados alguns programas, não há como deixar de reconhecer que, em toda a história da educação brasileira, contada a partir do descobrimento, jamais houve execução e consumação de tantos projetos na área da educação em uma só administração. O mais contestado deles foi o Exame Nacional de Cursos (Provão), que determinava que todos os egressos de instituições de ensino superior necessitavam realizar uma prova ao final do curso para ter o direito de receber seu diploma.

Posteriormente, muitas alterações foram empreendidas no planejamento educacional, mas nenhuma ação efetivamente transformadora foi realizada. O Provão foi substituído pelo Exame Nacional de Desempenho dos Estudantes (Enade). Apesar das modificações constantes nos modelos avaliativos de desempenho tanto de estudantes quanto das instituições de ensino, a educação brasileira continuou a manter as características históricas. Significa dizer que, na prática, mostraram-se mais como um instrumento de pregação ideológica e manutenção do *status quo* para aqueles que frequentam os bancos escolares e menos como um mecanismo de oferta de conhecimentos básicos para o desenvolvimento de competências e habilidades que levassem à melhoria da empregabilidade, da trabalhabilidade e do desempenho dos cidadãos brasileiros.

Em 2011, foi instituído por meio da Lei n. 11.513 o Programa Nacional de Acesso ao Ensino Técnico e Emprego (Pronatec), com o objetivo de amplificar e democratizar a oferta de cursos de educação profissional tecnológica no país, bem como melhorar a qualidade do ensino médio, por meio da formação do estudante para o mundo do trabalho. Contudo, devido a inúmeros problemas, como a falta de regulação e acompanhamento dos cursos, que, em sua maioria, eram de curta duração e Formação Inicial e Continuada (FIC), o programa foi encerrado em 2014.

As mutações sugeridas para a educação nos últimos anos destinam-se a melhorar os resultados na organização e no processo de ensino, desenvolvimento e aprendizagem. Entre as principais propostas encontra-se a Base Nacional Comum Curricular (BNCC), que apresenta a estrutura esperada para toda a educação básica, bem como as orientações sobre os conteúdos essenciais para cada etapa escolar.

Instituída pela Resolução CNE/CP n. 2, de 22 de dezembro de 2017, o objetivo primordial da BNCC é unificar o ensino básico, para que todos os estudantes possam ter acesso a uma formação integral. Propõe-se com ela a melhoria na gestão acadêmica, no formato do ensino e na experiência dos estudantes. Não obstante a BNCC resguardar a liberdade para que as escolas determinem as propostas metodológicas mais adequadas, considerando seus propósitos e diferenças regionais, seus projetos pedagógicos devem ser fundamentados, necessariamente, nos conceitos e princípios contidos nesse documento. Dessa forma, as escolas necessitam produzir os materiais didáticos, bem como o Projeto Pedagógico, em conformidade com as diretrizes propostas.

No percurso, a escola deve assegurar aos estudantes o desenvolvimento de dez competências divididas em três dimensões: cognitivas (conhecimento, pensamento científico, crítico e criativo), comunicativas (linguagens, argumentação e tecnologias) e socioemocionais (autonomia e autogestão, autoconhecimento e autocuidado, empatia e cooperação, responsabilidade e cidadania).

Anuindo aos históricos propósitos de Pombal, depois de sofrer forte pressão de sindicatos e grupos como o Conselho Nacional de Trabalhadores em Educação (CNTE) e a União Nacional dos Estudantes (UNE), em 2023, o governo petista engendrou mutações ou deformações no modelo original, que foram na direção contrária às políticas internacionais de educação com eficientes e efetivos resultados, atendendo as demandas dos sindicalistas e a ideologia do governo. Tais propostas retornaram os "currículos enciclopédicos", com estudantes passivos e aulas palestradas, bastante distintos da proposta original, na qual os professores teriam de ser capazes, como ocorre nos países desenvolvidos, de aplicar os conhecimentos em projetos interdisciplinares reais ou simulados, envolvendo múltiplas áreas em um mesmo conteúdo.

Desde o Renascimento (um importante movimento de ordem artística, cultural e científica, que irrompeu na passagem da Idade Média para a Moderna) a educação vem privilegiando o pensamento lógico. É inegável que as competências cognitivas e de raciocínio lógico e crítico são e sempre serão essenciais. O que a BNCC original recomendava não é o abandono das práticas e saberes conceituais e cognitivos, mas, similar à Paideia Grega, que focava na educação integral do indivíduo, a BNCC original visava o repensar do ser humano em sua totalidade, com o intuito de resgatar e integrar as dimensões socioemocionais e afetivas que foram cedidas, por conta da modernidade, com o aspecto cognitivo e racional. Não obstante, algumas escolas privadas, como é o caso da Rede de Instituições Educacionais Multiversa, da qual tenho o privilégio de participar e gerir, estão indo na contramão das propostas governamentais, implantando uma educação evolutiva, por meio da oferta de currículos por projetos, que visam o incremento e o aperfeiçoamento de competências e habilidades contemporâneas para o desenvolvimento da inteligência de escola, inteligência construtiva, inteligência de rua, enfim, da inteligência de vida que irá proporcionar ao estudante a empregabilidade e a trabalhabilidade, bem como a formação de cidadão global, pronto para navegar e ter sucesso nessa entrante plataforma digital cognitiva.

Com a pandemia da Covid-19, ocorrida no período de 2020 a 2023, e a necessidade de distanciamento e adaptação das atividades para a forma remota, a proposta de ensino a distância ganhou força e a presencialidade e, nesse crítico momento da humanidade, angariou um novo conceito; ou seja, a presença está relacionada a estar presente em idêntico tempo, mas não imprescindivelmente no mesmo espaço. Com isso, o ensino híbrido, que combina estratégias presencial e remota, tornou-se o modelo instrucional que deverá ser mais utilizado nos próximos anos.

"A pandemia da Covid-19 introduziu a necessidade de distanciamento e de adaptação das atividades para a forma remota. Isso fez com que a proposta de ensino a distância ganhasse força."

Devido à necessidade de desenvolver competências e habilidades e não somente transmitir conteúdos, a metodologia passou a ser híbrida (instrucional, experiencial e experimental). Pelo mesmo motivo, o processo instrucional passa a ser de ensino, desenvolvimento e aprendizagem, e não mais apenas processo de ensino e aprendizagem. O que há de comum em todas essas mutações é o estudante como protagonista, o professor como mediador e facilitador, bem como uma experiência escolar baseada em desafios e atividades práticas simuladas e reais.

Uma análise mais aprofundada da evolução da educação a propalar a partir do Brasil Colônia leva à constatação de que, efetivamente, trata-se de um sistema complexo e heterogêneo, em que a interferência dos governos e órgãos regulatórios, desde a expulsão dos jesuítas em 1759, gera sérios problemas, principalmente para o setor privado, onde a flexibilidade e o poder de decisão são regulados. Talvez o maior desafio não seja econômico, tampouco de benevolências com cunho político partidário em nome da pobreza. O caminho passa por investir e ofertar uma educação de acordo com as necessidades da hodierna era digital, promovendo uma aprendizagem menos ideológica, que proporcione empregabilidade e trabalhabilidade aos egressos, justiça social, acolhimento das diversidades, respeito e inclusão de todas as classes. Isso, sim, faria do Brasil uma nação mais justa, com maior competitividade e, consequentemente, mais igualitária.

CAPÍTULO 3

Revolução Industrial: educação em massa

Todos os acontecimentos são esplêndidas oportunidades para a evolução, pois acarretarão outras necessidades. As necessidades, por sua vez, propiciarão as transformações, que farão com que se substitua o jeito de realizar algo. Assim acontecem as revoluções. Aliás, educação, revoluções, gerações e diversidade são temas sagrados, tratados em forma de evolução. Na revolução agrícola, o alvo era a melhoria de produtividade, que se tornou manifesto no momento em que houve a comutação da atividade manual por máquinas mecanizadas. Isso levou à substituição do trabalho braçal e exaustivo por máquinas mecanizadas, suscitando muitas novidades, diferentes necessidades e nova revolução.

A Revolução Industrial foi um conjunto de acontecimentos ocorridos a partir da segunda metade do século XVIII, que mutuou a manufatura artesanal para a maquinofatura mecanizada. Geraram-se diferentes necessidades, outras demandas e habilidades. A consequência foi uma profunda metamorfose na estrutura social, de ordem econômica, política, cultural e educacional, afetando enormemente a vida das pessoas. Estas ficaram desnorteadas, perderam identidade e passaram por um processo bárbaro, desumano e cruel, tornando-se, então, uma extensão da máquina na execução de operações simples, repetitivas, monótonas, fáceis de aprender, uma vez que não era necessário ter conhecimentos, mas tão somente habilidades e adestramento.

O industrialismo foi mais que chaminés e linhas de montagem. Concerniu-se em um sistema social suntuoso, multiforme, que metamorfoseou todos os aspectos da vida humana. Frutificou a fábrica, mas também colocou o trator na fazenda, a máquina de escrever no escritório e a geladeira na cozinha. Melhorou a qualidade de vida e interligou todas essas engrenagens para formar um sistema social poderoso, coeso e expansivo, porém subjugado pela ditadura do tempo. Muito possivelmente seja essa sujeição ao tempo o que mais diferencie a sociedade atual das sociedades antigas.

Os chineses mediam os anos em termos de tempo de preparar a terra, plantar e colher. Os gregos pelas folhas que caíam, o gelo que derretia, as flores que surgiam, o calor que aquecia. Na agricultura, não havia tempo predeterminado. Tudo era medido pelo movimento do sol: plantio, crescimento da vegetação e colheita. Os tuaregues (os homens azuis do deserto do Saara) ainda hoje estimam o seu dia pelo amanhecer e o crepúsculo. Para essas sociedades, o tempo é visto como um processo natural, não sucedia preocupação em mensurá-lo com exatidão.

A Revolução Industrial se utilizou do paradigma do tempo e sincronizou a linha de montagem em uma referência para quase todas as atividades humanas. Criou a necessidade de também as escolas adotarem cronogramas e quadro de horários. O relógio transformou o tempo, de um processo natural em uma mercadoria, que pode ser obtida, comprada, vendida, controlada, escravizada, similar a qualquer outra *commodity*.

> "O processo educacional em massa, zênite da Revolução Industrial, tinha como escopo preparar profissionais com habilidades razoáveis para evitar ociosidade e desperdício de tempo e de matéria-prima."

O processo educacional em massa, zênite da Revolução Industrial, tinha como escopo preparar profissionais com habilidades razoáveis para evitar ociosidade e desperdício de tempo e de matéria-prima. Dispunha do propósito de atender a uma divisão social e técnica do trabalho, sublinhada pela incontestável delimitação de fronteiras entre ações intelectuais e instrumentais, em decorrência de relações de classes bem definidas, que determinavam as funções.

A educação passou a ter o objetivo de capacitar trabalhadores para que estes satisfizessem as demandas de uma coletividade, cujo modo preponderante de produção era gerido por meio de uma rigorosa divisão entre as tarefas intelectuais (dirigentes) e as operacionais, sendo que estas últimas se caracterizavam por habilidades repetitivas e relativamente imutáveis. Em outras palavras, estas últimas demandavam comportamentos exaustivos, predeterminados, consecutivos e incessantes, com escassa variação. Perceber, entender e assimilar o funcionamento de cada operação, bem como os movimentos necessários para realizá-la, decorando-os e repetindo-os ao longo da jornada, não vindicava outra formação escolar e profissional. Bastava ter a capacidade de memorizar, de reprisar maquinalmente procedimentos em uma determinada e estandardizada sequência, severamente controlada pelo tempo de execução.

O processo de ensino e aprendizagem, em decorrência, alvitra metodologias e conteúdos que, fragmentados, organizam-se em sequências espartanas. Nesse caso, sendo a meta a uniformidade de respostas para procedimentos convencionados, separa-se o tempo de aprendizagens teóricas e práticas e exerce rigidamente o controle sobre o discente. Esse processo instrucional atende apropriadamente às necessidades e demandas do mundo do trabalho e da vida social, que se regem pelos mesmos parâmetros das convicções e dos comportamentos que foram definidos pelo *status quo* das indústrias como pertinentes e aceitáveis.

Do arquétipo taylorista perpassam múltiplas modalidades e esfacelações no processo de ensino e aprendizagem. Nesse contexto se encontram a fragmentação curricular, que segmenta o conhecimento em áreas e em disciplinas ministradas de forma isolada (passam a ser aludidas como se fossem autônomas entre si), e a prática social concreta, como consequência de que a teoria se supõe desassociada da aplicação e transferência. A exteriorização dessa pulverização é a matriz curricular, que distribui as disciplinas com suas cargas horárias por séries e turmas de forma sequencial aleatória, supondo que a unidade cartesiana se readquire como decorrência espontânea das atividades curriculares. Quanto ao estudante, a este é dada a incumbência de promover a reconstituição das interdependências e relações que se estabelecem entre os diversos conteúdos disciplinares.

Para elevar a produtividade e o controle dos tempos e movimentos, o engenheiro americano Frederick Taylor concebeu princípios que não somente se imiscuíram nos processos de produção, como também remodelaram a estrutura da sociedade e as metodologias de ensino e aprendizagem da escola. A **padronização** significava produzir serviços similares, sem se importar com as diferenças, contrastes e diversidades. Pressupunha-se que as pessoas devessem se sentir iguais e ser tratadas como congêneres umas às outras. Indicava que a sala de aula deveria ser vista como homogênea, que o aprendizado de um deveria ser o mesmo do outro, em outras palavras, ensinar a muitos como se fossem um só.

Taylor era um fanático em busca da eficiência na produção, considerava os operários como uma extensão das máquinas, buscando o máximo de aproveitamento em suas atividades. Os alicerces para esse pensamento foi a divisão do trabalho por expertise nas tarefas que desenvolviam e a remuneração de acordo com a produção alcançada, concebendo, assim, o segundo princípio da especialização.

Na escola, essa divisão foi levada à máxima consequência nos processos instrucionais. As disciplinas, os conteúdos, os professores, as metodologias são todas especializadas e o estudante não consegue fazer a concatenação, a conexão de um conteúdo para outro. Da especialização deriva o princípio da concentração. No trabalho, instituem-se departamentos adequados e ajustados para cada fase de produção. Eclodem as grandes concentrações urbanas, as cidades, que por sua vez também se especializam. Na escola, concentra-se tudo na sala de aula, espaço onde o mestre repassa para seus aprendizes todo o conhecimento necessário para que tenham sucesso pessoal e profissional na área escolhida.

Taylor defendia a centralização como modo de comando. A organização deve ter o formato de pirâmide: o vértice sabe tudo e pode tudo. Na escola, centralização não está apenas na gestão e direção, mas também no íntimo da sala de aula. Centraliza-se no docente a responsabilidade de ensinar. Ele é o detentor do conhecimento, o responsável pela transmissão destes para seus estudantes. Os discentes são seres apáticos, passivos, concentrados em um espaço especialmente projetado para os encontros presenciais e receptivos aos conhecimentos do mestre. É o docente que ensina, não necessariamente o discente que aprende.

> "Na escola influenciada por Taylor, é o docente que ensina, não necessariamente o discente que aprende."

A fábrica necessita da sincronização para que todos estejam a postos na linha de montagem ao mesmo tempo. A escola requer uma cidade sincronizado para que os estudantes estejam presentes no mesmo instante. São programadas data e hora para a aprendizagem. O local de ensino, quase único, é a sala de aula. O sistema de controle de frequência é um exemplo dessa sincronia; todos devem estar no mesmo espaço, na mesma ocasião, no mesmo átimo, para responder, de modo sincronizado, a uma mesma chamada. A sincronização também está no processo instrucional. Nas oficinas artesanais, as crianças cresciam ao mesmo tempo que aprendiam por meio da metodologia de imitação e desenvolviam a inteligência construtiva a partir do processo de desenvolvimento e aprendizagem. Em outras palavras, já produziam enquanto aprendiam. Com a divisão do trabalho, essa mistura foi abolida. É eliminado o desenvolvimento e o processo instrucional passa a ser processo de ensino e aprendizagem, por intermédio da metodologia de transmissão, para o desenvolvimento da inteligência de escola. Em outros termos, o professor palestrava a muitos como se fossem um só e tão somente teorias, sem práticas simuladas ou reais. Como na sociedade industrial aquilo que se aprendia era pouco utilizado na prática, servia para muito tempo, ou seja, o saber acumulado na juventude bastava para toda a vida (ou parte dela) e a formação podia limitar-se a um tempo circunscrito.

Apesar de terem sido concebidos para o chão de fábrica, os princípios tayloristas estão fortemente arraigados no cotidiano escolar da era industrial. O objetivo com esse tipo de educação é o treinamento, alicerçado na aprendizagem informativa, em cuja circunstância a memorização fica evidenciada. Os currículos são cartesianos, pulverizados e fragmentados, e neles quem dita o ritmo é a especialização, existindo pouco acoplamento entre as disciplinas. Aparentemente, isso torna tarefas e assuntos complexos mais administráveis. Em troca, porém, paga-se um preço oculto muito alto. Perde-se a noção intrínseca de conexão com o todo. Quando é preciso visualizar o quadro geral, os estudantes tentam listar, organizar, jungir, conectar, montar os fragmentos dos conteúdos estudados em suas mentes. Mas, como diz o físico americano David Bohm (1917-1992), "a tarefa é inglória – é como montar os estilhaços de um espelho quebrado para enxergar um reflexo verdadeiro. Depois de algum tempo, acabamos desistindo de ver o todo"[1].

---

1. SENGE, M. P. *A quinta disciplina:* arte e prática da organização que aprende. Rio de Janeiro: Editora Best Seller, 2013, p. 34.

CAPÍTULO 4

Revolução Pós-Industrial: educação cerebral

A sociedade industrial não só fez com que, para muitos, se tornasse inútil o uso do cérebro, como também acarretou que somente algumas partes do corpo fossem utilizadas. Com as novas necessidades provocadas pela tecnologia, a exigência de distintas competências e habilidades, a educação em massa se tornou ineficiente e ineficaz. Isso foi factível, graças ao florescimento, alastramento e progresso tecnológico, que possibilitou ao homem inventar uma "máquina inteligente" que substituiu todo o trabalho repetitivo e exaustivo, deixando para si apenas o trabalho empático, criativo, bem como a consciência e a capacidade de organização do pensamento. Difunde-se cada vez mais o espírito de que as atividades cerebrais predominam em relação às manuais, que as práxis virtuais prevaleçam sobre as práticas tangíveis.

O corolário dessa transição foram a célebre expansão do setor de serviços, a veloz ampliação da tecnologia de informação, o crescimento da tecnologia de comunicação e

"A partir da era industrial, o ritmo de vida deixou de ser controlado pelas estações do ano e passou a ser monitorado pela ditadura do relógio."

de relacionamentos, avanços expressivos e irreversíveis na valorização da empatia, dos sentimentos e emoções individuais. É claro que o mercado de trabalho não pode renunciar ao pragmatismo do raciocínio lógico, da engenharia, da precisão matemática. Porém, sem criatividade, capacidade de relacionamento entre as pessoas e desenvolvimento de lideranças emocionalmente corretas, não há empregabilidade, afinal, os princípios da era industrial apartados não são mais eficientes.

Durante dois séculos a sociedade conviveu e evoluiu com os princípios da era industrial, que durou até a década de 1950. O maior desafio desse período foi a eficiência, isto é, fazer o maior número de produtos e atividades no menor tempo. Assim, o ritmo de vida deixou de ser controlado pelas estações do ano e passou a ser monitorado pela ditadura do relógio.

A título de delimitação, embora carecendo de precisão, pode-se estabelecer que a sociedade pós-industrial irrompeu com o final da Segunda Guerra Mundial, agregado ao aprimoramento do computador, que substituiu o trabalho repetitivo, expandiu a comunicação entre os povos e concebeu outras necessidades econômicas, políticas, sociais e educacionais.

Ao contrário da industrial, a sociedade pós-industrial privilegia a esfera emotiva em relação ao âmbito racional, a qualidade em comparação à quantidade e a subjetividade em proporção à coletividade. A confiança e a ética passam a ser indispensáveis, uma vez que o relacionamento requer confiabilidade e, sem estas, indubitavelmente a empregabilidade e a trabalhabilidade ficam prejudicadas.

Por fim, provém o valor estético: as formas, as cores, as imagens, os sons, as boas maneiras são tão indispensáveis ao cidadão pós-industrial quanto a substância e a funcionalidade. Entra-se numa fase de drástica transição e transmutação dos princípios e modelos mentais, paradigmas, além dos valores individuais e coletivos. Provavelmente não existam períodos em que não tenha havido esse fenômeno, porém nem todas as épocas mutuaram com idêntica intensidade e com a mesma velocidade.

Os arquétipos instaurados no período industrial eram integralmente insólitos em relação à fase agrícola. O impacto por eles causado se tornou tão forte que, embora formulados para a fábrica, foram, por muito tempo, seguidos e aplicados em todos os setores da sociedade. No estágio pós-industrial, esse esquema entra novamente em colapso, pois com o enorme volume de informações, com a evolução tecnológica, com as contínuas transmutações, a formação do indivíduo necessita ser ininterrupta, seja no ateneu, no colégio ou na faculdade, por meio do desenvolvimento da inteligência de escola. Tendo em vista esse contexto, podemos depreender que:

"Ao contrário da industrial, a sociedade pós-industrial privilegia a esfera emotiva em relação ao âmbito racional, a qualidade em comparação à quantidade e a subjetividade em proporção à coletividade."

- A educação é contextual e prepara profissionais de acordo com as circunstâncias e necessidades conjunturais.
- Para as exigências da Revolução Industrial, que demandava treinamento por meio de procedimentos e técnicas associados aos conteúdos ensinados, a educação cumpriu seu papel com excelência.
- O profissional que o mundo contemporâneo demanda não é mais o mesmo que a Revolução Industrial requisitava, razão pela qual a educação precisa se remodelar.
- Faz-se mister preparar estudantes para empregos que ainda não existem, utilizando tecnologias que não foram inventadas para resolver problemas que ainda não se sabe que serão problemas.
- É preciso habilitar os estudantes para um futuro que os próprios educadores não conseguem bosquejar, especificar e descrever.
- Os estudantes precisam cultivar uma série de atitudes focadas no pertencimento a um grupo, na adaptabilidade para se mover em ambientes lépidos, ativos, dinâmicos, nos quais o conhecimento se torna rapidamente arcaico e obsoleto.

- A escolha e a organização dos conteúdos devem ser adaptáveis, ágeis, flexíveis, focadas em conhecimentos, habilidades e competências que contemplem o futuro, não apenas o presente e o passado.

- A disponibilização dos conteúdos não deve ser meramente analógica; a digitalização, a ludicização, a sedução, a jogabilidade e a socialização em redes serão indispensáveis, pois engendrarão desafios e necessidades para essa geração, que necessita ser desafiada, atiçada, provocada.

- Faz-se necessária a atomização do conhecimento com a concepção de materiais didáticos que respeitem o encadeamento: imagem em movimento, imagem fixa, som e texto, aliás, a sequência de aprendizagem da geração pós-industrial.

- A educação, cada vez mais, terá de coexistir com outros princípios, como o da virtualidade, em que as relações com as pessoas, com os objetos, com o ensino e com a aprendizagem se dissociam cada vez mais da presença física.

- Os limites de espaço e tempo para a aprendizagem servem como subterfúgios e respondem apenas a antiquados rituais e a ultrapassadas metodologias de ensino, que são contraproducentes em relação às novas exigências de autonomia, flexibilidade, aprendizagem e criatividade.

- O rompimento com as fronteiras do tempo e do espaço, em que a globalização traz uma crescente familiaridade, assumindo o mundo como vizinhança.

- A construção de cursos baseados em matrizes curriculares engessadas, com a junção de disciplinas muitas vezes desconexas e mal sequenciadas, está superada, devendo a educação trabalhar com projetos acadêmicos nos quais a necessidade, os objetivos e as competências a serem desenvolvidas é que determinarão os conteúdos que deverão ser ministrados.

- É necessário, rapidamente, pensar na adaptabilidade e flexibilidade como princípios contínuos, indispensáveis, utilizáveis dos educadores.
- Nestes tempos de digitalização de espaços, de virtualização do tempo, de propagação das metodologias de mediação no processo de ensino e aprendizagem, a prática dos arquétipos e *modus operandi* da educação em massa não surte mais resultados satisfatórios.
- A inteligência artificial generativa (IAG), que engloba múltiplos campos, como Análise de Aprendizagem, Mineração de Dados, Aprendizagem em Escala, contribui com perspectivas e metodologias diversas para a integração das novas tecnologias em contextos educacionais.
- Ao aproveitar a inteligência artificial generativa na personalização do desenvolvimento e aprendizagem, na tutoria, na avaliação automatizada e permanente, no *feedback* e *feedforward* individualizado, entre outros, a educação poderá se transformar em uma experiência mais adaptativa, eficiente e imersiva.

4.1. Tecnologia e educação: uma aliança necessária

O jornalista e escritor americano Thomas Friedman divide a globalização em três grandes fases. Globalização 1.0, simbolizada pela criatividade dos países no uso da força física, da quantidade de cavalos-vapor, período em que as nações, motivadas pelo imperialismo e religião, interligaram o mundo conhecido de então. Teve seu início no final do século XV, com a aventura de Cristóvão Colombo e Pedro Álvares Cabral rumo ao continente americano, e se estendeu até 1800, reduzindo o mundo de grande para médio.

> "Enquanto a força dinâmica na globalização 1.0 foi a mundialização de países e, na globalização 2.0, a universalização das empresas, na globalização 3.0, o arranque-motriz é a capacidade dos indivíduos de interagirem, colaborarem e concorrerem em âmbito universal."

A globalização 2.0 abrangeu o período de 1800 a 2000. Na visão de Friedman, minguou o tamanho do mundo de médio para pequeno. A força motriz desse movimento foram as empresas multinacionais, que se expandiram em busca de mercado com mão de obra barata e mais acessível. Na primeira metade dessa fase, a integração foi alimentada pela queda dos custos de transportes e, na segunda, pela diminuição dos gastos com comunicação. Foi nesse período que houve a eclosão da economia global, em virtude da grande movimentação de bens, produtos, serviços e informações em escala mundial. Por volta de 2000, adentramos na globalização 3.0, que comprimiu o mundo de pequeno para minúsculo. Enquanto a força dinâmica na globalização 1.0 foi a mundialização de países e, na globalização 2.0, a universalização das empresas, na globalização 3.0, o arranque-motriz é a capacidade dos indivíduos de interagir, colaborar e concorrer em âmbito universal.

A globalização 3.0 entrará para a história, similarmente às grandes revoluções, que promoveram transformações no papel dos indivíduos, na gestão das empresas, na configuração de governos, no modo de inovar, na maneira de ensinar e aprender, na expressão da arte, na condução da ciência, no jeito de disponibilizar e na forma de distribuir educação. Talvez nada disso fosse possível sem a ruptura provocada pela tecnologia de informação.

Assim como em meados do século XIV a invenção da imprensa com tipos móveis reutilizáveis, criada por Johannes Gensfleisch zur Laden zum Gutemberg (1398-1468), aumentou exponencialmente a quantidade de livros e o acesso à informação, a partir de 1980 uma revolução de outra ordem se impôs à humanidade. Isso graças ao engenheiro britânico e cientista da computação, considerado um dos maiores gênios vivos do mundo: Timothy John Tim Berners-Lee. Com a ajuda do cientista belga Robert Cailliau, Berners-Lee desenvolveu o *software* batizado de *Enquire*, que permitiu navegar, a partir de um sistema de hipertextos. Essa inovação facilitou enormemente o acesso à informação.

No final dos anos 1990, Tim Berners-Lee, para fomentar uma rede de computadores que possibilitasse aos cientistas compartilhar

"Os seres humanos têm necessidade inata de inovar, de se relacionar. Entretanto, o novo assusta, amedronta, intimida."

suas pesquisas com facilidade, criou o *Hyper Text Transfer Protocol*, que conhecemos simplesmente pela sigla HTTP, e o *Hyper Text Markup Languages*, isto é, a linguagem HTML. Ambos permitem navegar com a ajuda de ligações hipertextuais a partir de redes, criando, assim, o conceito de *World Wide Web* (www), um sistema para criação, organização e interligação de documentos, que possibilita a fácil navegação entre eles, tornando exponencial o acesso à informação.

Outros cientistas e acadêmicos ainda criaram *browsers* (navegadores) diversos para surfar pela rede nesta etapa inicial. Entretanto, a responsável por disseminar a cultura do uso da internet foi uma diminuta empresa de Mountain View, na Califórnia, Estados Unidos, chamada Netscape. A partir de então, passou a existir um divisor de gerações: antes e depois da internet. E, após seu advento, o mundo nunca mais foi o mesmo. Hoje nem prestamos atenção à tecnologia de navegação na web, porém essa foi uma das mais importantes invenções da história moderna. Atualmente, tudo funciona em rede, inclusive a educação.

Os seres humanos têm necessidade inata de inovar, de se relacionar. Entretanto, o novo assusta, amedronta, intimida. A exemplo dos grandes inovadores, se não procurarmos agir de forma diferente, mudar nossos paradigmas e modelos mentais, sendo receptivos e adaptativos às novas ideias e conceitos, o espírito se torna acanhado, estreito, fechado.

Tim Berners-Lee, Marc Andreessen e suas equipes criaram um padrão para o transporte de dados e informações, cuja exibição na tela é tão simples e envolvente que qualquer pessoa pode usá-la para ensinar, desenvolver-se, aprender, inovar e se reinventar.

Com a internet permitindo que seus usuários se conectassem e se relacionassem como nunca antes, não tardou para que toda essa gente interligada almejasse mais e não se contentasse em apenas navegar e trocar *e-mails*. Queriam trabalhar, compartilhar, interagir, comunicar, ensinar, estudar, aprender e se desenvolver. Mais ainda: ansiavam fazer isso de e para qualquer computador, sem restrições ou empecilhos. Os *softwares* foram, então, aprimorados, oportunizando que pessoas criativas participassem de comunidades, socializassem seus conhecimentos e inovassem.

A web, os *softwares* de busca e as redes sociais possibilitaram a todos mergulhar num oceano de dados e informações nunca antes disponíveis. Como uma *commodity*, a internet passou a fazer parte da rotina de todos, o que acelerou a rápida adoção das ferramentas da chamada Web 2.0, termo criado em 2004 pelo irlandês Tim O'Reilly para designar uma segunda geração de comunidade e serviços a partir da internet, permitindo ao usuário buscar informações, se relacionar, se comunicar em qualquer lugar, a qualquer hora. Não obstante a expressão induziu a interpretação de uma nova versão para a web, ela não se referia a um *upgrade* em suas especificações técnicas, mas a uma transmutação na configuração como ela é arrostada por usuários e desenvolvedores, ou seja, o ambiente de interação e participação.

"A emergente Web 3.0 está acoplada à web semântica, uma forma de tratar conceitos inteligentes na internet, a partir de padrões de formação de dados. A ideia é que um computador consiga ler um bloco inteiro de informação, e não apenas palavras isoladas."

Simultaneamente à Web 2.0, tornou-se disponível a internet banda larga, que externou a mutação de "estar conectado" para "ser conectado". Não se trata de uma simples semiologia, uma vez que estar conectado implica entrar e sair da internet intermitente-mente. Por sua vez, **ser conectado** significa "estar em simbiose inin-terrupta para expressar, publicar, escolher, opinar, criar, influenciar". Na educação, expressa buscar, transmitir, mediar, provocar, observar, estudar, ensinar, desenvolver, aprender a qualquer hora, em qualquer lugar, 24 horas por dia, sete dias por semana.

Atualmente, está havendo uma evolução da Web 2.0 para a Web 3.0. Trata-se de um novo modelo de internet idealizado por Tim Berners-Lee, criador do primeiro protocolo do *World Wide Web* ou Web 1.0. A ideia de Berners-Lee é que o usuário tenha mais autono-mia para decidir sobre seus dados pessoais, além de evitar o monopó-lio das chamadas *big techs*. Ainda em processo de desenvolvimento, a Web 3.0 faz uso extensivo de tecnologias baseadas em *blockchain* e já há evidências de que terá vigoroso realce em aplicativos descentralizados. Conceitualmente, ***blockchain*** refere-se a "grupos de dados armaze-nados em forma de blocos que contêm um conjunto de informações". São mais conhecidos por seu papel crucial em sistemas de criptomoe-das, por manter um registro seguro e descentralizado das transações, o que proporciona garantia, fidelidade, confiabilidade e segurança dos registros de dados.

A emergente Web 3.0 está acoplada à web semântica, uma forma de tratar conceitos inteligentes na internet a partir de pa-drões de formação de dados. A ideia é que um computador con-siga ler um bloco inteiro de informação, e não apenas palavras isoladas. O objetivo da introdução de semântica na web é tornar a informação "compreensível" para o computador. Ela representa uma revolução no processamento da informação e, por consequên-cia, uma sedição na maneira de se obter e organizar a informa-ção e o conhecimento. Não expressa uma web separada, mas uma extensão da atual. Nela, a informação é dada com um significado bem definido, permitindo melhor interação entre os computado-res e as pessoas.

Durante todo esse tempo, a educação esteve no olho do furacão da transformação provocada pela tecnologia, bem como pela virtualização de muitas das atividades humanas. Surge a cultura interativa, participativa, outro perfil do ser humano digital, nova maneira de ensinar, diferentes formas de aprender.

Nos primórdios das escolas formais, a educação tinha como objetivo o desenvolvimento do raciocínio, da linguagem, da argumentação, da retórica, da dialética e do pensar. Esses foram os propósitos de Aristóteles na instrução de Alexandre, o Grande, e seus generais, na escola de Mieza, em 343 a.C., na escola peripatética do Liceu Aristotélico em 335 a.C., na dialética como ciência da disputa nas escolas escolásticas do século XII. Com o advento da sociedade industrial, isso se alterou completamente, uma vez que toda a educação foi direcionada para o treinamento, a memorização, as habilidades manuais, propiciando que milhões de pessoas agissem somente com o corpo, sem liberdade para se expressar com a mente. Foram 200 anos de atrofia do pensar, da linguagem, do raciocinar.

Com o advento da tecnologia computacional e da internet, vivenciou-se novamente uma transmutação de época. Se, na fase industrial, o encéfalo foi abstraído, na sociedade pós-industrial, postula-se uma educação mais cerebral, que faça com que as pessoas pensem, desenvolvam a habilidade de buscar a essência, separem o que é importante e útil daquilo que é descartável e irrelevante. Isso demanda a capacidade de fornecer insólitas elucidações para problemas nunca antes vistos, dilemas que não podem ser resolvidos com a aplicação mecânica de soluções padronizadas. A sociedade e o mercado requerem a habilidade denominada de acuidade mental, em outras palavras, demandam agudeza, percepção, precisão dos sentidos e seus significados, capacidade de penetrar profundamente nas questões para solucioná-las.

A tecnologia auxilia e facilita, mas não ensina nem desenvolve a habilidade de acuidade mental, o que não significa que não se possa fazer uso dela na escola. Aliás, tanto na revolução pós-industrial quanto ainda hoje, a academia está entre os setores mais retrógrados na utilização das possibilidades da internet. Porém, entendidas por especialistas e educadores como ferramentas essenciais e indispensáveis, as novas tecnologias ganham espaço efetivo dentro e fora da sala de aula. Computadores ligados à internet, *software* de criação de *sites*, televisão a cabo e em alta definição, sistemas de rádios, *tablets*, *smartphones*, jogos eletrônicos e plataformas movidas por inteligência artificial generativa são algumas das alternativas que podiam ser aproveitadas no ambiente escolar como instrumentos facilitadores do aprendizado na derradeira sociedade pós-industrial.

Com a abundância de informações provocadas pela internet, surge um novo conceito do saber: em vez de ser capaz de memorizar, lembrar e repetir informações, as pessoas devem ser capazes de encontrá-las e utilizá-las. Pragmaticamente, as instituições de ensino da época deveriam encontrar fórmulas eficazes para escolher conteúdos baseados no objetivo do que se deseja ensinar, abandonar as preocupações unicamente com o que já passou e concentrar esforços, atenção e energia no que está por vir.

O sucesso e a perenidade de uma instituição de ensino pós-industrial estavam não somente nos conteúdos eficientemente organizados e permanentemente atualizados, mas na oferta de um ensino estruturado. Nesse modelo, disponibilizam-se ao docente materiais didáticos detalhados e aulas modelos desenvolvidas de forma coletiva. Além disso, promovia-se a adaptação às diversas mídias e ludicização dos conteúdos por meio de objetos de aprendizagem, como jogos, animações e simulações, e também a capacidade de ensinar por meio da jogabilidade, isto é, criando desafios e a consequente necessidade de buscar a autoaprendizagem.

Todo o processo de organização, escolha e disponibilização de conteúdos deveria ser escoltado por um sistema de avaliação, que poderia aferir a evolução do aprendizado e a eficiência do processo. Daí a importância de um sistema de ensino estruturado – afinal, se não se sabe e não se tem o controle do que se ensina, como saber o que avaliar?

Assim como houve uma revolução na distribuição da música, também ocorreu uma sedição na distribuição dos conteúdos na fase pós-industrial. Era o princípio do modelo híbrido e flexível de educação, mesclando atividades presenciais e atividades remotas, com a consequente diminuição da distinção entre ensino presencial e ensino a distância. Passou a se ter convergência no portfólio de produtos e serviços, nas metodologias, mídias e atividades acadêmicas.

Perguntaram a um *sommelier* qual vinho é melhor, o elaborado a partir de uma só variedade de uva, conhecido como vegetal, ou outro, com duas ou mais uvas, denominado *blend*. Sua resposta foi um sonoro "depende... pois, em torno dessa questão há mais complexidade do que julga nossa vã 'enoimaginação'". Assim como na produção de vinho, a tecnologia promoveu uma interessante mistura entre o ensino presencial e o ensino a distância, e trouxe uma nova nomenclatura para o ensino híbrido da época: *blended learning*.

Blended learning, ou *B-learning*, é um termo emanado do *e-learning*, que alude a um sistema de ensino e aprendizagem em que existem conteúdos ofertados a distância e outros necessariamente presenciais, daí a origem da designação *blended*, algo misto, mesclado, composto, combinado. Similar ao *e-learning*, o modelo é estruturado com atividades síncronas, que permitem a comunicação entre as pessoas em tempo real. Para tanto, recorrem a tecnologias de comunicação, internet e redes sociais, bem como atividades assíncronas que dispensam a participação simultânea. No *blended learning* predomina um modelo educacional híbrido e flexível, em que existirá sempre uma parte mediada por tecnologia e outra com componentes de presencialidade.

Devido ao pluralismo arraigado na educação, o modelo *blended learning* possuía características boas e ruins. O objetivo dos encontros presenciais, por exemplo, era dar ao projeto acadêmico humanização e possibilidade de socialização entre os atores, o que seria mais difícil na educação a distância. O modelo previa, para o mesmo conteúdo, um professor a distância e outro distinto em atividades presenciais, o que poderia gerar desagregação da relação docente e discente, tornando a liderança vaga, confusa, indefinida. O docente presencial era o responsável pelos conteúdos e o docente a distância, incumbido por fazer a tutoria, orientação e atendimento dos discentes. Dessa forma, os estudantes ficavam desamparados nos dois flancos: de um lado, o professor presencial que dominava os conteúdos, mas não auxiliava, não orientava, não estimulava; e, de outro, o docente que realizava o atendimento, porém não conhecia plenamente e não gerenciava os conteúdos.

Híbrido ou não, o fato é que a digitalização fez com que grandes e prestigiosas instituições de ensino passassem a disponibilizar conteúdos, disciplinas e cursos gratuitamente na web. Qualquer pessoa, em todos os rincões do mundo, poderia ampliar seus conhecimentos com a ajuda de videoaulas, livros e outros recursos sobre milhares de assuntos em universidade de notoriedade mundial.

Soa paradoxal que atraentes, poderosas, grandes e importantes universidades aplicassem vultosos investimentos para disponibilizar graciosamente algo que poderiam vender e cobrar caro. Numa primeira análise, parece que estavam facilitando o caminho da concorrência. Entretanto, explorar a rede em escala global, alcançando multidões, foi a maneira mais atrativa, didática e rápida de conhecerem e aprenderem sobre a utilização da web em prol do ensino e aprendizagem. Tratava-se de um imenso laboratório que não somente repercutiria na educação digital e a distância como também modificaria o ensino presencial. Foi uma alternativa de se globalizar sem, necessariamente, espalhar *campi* pelo mundo, podendo rastrear, atrair, captar estudantes talentosos que, ao desfrutarem de uma boa experiência a distância, passaram a pagar pelo pacote completo *in loco*.

"Comprovou-se ser factível que, em muitas circunstâncias, os computadores ensinassem melhor que os docentes, afinal, máquinas podiam ser tolerantes, fleumáticas, pertinazes, harmoniosas, favoráveis, adaptadas com as diferenças individuais de aprendizagem."

A sociedade pós-industrial, por meio da tecnologia, transformou a educação não somente em relação à escolha e organização dos conteúdos, mas também na forma de disponibilização e distribuição. A instrução passou a ser ofertada por meio do tripé "pessoa a pessoa", "máquina a pessoa" e "(máquina a máquina) a pessoa". Em outras palavras, os estudantes aprendiam por intermédio de pessoas e de máquinas. O professor não era mais o cerne do processo de ensino e aprendizagem – quiçá o mais importante, imprescindível e fundamental, mas o centro passou a ser o estudante.

Tornou-se plausível que o computador substituísse não somente a guarda, a escolha e a distribuição de conteúdos, mas também a disponibilização. Comprovou-se ser factível que, em muitas circunstâncias, os computadores ensinassem melhor que os docentes, afinal, máquinas podiam ser tolerantes, fleumáticas, pertinazes, harmoniosas, favoráveis, adaptadas com as diferenças individuais de aprendizagem.

A tecnologia estava caminhando em passos largos para tornar possível uma fábrica integralmente automatizada, robotizada, sem trabalhadores. Não era mais novidade que a tecnologia e as novas mídias transformassem a maneira de acessar informações; porém, para os educadores menos flexíveis e intransigentes, uma escola totalmente sem professores, apenas estudantes diante de computadores, *tablets* e *smartphones*, era algo difícil de imaginar, de conceber, de aceitar.

Assim como o astrônomo e matemático prussiano Nicolau Copérnico (1473-1543), que desenhou a teoria heliocêntrica do Sistema Solar e retirou a terra do centro do "universo", e o médico austríaco, neurologista e criador da Psicanálise, Sigmund Schlomo Freud

(1856-1939), que nos tirou do centro do "eu", na educação, definitivamente, o docente não era mais o centro do processo de ensino e aprendizagem. Por milhares de anos, a instrução ocorria de "pessoa a pessoa". Com o desenvolvimento da tecnologia de informação e comunicação, tornou-se possível aprender por meio de "máquina a pessoa" e de "(máquina a máquina) a pessoa".

Com a transformação digital cada vez mais corpulenta, passa a ser inconcebível uma escola não se aliar à tecnologia no processo de ensino, desenvolvimento e aprendizagem, pois esta torna as atividades e os desafios instrucionais mais interativos e dinâmicos, incentiva a criatividade, autoaprendizagem, constância, respeito e cumprimento, bem como se torna factível a personalização da instrução.

Educação, arte, lazer, comunicação, informação, cultura e as mais variadas formas de interação com o conhecimento ganham destaque numa revolução em que as habilidades sociais granjeiam cada vez mais importância e para as quais a tecnologia se torna parceira. É fato que a tecnologia substitui o docente em inúmeras atividades que eram exclusivas dele, como a transmissão, a orientação e a dirimição de dúvidas, que já é factível por meio de plataformas movidas por inteligência artificial generativa. Nesse contexto, a escola se configura mais interativa, interpretativa, comunicacional, voltada para a aprendizagem efetiva, bem como para a aplicação e transferência dos conteúdos, resolução de problemas, desenvolvimento de projetos colaborativos, transdisciplinares, imersa na compreensão dos contextos do aprendizado para a sociedade e para o mercado de trabalho.

CAPÍTULO 5

Quarta Revolução Industrial: educação e conectividade

As revoluções normalmente ocorrem com o advento de novas tecnologias, que criam diferentes e inéditas necessidades, bem como transmutam a forma de ser e estar no mundo de sua época. A primeira Revolução Industrial teve início no final do século XVIII, em 1760, com o aparecimento do tear mecânico movido por motor a vapor. Essa inovação tecnológica bastou para afetar todos os arquétipos da sociedade. A segunda disrupção aconteceu em 1870, com a produção em grande escala baseada em eletricidade, seguida da substituição do ferro pelo aço, que viabilizou o estabelecimento das linhas de montagem e, consequentemente, a produção em massa. Em 1969, ocorreu o advento da Terceira Revolução Industrial, graças à programação de máquinas informatizadas, que resulta em uma progressiva automatização dos processos industriais e de comunicação. A partir de meados de 2010, outro giro de 180°, com o aperfeiçoamento da inteligência artificial, Internet das Coisas (IoT) e Big Data, provocando o advento de fábricas inteligentes, gestão *on-line* de produção, denominada de Indústria 4.0.

A Indústria 4.0 está sendo considerada a segunda era das máquinas, uma vez que estas estão tomando decisões e adquirindo poder mental. Na verdade, é uma mistura bem temperada de técnicas

"Na Quarta Revolução Industrial, os avanços não se limitaram aos processos fabris, tampouco apenas em sistemas inteligentes conectados, mas vão desde o sequenciamento genético até a nanotecnologia, passando por energias renováveis, computação quântica e 5G."

de produção de vanguarda com sistemas inteligentes, que se integram com as organizações e pessoas, também conhecida como Quarta Revolução Industrial. Esse conceito foi facultado em 2016 pelo economista alemão Klaus Schwab, fundador do Fórum Econômico Mundial. Apesar da denominada Revolução Industrial, os avanços não se limitaram aos processos fabris, tampouco em apenas sistemas inteligentes conectados. O alcance é bem mais extensivo, ocorrendo desde o sequenciamento genético até a nanotecnologia, de energias renováveis à computação quântica, da tecnologia 5G à Web 3.0, bem como na inexorável mutação do comportamento, da maneira de viver, do modo de se portar, de conviver e sobreviver de toda a sociedade contemporânea.

A agregação e a interação dessas tecnologias por meio dos domínios físicos, digitais e biológicos diferenciam a Quarta Revolução Industrial das antecedentes. Devido à alta conectividade facultada, propicia o monitoramento de sistemas a distância, possibilitando às pessoas não estarem mais presentes no mesmo espaço para estudar, trabalhar e se divertir. A mescla de humanos e máquinas será uma constante. O hibridismo se encontrará em todos os setores e afazeres e as repercussões serão protuberantes no *modus vivendi* da sociedade.

A Quarta Revolução é fundamentada pela viabilidade de coletar e analisar uma abundância de dados e informações em tempo real. Os dados são considerados o recurso mais valioso que existe: o "novo petróleo", como aparece em reportagem da revista *Economist* em 2017. A perscrutação e o arquivamento dos dados pertencem às máquinas. Já interpretar e o que inferir, concluir e realizar com os números cabe aos humanos. Desse modo, é possível asseverar que quem tiver o domínio dos dados e souber transformá-los em informações e conhecimentos será o dono do mundo. Essa avaliação vale para países, empresas e indivíduos. Isso expressa que, na Economia Digital Cognitiva, os profissionais devem ser alfabetizados com ênfase cada vez mais nas dimensões superiores da taxonomia de Benjamin Bloom (analisar, sintetizar e avaliar), para que consigam utilizá-los em seu potencial extremo.

Seguindo esse raciocínio, a cabal riqueza não se encontra nos dados em si, mas na capacidade de usá-los de forma extensiva. Em outras palavras, se os maiores obstáculos do petróleo são prospectá-lo, perfurá-lo, extraí-lo e refiná-lo, no caso dos dados, o grande desafio é analisá-los, sintetizá-los, avaliá-los e fazer proficiente uso dessa inesgotável e disponível fonte de possibilidades.

Na educação, os impactos da tecnologia digital cognitiva e da inteligência artificial serão arrasadores, com a necessidade de uma drástica remodelação da estrutura curricular de todos os cursos. O foco definitivamente não é mais teórico, e sim prático, com ênfase no desenvolvimento de novas competências e diferentes habilidades. É menos relevante ponderar o que a pessoa sabe e primordial comensurar a capacidade de aprender e reaprender continuamente, conseguir aplicar e transferir os conhecimentos assimilados, bem como saber onde buscar a informação, em outras palavras, requintar o perfil Nexialista. Tudo isso ocorrerá no curto e médio prazo e será viabilizado por tecnologias que provocaram a Quarta Revolução Industrial.

Múltiplas são as tecnologias que estão alterando o *modus vivendi* da sociedade, mas nada se compara à retumbância que está causando a inteligência artificial. Tecnologia que explora a utilização de máquinas para realizar atividades e tarefas que requerem características humanas como inteligência, destreza e habilidades operacionais e, por que não, criatividade.

Não é de hoje que existe um fascínio por máquinas que possuem características de comportamento humano. No antigo Egito eram construídas estátuas de entidades divinas; eles acreditavam que elas tinham alma, razão pela qual as consultavam para aconselhamento. Na mitologia grega, Hefesto, deus do fogo, dos metais, da metalurgia, enfim, deus da tecnologia, construiu Talos, um autômato de bronze encarregado da proteção da Ilha de Creta. Aristóteles argumentava que a presença de máquinas inteligentes poderia contribuir para abolir a escravidão e, assim, aumentar a igualdade humana. No mundo atual, isso significa a substituição do trabalho físico, repetitivo, preditivo e exaustivo por máquinas mecanizadas, digitais e cognitivas.

Apesar de se ter a ideia de que os *softwares* movidos por inteligência artificial executariam meramente as funcionalidades, incumbências preditivas e não criativas, isso não é uma verdade absoluta, pois existem modelos de linguagem baseados em *Deep Learning*, que simulam conversa "natural" ao interagir com os usuários; concebe vídeos; produz textos profissionais, curtos e longos, entre outros afazeres que pareciam pertencer somente aos humanos.

Essas plataformas, além de responderem todas as perguntas, desde que sejam coerentes, inteligíveis e bem redigidas, também apresentam alta dose de criatividade em suas respostas e imagens. É fato que ainda estão aprendendo, portanto, cometem erros e, muitas vezes, redigem respostas superficiais, mas também assimilam rapidamente e, aos poucos, irão dar *feedbacks* cada vez mais fidedignos e até melhores que os dos seres humanos.

Ainda é temerário prever a repercussão na educação, mas, com o advento, o avanço e o aprendizado dessas IAs, é mandatório reinventar a lógica e o modo de ensinar e desenvolver competências, bem como as metodologias a serem empregadas em todo o processo. Porém, não se pode esquecer que as máquinas instruem mirando unicamente para o passado por meio da transmissão e repetição de conteúdos existentes; os humanos ensinam focando o futuro, através de criatividade, raciocínio lógico, aplicação e transferência de conteúdos para o desenvolvimento de projetos, resolução de problemas e concepção de novos conhecimentos. Assim, o professor é imprescindível e não será substituído, mas auxiliado. Aliás, não se trata de eliminar empregos e ocupações, expressa que as descrições de trabalho tradicionais estão mutuando, bem como novas e excitantes profissões estão surgindo como resultado do enriquecimento de novas possibilidades. Não somente na educação, mas em todas as áreas, tudo que é repetitivo e preditivo a máquina faz ou fará melhor que os humanos, assim, o objetivo não é substituir as pessoas, mas os processos exaustivos realizados por elas. Resumidamente, essas IAs estão sendo concebidas para coadjuvar, auxiliar, mas não suprimir.

Empiricamente, essas e outras plataformas, indubitavelmente, irão provocar uma sensível e pungente disrupção no modo de se ofertar instrução, pois, além de expandir o repertório de estratégias pedagógicas, em curto espaço de tempo irão substituir aqueles professores e tutores que tão somente transmitem conteúdos concebidos por outros, respondem, dirimem e elucidam dúvidas, mas não desenvolvem a inteligência de vida, tampouco a aplicabilidade e transferência dos conteúdos assimilados.

Estamos diante de um tipo de inteligência artificial denominada de "generativa", que perscruta a internet em busca de padrões em diferentes tipos de temas, conteúdos e assuntos. Ao deixar de ser específica, e se transformar em generativa, expressa que a IA não somente reproduz, como também gera, concebe, cria conceitos, imagens e ideias inéditas. O cuidado que os educadores devem ter é se atentar às implicações éticas, bem como não as humanizar, pois são modelos de linguagem tecnológica e, se as antropomorfizarmos, haverá dificuldades, óbices e inconvenientes de compreender os perigos e as promessas de entrega que são facultadas. Não caia no que o filósofo e ensaísta escocês David Hume denominou de "paradoxo do horror", que pondera como os indivíduos podem utilizar e se encantar com algo que temem e pouco conhecem, afinal, a tecnologia está disponibilizando enigmas que, a princípio, não temos ideia do que se trata e do modo de uso, como: Metaverso, Internet das coisas; realidade sintética; inteligência artificial generativa; Web3; NFTs; criptomoedas, entre outras.

Essas lépidas e frenéticas revoluções solidificam a importância da formação do perfil nexialista, o indivíduo que consegue usufruir de toda inteligência coletiva ao seu redor, bem como é hábil em redigir perguntas pertinentes, coerentes, inteligíveis para o interpelado; que possui conectividade, interatividade e relacionamentos suficientes para perscrutar informações de múltiplos profissionais; nos mais distintos meios (digitais e analógicos); para resolver e solucionar problemas complexos, desenvolver projetos, adaptar, adequar e inovar produtos e serviços. Para tanto, as escolas precisam se reinventar, pois, com o modelo atual, conseguem apenas diplomar especialistas, talvez generalistas versáteis com uma dose de inteligência de vida, mas, certamente, não estão preparadas para utilizar essas disruptivas tecnologias e formar nexialistas.

É veraz que mar calmo não gera bom marinheiro, mas haja temporal. A evolução do mercado, novas formas de organização, inéditas ocupações, outras necessidades aceleraram vertiginosamente devido ao advento, avanço, aprendizado e cataclismo provocado pela Inteligência Artificial generativa. A isso se soma a rápida eclosão de inéditas tecnologias, alterando sensivelmente as relações de trabalho e a maneira de aprender e se desenvolver.

Como salientei anteriormente, toda revolução suscita novas necessidades, que provocam diferentes perfis, renovados comportamentos e atitudes, inauditos sentimentos, inéditos postos de trabalho e singulares ocupações. Não se pode excogitar que a substituição do trabalho humano por máquinas seja apenas um dilema, pois, indubitavelmente, essas tecnologias trarão novas oportunidades e inéditas profissões, como também servirão para aumentar a cognição humana. O futuro reserva espaço para as ocupações que exigem conhecimentos aprofundados, do mesmo modo que sofisticadas habilidades cognitivas, socioemocionais, volitivas e discernitivas. Profissionais com tais competências estarão destinados a trabalhar em colaboração com as máquinas, que estão cada vez mais capazes, perspicazes, conectadas e inteligentes.

Nos dias atuais, as pessoas possuem expectativas diferentes de evolução na carreira, oportunidades de desenvolvimento, flexibilidade, segurança psicológica e propósitos. Nessa esteira de insólitas necessidades, dois movimentos indicam que o modelo de organização corporativa altamente hierarquizado está em crise. De um lado, um crescente número de pessoas que se demitem mesmo sem ter uma oportunidade de emprego à vista; de outro, a desistência silenciosa, que repercute notadamente nos jovens, motivados a realizar o mínimo necessário para se manter na função. Entendendo essa tendência, empresas mais ágeis e bem-informadas estão se ajustando para atender essas inéditas expectativas. As escolas não podem e não devem ficar de fora desses movimentos.

A inovação passa a ter papel relevante na Quarta Revolução, porquanto a velocidade da mutação das tecnologias é ininterrupta, tornando quase impossível um indivíduo estar 100% atualizado. Essas renovadas tecnologias propiciam, a cada dia, um mundo de oportunidades que, por vezes, dificulta o entendimento de como utilizá-las. O ser humano acaba se tornando refém da adaptabilidade, suscitando a exclusão digital e, consequentemente, a falta de mão de obra qualificada. Nesse sentido, as mudanças requerem atitudes comportamentais bem mais intensas, uma vez que passa a existir uma simbiose entre o humano e o digital. Isso repercute na rotina e, principalmente, na maneira de aprender e se desenvolver. Além disso, essa interação cria inéditas necessidades na forma da escola ofertar educação, eliminando de vez o antigo paradigma de divisão de presencial com virtual. Para se amoldar a esse momento histórico, as instituições de ensino necessitarão se autotransformar, aceitar, se adaptar, se adequar, utilizar as tecnologias disponíveis e ofertar uma educação mais personalizada, com o intuito de desenvolver competências e habilidades de forma integral.

5.1. Novos conceitos e paradigmas da Quarta Revolução Industrial na educação

Devido às insólitas necessidades causadas pelas grandes revoluções, tornou-se verdadeiro que o *modus vivendi*, os paradigmas, os modelos mentais, a cultura e os conceitos não são e nunca foram um vezo estático. Na verdade, trata-se de um palanque de negociação, mediado pela evolução da tecnologia, em que as pessoas, o mercado e a sociedade estão em constante processo de recriação e reinterpretação. Ao se apropriar desses novos arquétipos, a sociedade passa a empregá-los como instrumentos de desempenho, comportamento e dinâmica nesse contemporâneo mundo mais tecnológico e cognitivo.

5.1.1. Inteligência de vida

Conforme consta no meu livro *Currículo 30-60-10: a era do nexialista*[1], a inteligência de vida é uma mescla bem temperada da inteligência construtiva, da inteligência de escola e da inteligência de rua. Exprime adquirir conhecimentos, competências e habilidades de níveis superiores da Taxonomia de Bloom, ensejando que os estudantes vão avante do êxito nas provas e exames escolares, tornando-os empregáveis e empreendedores, bem como exímios profissionais e cidadãos.

> "O inconsciente coletivo explica aqueles conhecimentos e habilidades que um estudante traz para a escola, mas não consegue deslindar de onde eles foram extraídos."

---

1. FAVA, R. *Currículo 30-60-10:* a era do nexialista. Maringá: Viseu, 2022, p. 16.

Figura 5.1 – Inteligência de vida

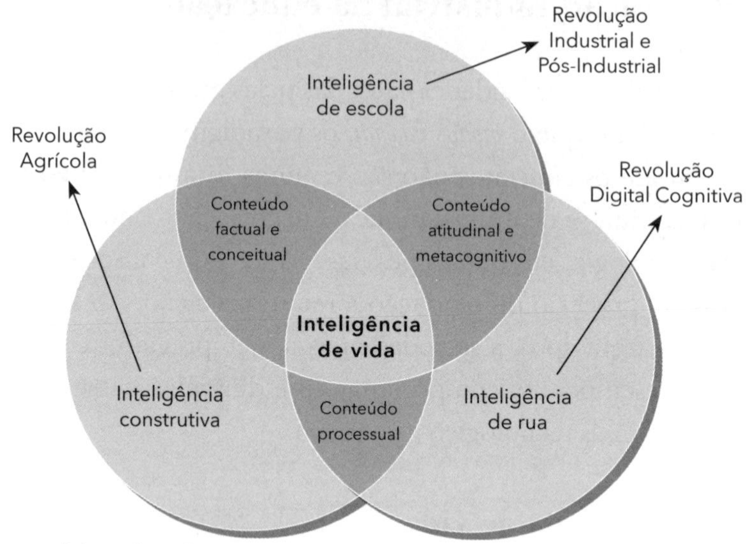

Revolução
Industrial e
Pós-Industrial

Inteligência
de escola

Revolução
Agrícola

Revolução
Digital Cognitiva

Conteúdo
factual e
conceitual

Conteúdo
atitudinal e
metacognitivo

**Inteligência
de vida**

Inteligência
construtiva

Conteúdo
processual

Inteligência
de rua

Fonte: elaborada pelo autor.

Inteligência construtiva se angaria por meio do conhecimento processual desenvolvido mediante a aplicação e transferência dos conteúdos assimilados no desenvolvimento de projetos, na resolução de problemas inéditos ou não, e das interações entre o aprendiz, o mestre e o objeto a ser construído durante as atividades de aprendizagem.

Inteligência de escola exprime memorização de conteúdos (factuais e conceituais), procedimentos e técnicas. Os conteúdos serão instruídos por meio da metodologia de transmissão; já os procedimentos e técnicas, no decurso de experimentos em laboratórios, clínicas e atividades extraclasses. Refere-se ao estudante ser exímio fazedor de provas e exames, potencializando habilidades que lhe permitem movimentar-se pelo sistema instrucional, tornando-o hábil em jogar e se destacar nesse *game* nominado "escola", mas despreparado para enfrentar os desafios da vida pessoal e profissional.

Inteligência de rua, simplificadamente, é o conhecimento metacognitivo, conhecimento de si próprio e de suas capacidades, assim como conteúdos, habilidades e competências que se angariam fora dos muros da escola (família, mercado, sociedade, plataformas movidas por inteligência generativa). Porém a inteligência de rua não é somente isso, aliás, é muito mais que isso. Trata-se de um conjunto de conhecimentos, competências, habilidades, sentimentos, pensamentos, lembranças, paradigmas e ideias compartilhadas por todos da comunidade em que vive, da mesma maneira que o ambiente, o contexto e as circunstâncias que, de alguma forma, interferiram na formação da personalidade e sapiência do estudante. Está contida no que o psiquiatra suíço Carl Gustav Jung (1875-1971), fundador da psicologia analítica, denominou de "inconsciente coletivo"[2]. Esse conceito refere-se a um receptáculo de imagens latentes, denominadas de arquétipos ou imagens primordiais, que cada pessoa herda de seus ancestrais para responder ao mundo de certas maneiras.

O inconsciente coletivo explica aqueles conhecimentos e habilidades que um estudante traz para a escola, mas não consegue deslindar de onde eles foram extraídos. Para Jung[3], são provenientes de uma sabedoria coletiva transmitida ao longo da evolução humana, que estavam armazenados no mais profundo "ego de cada um" e que acompanham o indivíduo desde o nascimento. Jung demonstrou que cada indivíduo sente e experimenta o mundo de maneira distinta. Identificou quatro funções psicológicas fundamentais: sensação, pensamento, sentimento e intuição. A sensação indica algo que existe; o pensamento estabelece o que isso significa; o sentimento declara se aquilo convém e se deseja aceitá-lo; a intuição serve como percepção inconsciente dessas coisas, indicando "de onde vieram e para onde estão indo".

Inteligência de rua, portanto, não é um tópico ou conhecimento especulativo, tampouco filosófico, mas empírico. É uma área da mente

---

2. JUNG, C. G. *Os Arquétipos e o inconsciente coletivo*. Petrópolis: Editora Vozes, 2002.
3. JUNG, 2002.

relacionada com os conhecimentos, pensamentos, percepções, fantasias, que são influenciados por referências inatas, ou não, mas universalmente presentes. A escola não pode mais ignorá-la no processo de ensino, desenvolvimento e aprendizagem, pois é parte intrínseca da formação da inteligência de vida do estudante.

À vista disso, o objetivo da escola, em todos os níveis, é desenvolver a inteligência de vida e, assim, garantir a empregabilidade e a trabalhabilidade, tão vitais para o sucesso dos egressos nesse novo mercado competitivo, que exige saber fazer, aplicar, transferir, na prática de projetos, bem como de resolução de problemas cotidianos e reais.

5.1.2. Inteligência coletiva

A evolução e a luta pela sobrevivência fizeram com que os humanos aprimorassem certos tipos de inteligência, de acordo com o contexto e as circunstâncias. Os primeiros hominídeos precisaram desenvolver a "inteligência ecológica" para refutar os enormes desafios de garantir suprimentos em condições difíceis e fatigantes. Necessitavam da "inteligência social" para formar grupos, a fim de sobreviver em condições adversas, como diante de escassez de alimentos e perigo de predação, isto é, de serem caçados por outras espécies. Aperfeiçoaram também a "inteligência cultural", beneficiando-se do conhecimento instrutivo que estavam acumulando, como a comunicação e a linguagem.

Com a copiosa profusão de informações disponíveis, e devido ao aperfeiçoamento das tecnologias de informação e comunicação, aflora, com intenso vigor e robustez, a inteligência coletiva, conceito concebido na década de 1990 pelo filósofo francês Pierre Lévy. A inteligência coletiva sempre existiu, mas em tempo algum foi explorada adequadamente. Não se deve confundi-la com comunidade de conhecimento, uma vez que esta retém tão somente um conjunto de informações comuns partilhadas por um grupo. A inteligência coletiva é muito mais que isso: é a soma dos conhecimentos individuais de cada um dos membros da biocenose, que podem e têm de ser acessados no seu conveniente e pertinente tempo, em resposta à solução de um problema complexo, e também na inovação de produtos e serviços, no desenvolvimento de projetos e na construção de currículos.

Desaparece o gestor e educador carismático, o gênio individual, e surge o mestre coletivo, o nexialista, que, por meio de sua habilidade de conectividade, interatividade e relacionamento, sabe explorar e usufruir de todos os conhecimentos individuais do grupo. Certamente é nas instituições de ensino, desenvolvimento e aprendizagem que está o maior volume de inteligência coletiva, que deveria ser proficientemente explorado pelos gestores e educadores, mas não é. Sendo assim, os professores deixam de ser meros transmissores e executores, para se tornarem pensadores, conceptores e desenvolvedores. Isso quebra um paradigma ancestral do diretor acadêmico ou gestor superior ser quem determina o quê e como ensinar.

Não é elementar e simples implementar esse conceito nas instituições de ensino e grupos educacionais, uma vez que ainda prevalece a cultura piramidal, na qual o ápice da pirâmide pensa e a base executa. A questão não é se essa cultura irá transmutar ou não, mas quando. E isso não deve demorar, pois já existem inteligências artificiais generativas que pensam e criam muito mais que qualquer mente individual.

5.1.3. Perfil nexialista

Conforme conceituado no livro *Currículo 30-60-10: a era do nexialista*[4], o perfil nexialista expressa um líder que está entre o generalista e o especialista, profissional com cabeça de hiperlink, que possui mentalidade, perspicácia e sagacidade diferenciada. Além disso, apresenta uma

---

4. FAVA, 2022, p. 154.

incrível capacidade de explorar e utilizar a inteligência coletiva de um grupo, de congregar pontos de vista diversos, de compreender, analisar, sintetizar, avaliar uma situação e estabelecer vínculos entre os temas e criar soluções com perfeito bom senso. Nem sempre ele sabe as respostas, no entanto, conhece os caminhos de onde buscá-las. Consegue isso conectando pessoas e conhecimentos aparentemente não relacionados. Ademais, é antenado, atento, compenetrado e capaz de acomodar e ordenar o caos e a confusão.

Figura 5.2 – Características do perfil nexialista

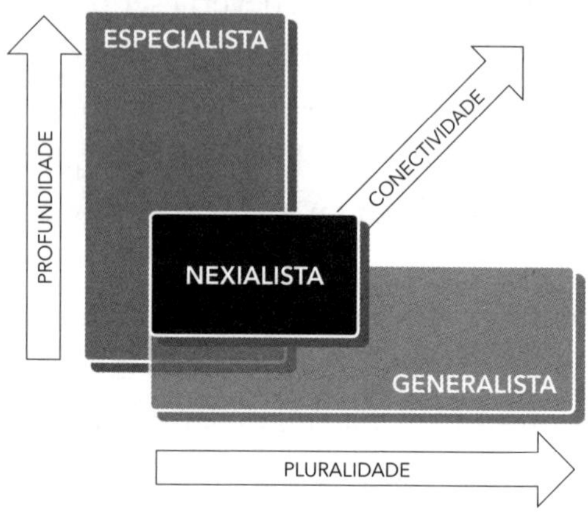

Fonte: elaborada pelo autor.

"O indivíduo nexialista consegue conectar pessoas e conhecimentos aparentemente não relacionados. Ademais, é antenado, atento, compenetrado e capaz de acomodar e ordenar o caos e a confusão."

Diferenciado do generalista (que possui um amontoado de conhecimentos genéricos, acoplados a uma visão sem foco e qualquer saber específico) e também do especialista (que se limita a opinar sobre um singular tema), o que poderá ocasionar dificuldades na visão de conjunto, o nexialista é um líder apto a estabelecer um inovador padrão de pensamento e uma visão sistêmica e sinérgica, criadora de ideias integradoras e de múltiplas abordagens. Assim, consegue substituir o pensamento linear do especialista, que apresenta soluções padronizadas, bem como permuta o generalista com seus diagnósticos trivializados e superficiais, que inviabilizam a visão do todo.

Formar o perfil nexialista é mesclar a diversidade de conhecimentos de fundamentos e específicos, de modo que tudo tenha nexo entre si. O resultado é um profissional com capacidade de perscrutar, discernir, escolher, observar, compreender, ponderar, analisar, discernir, sintetizar, avaliar, criar, com as características de inconformismo, curiosidade, interesse amplo, visão sistêmica, habilidade multidisciplinar, discernimento para encontrar o conhecimento necessário, aplicar critérios e princípios comuns, competência para descobrir a causa e especificidade, com o propósito de julgar e solucionar cada problema e adversidade.

De mais a mais, o nexialismo provoca uma alteração substancial no comportamento humano, promovendo na educação uma cultura coletiva de mão dupla, na qual o estudante aprende com o professor, o professor aprende com o estudante. O mercado se inspira na escola, a escola se inspira no mercado. A academia intervém na sociedade, a sociedade intervém na academia, ou melhor dizendo, não existem ilhas isoladas, apenas continentes altamente conectados.

5.1.4. Empregabilidade, trabalhabilidade e empreendedorismo

Conhecer, entender, aplicar e transferir um conceito é primordial não apenas para o desenvolvimento intelectual e cultural do estudante, mas também para a compreensão de que tais fluências tornam-se um termômetro de empregabilidade, trabalhabilidade e empreendedorismo nessa entrante plataforma digital cognitiva.

Empregabilidade, trabalhabilidade e empreendedorismo são conceitos e não definição. Assim, é importante salientar as distinções entre esses dois vocábulos. Enquanto o conceito é algo concebido pela reflexão e discernimento de alguém, sendo, dessa forma, plural, podendo variar de pessoa para pessoa, a definição representa uma elucidação, uma interpretação mais objetiva, clara, completa, tendo como objetivo evitar o máximo de ambiguidades possíveis, fazendo com que os interlocutores tenham a plena certeza de que se trata do mesmo tema, abordado da mesma forma. Digo isso para colocar o meu conceito sobre empregabilidade, trabalhabilidade e empreendedorismo.

"A trabalhabilidade representa o futuro, sendo a chave ao pensar na potencialidade dos estudantes que deverão se tornar os líderes empreendedores de amanhã."

O objetivo de formação de todas as escolas do ensino superior não é somente proporcionar competências vocacionais para que um graduado possa entrar imediatamente numa situação de trabalho específica como um funcionário plenamente competente, mas desenvolver a inteligência de vida para que possa angariar a cabal empregabilidade, o empreendedorismo e a trabalhabilidade.

Por mais úteis e corretas que sejam as distinções relativas aos conceitos de "empregabilidade" e "emprego", as caracterizações individuais e empresariais de "empregabilidade" também são simples. Do ponto de vista de um indivíduo, "empregabilidade" significa tornar-se e permanecer "capaz de ganhar a vida", em outras palavras, a capacidade de desenvolver e explorar alguma fonte de rendimento, a fim de alcançar, preservar e ampliar um padrão de vida autodefinido, bem como poder contribuir para a amplitude de um mundo melhor, mais ético, mais humano e mais colaborativo.

Tanto a empregabilidade quanto a trabalhabilidade expressam reunir as condições necessárias para ingressar, manter-se, ascender no mercado de trabalho, seja por meio do emprego, do empreendedorismo, da pesquisa ou de qualquer outra modalidade de ocupação. Resumidamente, empregabilidade e trabalhabilidade representam tornar-se necessário. Desse modo, esse objetivo passa a ser o direcionador e definidor dos conceitos fundamentais que orientam a proposta pedagógica da escola que deseja formar egressos aptos a ter sucesso profissional e pessoal.

Empregabilidade é um conceito que surgiu nos anos 1990, se alicerça na capacidade de adequação e adaptação do indivíduo ao mercado de trabalho, gerando valor para si no sentido de transações e aquisição de um emprego. Quanto maior a empregabilidade, mais atrativo o profissional será para o mercado. Não obstante, na Quarta Revolução, essa vertente única começa a se desmoronar e o foco se volta também para a trabalhabilidade.

Trabalhabilidade é uma definição mais contemporânea, que está orientada para o desenvolvimento de competências necessárias para o profissional gerar diversas fontes de renda, seja como empreendedor, autônomo ou liberal, e mesmo como empregado. Todas as potencialidades se somam e são convertidas em diferenciais de um indivíduo que investe no autoconhecimento e no incremento das inteligências cognitiva, socioemocional, volitiva e decernere, passando a ter uma postura ativa no desenvolvimento pessoal e de carreira. Nesse sentido, a trabalhabilidade está relacionada ao movimento, no qual o projeto acadêmico da escola incentiva seus estudantes a encararem o mundo de forma mais ativa e consciente, mobilizando a diversidade de seus potenciais para contribuir na resolução de problemas complexos e, muitas vezes, imprevisíveis.

Com o contínuo aprimoramento das tecnologias, distintas ocupações surgem rotineiramente e, na mesma lógica, profissões existentes desaparecem, fazendo com que exista uma pressão para que o profissional se atualize, se reinvente permanentemente, adquira as novas competências e habilidades impostas por esse mudo altamente veloz e digitalizado. Nessa logicidade, a trabalhabilidade está conexa à moção, na qual a pessoa encara o mundo de forma mais ativa e consciente para contribuir na resolução de problemas complexos e imprevisíveis.

O "empreendedorismo" é um processo pelo qual a pessoa – autonomamente ou em uma organização – rastreia oportunidades, sem levar em consideração os recursos que controla. É típico do empreendedor ser criativo e buscar "um jeito" para solucionar um problema inesperado, desenvolver um projeto inédito. Simplificadamente, empreender é observar, identificar e aproveitar oportunidades e colocá-las em ação concreta. Isso abarca a habilidade de buscar e gerir recursos, fazer escolhas, tomar decisões e estar atento às mutações do mercado. Trata-se de um processo dinâmico, que demanda dedicação, perseverança, criatividade, proatividade, discernimento e vontade de aprender com os desafios auferidos.

A trabalhabilidade e o empreendedorismo representam o futuro, sendo as chaves ao se pensar na potencialidade dos estudantes, que deverão se tornar líderes empreendedores do amanhã. Alteram o paradigma do emprego formal como a única maneira de obter sucesso profissional e mostram a existência de outras possibilidades. Por tudo isso, o diferencial de qualquer instituição de ensino será a capacidade de garantir empregabilidade, trabalhabilidade e desenvolver o espírito empreendedor de seus estudantes.

Para tanto, se faz mister ofertar uma formação com elevado valor agregado e com integral aquiescência às exigências do mercado hodierno. Isso é factível com a utilização de modelos similares ao Currículo 30-60-10, que permitem o desenvolvimento de competências cognitivas, socioemocionais, volitivas e discernitivas, acrescidas do aprendizado de conteúdos de fundamentos e específicos, aplicados e transferidos em situações simuladas e reais, bem como a geração de um *networking* adequado e abrangente durante o tempo de instrução, que facilitará a geração de oportunidades no mundo do trabalho e do emprego contemporâneo.

No intuito de desenvolver a empregabilidade, o empreendedorismo e a trabalhabilidade, a educação em si expressa muito mais do que o consumo de informação e processamento de conhecimento.

Mais que isso, o conceito de educação evolutiva inclui a ideia de que uma pessoa desenvolve caráter íntegro, além de conhecimento para escolhas acertadas em meio a miríades de informações kafkianas, e toma boas decisões (perfil nexialista), bem como cumpre os papéis mais humanos quanto possível e não apenas uma incumbência de funcionário, como é frequentemente argumentado em ligação a aprendizagem ao longo da vida.

5.1.5. Educação evolutiva

Assim como o avanço e a progressão do mundo e da sociedade ocorrem em forma de plataformas evolutivas, também a aprendizagem acontece de maneira evolutiva e onipresente, afinal, não se trata de ensinar, mas sim de contagiar o amor pelo aprendizado. Daí a essencialidade do perfil nexialista, ou seja, não é necessário saber tanto, mas estar emocionalmente disponível e ter muita conectividade, autonomia, autodirecionamento e motivação para estudar, aprender, investigar, discernir, fazer boas escolhas e tomar inauditas decisões.

Estamos no limite, no *deadline* da educação formal, com oportunidades de aprender quase tudo o que desejamos onde, quando e como queremos. É necessário, portanto, uma educação que seja autodirigida e não imposta e que esteja em constante evolução, que ensine a aplicar, transferir, que seja prática, que desenvolva competências e habilidades para solucionar problemas, desenvolver projetos reais e, se necessário, simulados.

Nas duas últimas décadas, nossa relação com o conhecimento se alterou significativamente. Deter o conhecimento deixou de ser um privilégio, pois qualquer informação passou a estar disponível em todo tempo, em qualquer lugar. No entanto, tornou-se essencial saber como gerenciar esse acesso massivo aos dados e informações. Assim, os estudantes devem desenvolver a capacidade de filtrar informações, verificá-las, testá-las, convencer-se de sua validade, autenticidade e relevância.

Não se trata mais de seguir uma receita dada por quem sabe, mas de poder criar a sua própria receita que o leve ao objetivo. Para tanto, é necessário desenvolver a inteligência decernere.

Ao contrário do que previa o mito da sociedade do conhecimento, a economia digital cognitiva carece de um volume decrescente de conhecimento vivo para produzir bens e serviços. Se a expressão inteligência artificial evocava os traços de uma coletividade superior que se associa ao mito da sociedade do conhecimento, a realidade é que se encontra também correlacionada ao empobrecimento intelectual de uma vasta maioria. Isso significa que o capitalismo digital precisa de menos trabalhadores do conhecimento, uma vez que as novas tecnologias cognitivas são capazes de rotinizar grande parte dos processos intelectuais que justificavam as atividades desses perfis profissionais. Daí a importância de se desenvolver competências e habilidades mais humanas de colaboração, empatia, propósitos e trabalho em equipe, e não apenas uma massificação de conhecimentos técnicos sem objetivos definidos. Isso expressa que o ecossistema de treinamento, utilizado pela maioria das escolas e faculdades, visto que tão somente transmitem conteúdos, rapidamente necessita transformar-se em ecossistema de desenvolvimento e aprendizagem no qual se aperfeiçoem a inteligência de escola, a inteligência construtiva e a inteligência de rua, enfim, inteligência de vida.

Em um mundo em que a mudança (novamente) faz parte da vida cotidiana, reivindica-se que as pessoas abandonem os paradigmas e premissas estoicamente sustentados de padrões rígidos, acentuadamente estruturados e padronizados, e se aconcheguem ao pensamento de ações fluidas, auto-organizadas com perspectivas de aplicação e transferência dos conhecimentos que vão sendo assimilados. Essa dinâmica é urgente, uma vez que as mutações provocadas pela tecnologia digital cognitiva correspondem a uma redução de tempo, de expectativas, de experiências, seja na oferta de serviços ou no ciclo dos produtos.

O filósofo alemão Hermann Lübbe denomina esse fenômeno de "encolhimento do presente", afirmando que a idade cronológica para o obsoletismo está se abreviando. Em outras palavras, num ritual dinâmico de mudança de plataforma que estamos vivenciando, a desatualização, o desuso das coisas e dos serviços estão cada vez mais céleres. Essa progressão mais e mais efêmera faz com que nossos conhecimentos, competências, habilidades e visões adquiridas, em suma, nossa convicção de mundo, se apliquem, cada vez mais, por um período de tempo significativamente mais curto, exigindo atualizações, adequações e adaptações.

No "novo normal", as inovações e a capacidade de criá-las estão se tornando pré-requisitos gerais e individuais para garantir viabilidade e perenidade futura. Tal procura está agrupada nos termos "empregabilidade", "trabalhabilidade" e "empreendedorismo". À vista disso, a educação, no entanto, não pode ser reduzida como nada mais do que uma forma mais estruturada de preparação profissional, como é o conceito original da aprendizagem ao longo da vida.

Apesar de o vocábulo estar adequado, o conceito de Aprendizagem ao Longo da Vida (*Lifelong Learning*) está um pouco descontextualizado. Não obstante, com toda certeza, em tempos de tecnologia digital cognitiva, a aprendizagem deve ser perenal, pois a mesma tecnologia que ameaça também promove muitas oportunidades.

Inquestionavelmente, existe uma correlação com o futuro do trabalho, bem como com as recentes ocupações pleiteadas pela Quarta Revolução Industrial, entretanto, para melhor interagir com essa plataforma em paulatina metamorfose social, cultural, comportamental e de longevidade, a aprendizagem é muito mais que permanente e ininterrupta. A aprendizagem contínua deve ser um estilo de vida, um hábito, uma vontade insaciável de aprender e se desenvolver, e não apenas uma necessidade de qualificação e treinamento, daí a importância da educação formal, não formal e informal. Sendo assim, o aprendizado não pode e não deve ser compreendido como um artifício cuja único compromisso seja apoiar o desenvolvimento profissional. A aquisição da empregabilidade e da trabalhabilidade requer muito mais que qualificação e treinamento, exige o aprendizado ativo, a capacidade de compreender as implicações, de como buscar informações para a resolução de problemas e tomadas de decisões, bem como desenvolvimento da inteligência de vida, acoplada às inteligências cognitiva, socioemocional, volitiva e decernere.

5.1.5.1. Taxonomia da aprendizagem na educação evolutiva

Figura 5.3 – Pirâmide da taxonomia da aprendizagem

AVALIAR

TRANSFERIR

APLICAR

ENSINAR

REPETIR

INSTRUIR
(Desenvolver)

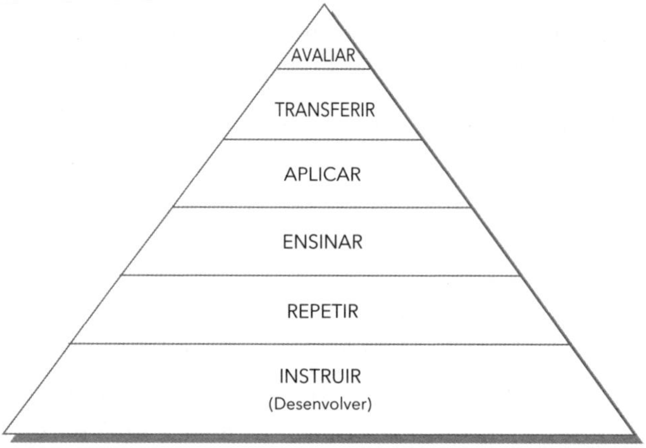

Fonte: elaborada pelo autor.

A taxonomia da aprendizagem efetiva, alicerçada no currículo 30-60-10, visa substituir a simples transmissão de conteúdos do modelo tradicional de instrução. Respeitando sua hierarquia, bem como observando e acatando as competências e habilidades que deverão ser desenvolvidas, possui a finalidade de definir o roteiro dos objetivos e atividades dos projetos a serem executados. Conceituamos aprendizagem efetiva como aquela em que os estudantes, ao finalizar a experiência instrutiva, estão aptos a realizar algo diferente, uma vez que o saber e a ação contíguos são os essenciais protótipos da metamorfose atitudinal, comportamental e técnica do aprendiz. Afinal, não basta saber, é preciso aplicar e transferir; porém não é suficiente aplicar e transferir, é necessário transformar.

Dimensão I: Instruir (desenvolver)

Trata-se da dimensão mais básica da taxonomia da aprendizagem efetiva; portanto, a menos eficiente, porém a mais utilizada na instrução tradicional. A aprendizagem requer tempo para consolidação na memória. Para que uma informação seja registrada e retida de maneira permanente no cérebro, esta necessita passar pelos processos cognitivos de repetição, elaboração, recordação e consolidação, o que requer tempo e uma aprendizagem realmente ativa.

Dimensão II: Repetir

O ato de repetir não somente eleva a familiaridade e a compreensão de um tema ou conteúdo, como também fortalece as conexões neurais do cérebro, aumentando a retenção da informação por um período bem mais longo. Através da repetição, as informações são transferidas da memória de curto prazo para a memória de longo prazo, o que permite acesso mais eficiente e rápido no futuro.

Dimensão III: Ensinar

Ensinar é muito mais que tão somente transmitir conteúdos. Quem ensina, altera o cérebro do outro e sedimenta seus conhecimentos. Ensinar é despertar as potencialidades inatas dos indivíduos, para que estruturem um consenso em torno dos conhecimentos e experiências adquiridas, propiciando que a pessoa, por si só, encontre suas opções. Ensinar é aprender duas ou mais vezes, nos afirma o adágio popular. Oportunizar que os estudantes ensinem uns aos outros é um excelente modo de aperfeiçoar o aprendizado efetivo, afinal, a neuroeducação demonstra que a interação social favorece a aprendizagem, pois modifica a atividade cerebral, aperfeiçoando a qualidade da comunicação, o foco de atenção, o engajamento e a persistência em um determinado desafio e/ou atividade de aprendizagem. Esses fatores direcionam para uma maior eficacia na retenção do conhecimento.

Dimensão IV: Aplicar

Se o corpo participa, a aprendizagem se torna mais efetiva. Movimentos de cognição e conação estão fortemente correlacionados. Atividades práticas que integram movimentos e a real participação no desenvolvimento de projetos e/ou resolução de problemas possibilitam ao estudante vivenciar, experimentar, processar e registrar experiências que alteram o cérebro de forma permanente e efetiva. A essência da aplicação está em cruzar dados, bem como em: mobilizar as inteligências cognitiva, socioemocional, volitiva e decernere; realizar novas associações; mesclar conhecimentos provindos da inteligência de escola, inteligência construtiva e inteligência de rua, enfim, da inteligência de vida. A aplicação possibilita aos aprendizes irem além da mera reiteração de conceitos e fórmulas ao ativar diversas funções mentais e reorganizar múltiplas conexões neurais, proporcionando o aprendizado efetivo.

Dimensão V: Transferir

Transferir é enfatizar o futuro. Trata-se de aplicar os conhecimentos e as competências adquiridos em situações reais, inéditas e complexas, em circunstâncias além do muro da escola; portanto, é a dimensão mais prestimosa da taxonomia de aprendizagem efetiva. A transferência acontece quando competências, habilidades e conhecimentos são assimilados em um contexto e o estudante os aplica com sucesso em outro. Uma conjuntura importante para a transferência é a flexibilidade cognitiva, que ocorre quando o discente consegue desenvolver projetos e avaliar problemas do mundo real em seu campo de expertise, a partir de múltiplos pontos de vista conceituais, considerando várias interpretações e perspectivas factíveis.

Dimensão VI: Avaliar

Não existe aprendizagem efetiva sem avaliação – em outras palavras, sem comprovação. Em essência, a avaliação fornece um tipo de certificação ou garantia de que os aprendizes que receberam o grau foram considerados competentes, não apenas em termos de conhecimento de um determinado tema, como também na capacidade de aplicar e transferir os conteúdos assimilados e as competências e habilidades desenvolvidas. Enfim, demonstra que angariaram um aprendizado efetivo. A qualidade da avaliação manifestamente é descrita em termos de *validade* (concernente à precisão) e *confiabilidade* (relacionada à consistência). Na taxonomia de aprendizagem efetiva, a avaliação deverá ser integral, em outras palavras, diagnóstica, formativa, de desempenho e somativa.

Conclusão

Utilizar a taxonomia da aprendizagem efetiva nos processos de ensino, desenvolvimento e aprendizagem não é uma necessidade; trata-se de uma premissa, uma exigência para que o estudante tenha sucesso nessa meticulosa e entrante plataforma digital cognitiva. Para tanto, se faz mister um tipo de assimilação que vai muito além dos conteúdos. É preciso ter clareza de que não basta memorizar, é necessário saber aplicar e transferir para que, na experiência instrucional, esteja evidente em que nível se encontra o estudante (ponto de partida), qual meta se deseja atingir (resultado), quais são os gaps que poderão impedir de alcançar seus objetivos. Uma aprendizagem efetiva, portanto, se constrói focando no que os aprendizes necessitam fazer (aplicar e transferir) e não no que precisam saber, pois isso auxilia a integrar e dar sentido aos diversos componentes curriculares, motivando-os a se engajarem na jornada educativa e, portanto, atingirem um aprendizado verdadeiramente efetivo.

5.1.6. A crucial habilidade a ser desenvolvida nas escolas: conceber perguntas pertinentes

Com exceção do período da Revolução Industrial, desenvolver e aperfeiçoar a competência e habilidade dos estudantes para que consigam formular perguntas apropriadas foi o foco de todos os modelos de ensino. Sócrates utilizava seu método, a maiêutica, que era alicerçado em fazer perguntas exaustivamente. A *Paideia* grega tinha como cerne primordial ensinar a pensar e conceber hábeis perguntas. Aristóteles aprimorou o método socrático e o tornou mais formal e organizado. Alexandre Magno se transformou em "O Grande" graças ao seu tutor Aristóteles que, por três anos, propiciou não apenas uma boa formação, mas o preparou para solucionar problemas inesperados e complexos, que enfrentaria como futuro rei. Não queria que se limitasse a assimilar apenas conteúdos e respostas banais, ensejava que desenvolvesse um arcabouço intelectual capaz de guiá-lo diante de qualquer desafio com que se deparasse. Para tanto, incrementar a arte de elaborar perguntas pertinentes e inteligíveis para o interpelado era literalmente vital.

Alexandre se apoderou desses ensinamentos com maestria. Talvez o grande imperador da Macedônia tenha sido o maior nexialista existente, pois possuía a capacidade de interagir, usufruir da enorme inteligência coletiva de seu time, conectar-se e elaborar a pergunta certa e adequada para conseguir dados e informações das mais variadas fontes. Ele não se furtava a explorar o conhecimento de um jovem pastor qualquer da região, desde que isso lhe permitisse conhecer todos os cantos, recantos e passagens das montanhas da região que iria invadir.

Esse princípio resistiu ao tempo. Tanto que a *scientia bene disputandi* da Idade Média, ou seja, "a ciência que ensina a saber disputar bem", nada mais era que instruir como fazer perguntas inteligentes, que propiciassem ao mestre vencer suas altercações e debates. Na verdade, redigir boas perguntas deveria ser a ferramenta mais indispensável à nossa disposição, uma vez que aprendemos a usá-la bem na infância. Contudo, a abandonamos à medida que crescemos e envelhecemos. Assim, os estudantes da escola tradicional são treinados para ter a resposta e não para continuar a elaborar melhores questionamentos. Porém, isso não é mais útil. A habilidade requerida hoje é a de fazer perguntas pertinentes e inteligíveis, que levem a uma reflexão e discernimento do que está procurando ou aprendendo.

Para tanto, o hábito da leitura e escrita deve ser recriado desde a infância e recultivado em todas as etapas da vida. Perguntas pertinentes são o resultado de leitores e escritores apropositados, afinal o poder da leitura está em confrontar, transformar e reelaborar pensamentos. Muitas perguntas não têm respostas fáceis, são redigidas para atiçar a curiosidade, a reflexão, a compreensão. As escolas tradicionais obliteraram essa praxe. O "internetês" se tornou dominante e os estudantes estão cada vez mais apedeutas no ato de refletir, argumentar e redigir benévolos e oportunos questionamentos, justamente o que o mercado e a sociedade digital cognitiva necessitam e valorizam.

Com o aperfeiçoamento da tecnologia digital cognitiva, essa habilidade está se tornando cada vez mais relevante. Plataformas movidas por inteligência artificial generativa respondem quaisquer questões, desde que sejam redigidas perguntas compreensíveis, claras e objetivas. O propósito de qualquer modelo de ensino e desenvolvimento, em todos os níveis, deverá ser a avidez por fazer perguntas que propiciam a ganância por novos conhecimentos, afinal, as perguntas são os recursos que eliminam as incertezas e abrem as portas para um futuro mais próspero e interessante. Evidentemente que, para tanto, os estudantes devem possuir bons conhecimentos e assimilar os conteúdos da área em que estão inseridos. Deve ficar evidente, porém, que o objetivo não é dar as respostas, e sim ensinar o discente a ser um nexialista que, tal como Alexandre Magno, saiba interagir, se conectar e redigir apropriadas e adequadas perguntas para as mais variadas fontes (de networks, analógicas e virtuais). Afinal, são elas que permitem solucionar problemas cada vez mais complexos e inesperados.

5.1.7. Foco no foco do estudante

Foco no cliente é um conceito mercadológico inteiramente direcionado em atender as demandas do cliente, superar suas expectativas, satisfazê-lo e até encantá-lo, para assim garantir fidelização. Paralelamente, na educação, por muito tempo, ter foco no estudante expressava ter atenção aos seus desejos, às suas dores e expectativas. Ocorre, todavia, que o discente não está na escola para se satisfazer, e sim para aprender. À vista disso, encantá-lo não significa fazer o que ele quer, mas fazer o que for necessário para que ele aprenda e desenvolva as competências e habilidades programadas para atingir seus sonhos, projetos de vida e propósitos. Sendo assim, seu encantamento e satisfação plena ocorrerão no futuro, fora, e não na rotina da escola. Daí o conceito: foco no foco do estudante.

"As perguntas são os recursos que eliminam as incertezas e abrem as portas para um futuro mais próspero e interessante."

Incontestavelmente que, com a concorrência acirrada do setor educacional, a escola depende de seus estudantes, razão pela qual é preciso uma ideação social de aprendizagem, a partir dos seus desejos, necessidades, dificuldades de assimilação. Trata-se, melhor dizendo, de uma insurreição contra os paradigmas do método instrucionista tradicional. Foco no foco do estudante é diferente de foco no estudante, que expressa tão somente satisfazer e encantar o discente por meio de prestação de serviços e atendimentos administrativos e acadêmicos eficientes e eficazes. É tudo isso, mas, essencialmente, é conhecer, entender, compreender, atender suas aspirações, objetivos e metas. Isso requer direcioná-lo, fazer com que cumpra as atividades e desafios, além de julgá-lo e avaliá-lo com precisão, consistência e confiabilidade, para, se preciso, redirecionar os planos, as táticas e as técnicas de desenvolvimento e aprendizagem. Foco no estudante poderá trazer benefícios para a escola, mas não necessariamente para o discente. Sobreviverá a escola que planejar todas as suas estratégias, currículo, tecnologias, desafios e atividades alicerçadas no foco no foco do estudante.

5.1.8. Ensino aplicado

Educar expressa muito mais que difundir informação. Em vez disso, o conceito de educação inclui a ideia de que uma pessoa desenvolve caráter íntegro, como: competência para tomar boas decisões; cumprir tantos papéis humanos quanto possíveis na sociedade em que vive; competência para aplicar e transferir os conhecimentos adquiridos em projetos, resolução de problemas, inovação de produtos e serviços, entre outros. Sendo assim, é possível afirmar que conhecimento aprendido e sedimentado é aquele que é utilizado ou transladado e que provoca uma mudança no comportamento do estudante.

O termo educação inclui dois níveis de significado, ou seja, é tanto um processo (o processo de educar ou formar) quanto o produto (empregabilidade, trabalhabilidade, empreendedorismo). Sumariamente, é a própria educação. Diante disso, a prática é a base de tudo. Isso é especialmente verdadeiro para os conteúdos e teorias, pois o valor do conhecimento é medido pelo benefício que traz para as ações das pessoas e para a prática da vida.

John Dewey é um dos principais proponentes do ensino aplicado. O credo filosófico educacional de Dewey é que um punhado de experiência se sobrepõe em relevância a uma tonelada de teorias, que só ganham valor quando transpostas a realidade de forma acessível e verificável. Ensinar, nessa perspectiva, expressa propiciar aos estudantes a oportunidade de terem práticas reais e projetivas. Nesse sentido, a arte de ensinar e desenvolver consiste em inspirar e apoiar as experiências e experimentações dos estudantes.

Partindo de que esses conceitos são verdadeiros, saber aplicar e transferir conhecimentos se tornou vital para o desenvolvimento das competências e habilidades requeridas pelo mercado nesse mundo cada vez mais tecnológico e globalizado. Apesar de parecer algo contemporâneo, já há algum tempo baluartes da educação vêm incentivando.

Como citamos anteriormente, John Dewey preiteava a assimilação fundamentada na experiência (*learning by doing*); Carl Rogers era defensor da aprendizagem significativa, que provoca no estudante modificação no comportamento, na orientação futura e nas atitudes e procedimentos; Jean Piaget, cuja teoria enfatiza a natureza construtivista do conhecimento, refere-se à concepção de que todos os estudantes tentam ativamente interpretar o mundo com base nas habilidades, nos conhecimentos e no nível de desenvolvimento existente.

Para o perfil do estudante do ensino superior, não é possível se utilizar da mesma lógica instrucional que utilizamos para o processo de ensino, desenvolvimento e aprendizagem nos níveis anteriores (ensino fundamental e médio), uma vez que a autonomia e a autodireção são características primordiais para a motivação e o engajamento dos discentes. Somado a isso, devido às novas exigências do mercado e da sociedade, não é mais factível a aprendizagem ser baseada exclusivamente na aquisição de conteúdos por meio de livros, vídeos, áudios e aulas palestradas. São fontes importantes, mas a busca da experiência, da experimentação, de pessoas e profissionais que fazem e sabem fazer e que podem demonstrar como aplicar e transferir os conhecimentos assimilados na resolução de problemas, no desenvolvimento de projetos, no incremento e disrupção de produtos e serviços, passa a ser relevante e indispensável.

Quando o discente é coagido e desafiado, torna-se mais frugal memorizar ou recordar conteúdos e procedimentos específicos. Cada atividade, procedimento e ação realizada é uma experiência de aprendizado específica, e é assim que a inspiração é angariada. Essa inspiração conecta o estudante ao que é conhecido e compreendido, fazendo com que ele assinta que a aprendizagem é relevante e significativa. Somado a isso, tal experiência permite que ele conduza as atividades de aprendizagem motivado com tentativas, reflexões, erros e refinamentos, muitas vezes seguidos de uma necessária improvisação da abordagem empreendida.

O ensino aplicado motiva o estudante a sair de sua zona de conforto, descobrir algo novo e solucionar os desafios propostos. Encoraja o envolvimento ativo com o meio de informação disponível e exige que trabalhe mais para memorizá-lo. Afinal, quando se tem uma conexão profunda com o aprendizado, fica-se estimulado, atraído e incitado a usá-lo a qualquer momento.

5.1.9. Aprendizagem baseada em projetos

Para o currículo acadêmico, projeto é um desafio de aprendizagem temporário e progressivo, empreendido para aplicação e transferência de um conteúdo, desenvolvimento de uma ou mais competência e habilidade, bem como conceber um produto ou serviço, solucionar um problema real, inovar. O projeto acadêmico tem início, meio e fim determinados. Deve ser claro para o estudante; observável e mensurável para o professor.

A aprendizagem baseada em projetos expressa que, sob condições intrínsecas (tempo, pessoas, estruturas etc.), os estudantes podem conhecer, compreender, analisar, sintetizar um problema relevante, autêntico, do mundo real e trabalhar minunciosamente nele de forma proposital, interdisciplinar, individualmente e/ou em grupo, bem como, meticulosamente, planejar, estruturar, de modo que consigam sugerir e apontar uma solução e colocá-la em ação.

Tanto para o processo como para a decorrência do projeto acadêmico, não existem soluções de rotinas disponíveis e/ou respostas predeterminadas similares a uma receita pronta, razão pela qual a compreensão e a execução (aplicação e transferência dos conhecimentos assimilados), ou seja, o processo de desenvolvimento e aprendizagem, bem como o trabalho desencadeado e organizado pela ideia do projeto, são tão relevantes quanto o resultado da ação ou o produto que se aufere no final do projeto. O objetivo é criar necessidades e desafios para os estudantes, afinal, é sabido que os adultos necessitam de motivação, autonomia e autodireção para seu desenvolvimento e aprendizagem.

Ao lidar com problemas reais, é importante salientar e observar que poderão ocorrer desvios de características do desafio acadêmico, pois os objetivos estão sob a gestão do postulante do projeto, e estes nem sempre se atentam ao propósito do estudante, que é a aprendizagem e o desenvolvimento de competências e habilidades programadas. Além disso, se for o caso, um projeto abortado poderá conduzir a resultados positivos por meio da compreensão, análise, síntese e avaliação adequada das condições e causas do fracasso. Essa reflexão é importante, pois os ganhos ou danos que ocorrem com o resultado de um projeto real podem ser substanciais.

As características típicas da aprendizagem e do desenvolvimento de competências baseadas em projetos são:

Completude

Na aprendizagem baseada em projetos, o estudante assume responsabilidade pela conclusão de todas as fases do projeto. A completude, portanto, expressa que a organização, o trabalho estratégico, a operacionalização devem ser concluídos pelo estudante, com a suposição de que se atribui total comprometimento pelo resultado. Evidentemente, sempre com a orientação, a mediação e a tutoria de um professor.

Os discentes obtêm a gerência e o domínio dos conteúdos de todas as fases do projeto e da ação: planejar, informar, analisar, discernir, decidir, executar, implantar, monitorar e, finalmente, avaliar. Ao realizarem ações completas, os estudantes serão confrontados com tarefas complicadas, às vezes complexas e variadas, tais como: diagnosticar a situação e as condições do produto ou serviço; discutir objetivos e metas alcançáveis; conceber e implementar soluções adequadas. Espera-se de todas essas fases que os participantes do projeto aprendam, desenvolvam as competências e habilidades programadas, assumam responsabilidades, consigam trabalhar em equipe colaborativa e angariem empregabilidade e trabalhabilidade.

Problemas autênticos

Na aprendizagem baseada em projetos, dá-se claro afastamento das aulas palestradas, com simples transmissão de conteúdos. O objetivo com o qual o discente é confrontado é um problema real e, possivelmente, atual e agudo. Um problema autêntico proporciona a capacidade de "viver, experienciar, aprender e trabalhar". Portanto, tem a vantagem de tornar a atividade de aprendizagem significativa, criando um desafio, uma necessidade, fazendo com que o estudante se motive em assimilar os conteúdos necessários para solução e desenvolvimento do projeto.

Ênfase na relevância do processo de ensino, desenvolvimento e aprendizagem

A aprendizagem baseada em projetos é caracterizada, mormente, em visar menos a mera transmissão de conteúdos específicos de uma disciplina e mais a ação orientada para solução de problemas. No entanto, não consiste exclusivamente em saber mais depois. Pelo contrário, a ideia é que os estudantes sejam capazes de solucionar tarefas complexas por meio dos conteúdos necessários, o que os qualificará a desenvolver a inteligência de vida. Isso expressa estar atento ao planejamento e à execução do processo de ensino, ao desenvolvimento e à aprendizagem.

Seguindo os conceitos do Currículo 30-60-10, concebido para formação de talentos, o ensino representa 30% do processo instrucional. Isso evoca que, para angariar o aprendizado completo, é indispensável assimilar os conteúdos (básicos, de fundamentos e específicos) essenciais e importantes da área de conhecimento escolhida, que transladarão para a obtenção da inteligência de escola.

Para a dimensão "desenvolvimento" do processo escolar, 60% do currículo é utilizado para o desenvolvimento das competências e habilidades programadas, por meio de desafios (projetos, resolução de problemas, inovações de produtos e serviços etc.). Os estudantes conseguem incrementar e otimizar competências por meio de experiências, pois vivenciam seus próprios estímulos, instigações, responsabilidades e experimentações. De outra forma, o aprendizado vai derivar das ações e interações reais e simuladas do mundo fora dos muros da escola, pois irão testemunhar na prática como as coisas funcionam, de que maneira deverão agir para aplicar e transferir os conhecimentos assimilados.

A aprendizagem irá se sedimentar através dos 10% do currículo, destinados à aplicação e transferência, que ocorrerão por meio da interação com mercado, empresas, colegas, docentes e com os profissionais que efetivamente fazem e sabem fazer. Ao observar o outro aplicando, transferindo, realizando o procedimento, ao dirimir dúvidas, receber *feedback* e *feedforward*, enfim, ao praticar, o aprendiz vai compreendendo os processos e os meios mais simples e eficazes de executar cada atividade do desafio proposto.

5.1.10. Metodologias híbridas

"Como é notório, transmissão é repetição de conhecimentos de outros. E tudo que é repetição é ou será realizado com muito mais eficiência por uma máquina inteligente."

Bem especificado no livro *Currículo 30-0-10: a era do nexialista*[5], escusando o modismo e o americanismo tão propagados no Brasil, a educação é plural, e esse pluralismo requer não somente uma única metodologia de aprendizagem, mas metodologias diversas, que denominei de metodologias híbridas.

---

5. FAVA, 2022, p. 161.

A tecnologia digital cognitiva abalou o modelo tradicional de educação. Asseverou que as escolas não são tão somente estruturas físicas, processos e tecnologias, e sim pessoas. A mensagem é direta e límpida: é preciso transmutar de um sistema de ensinagem para um sistema de aprendizagem. No modelo tradicional, o ensino é coletivo, focado na escola e no professor, alicerçado em uma singular metodologia: a de transmissão de conteúdos. Com a tecnologia digital cognitiva, o estímulo passa a ser global, enquanto a aprendizagem é individual, focada no estudante. Diante disso, a escola necessita trabalhar com metodologias híbridas, entre outras, como é o caso da metodologia instrucional, experiencial (ativa) e experimental, e não somente metodologia ativa, modismo tão em voga em tempos atuais.

> "Com a tecnologia digital cognitiva, o estímulo passa a ser global, enquanto a aprendizagem é individual, focada no estudante."

- Metodologia instrucional (*on-line* e *off-line*) para assimilação dos conteúdos factuais, conceituais, de fundamentos básicos e específicos do curso e da área de conhecimento. É nessa metodologia que a interferência das plataformas movidas por inteligência artificial generativa mais irá atuar, uma vez que, corriqueiramente, os conteúdos são transmitidos e, como é notório, transmissão é repetição de conhecimentos de outros. E tudo que é repetição é ou será realizado com muito mais eficiência por uma máquina inteligente.

- Metodologia experiencial (ativa) para transferência, aplicação, análise e sínteses dos conteúdos processuais, por meio do desenvolvimento de desafios e aprimoramento de competências e habilidades. Essa metodologia (pelo menos por enquanto) pertence aos humanos e dificilmente um *cobot* irá roubá-la, uma vez que exige imaginação, criatividade, relacionamento, discernimento, faculdades que essas máquinas ainda não são capazes de consumar.

- Metodologia experimental (pesquisa aplicada, pesquisa laboratorial e simulações) para concepção, assimilação e sedimentação de conhecimentos e conteúdos.

A metodologia híbrida coloca o estudante como agente de seu aprendizado. Nela, estimula-se senso crítico, reflexão, protagonismo, autonomia, colaboração, aptidão em solucionar problemas, desenvolver projetos, aprender a aprender e reaprender eremiticamente.

5.1.11. *Feedback e feedforward*

É nítido que as novas gerações não estão contentes com a passividade de uma sala de aula e com a rotina de um escritório. Dessa maneira, manter, reter e formar talentos passou a ser um suplício para educadores e gestores de pessoas. Isso porque a tecnologia trouxe inédita visão acerca das possibilidades de atuação e carreira profissional, bem como novos desafios e motivos para a existência. Para acompanhar todo esse processo, os líderes, pais e educadores precisam praticar a liderança. Liderar é conhecer e agir. Em outros termos, inspirado em Janus, o deus latino símbolo do passado e do presente, deve-se aprender com o passado, se adequar ao presente e planejar o futuro. Enfim, é requintar por meio do *feedback* e *feedforward*.

A escola tradicionalmente, por meio de avaliações, dá ênfase ao passado, isto é, julga, mede e aquilata o que os estudantes aprenderam e desenvolveram, concedendo notas e conceitos em forma de ranqueamento. Para tanto, utiliza-se dos diversos modelos de julgamentos e medições, tais como: avaliação somativa, formativa e de desempenho. Indubitavelmente, esses procedimentos continuam sendo relevantes, no entanto, com as mutações cada vez mais aceleradas, o que se aprende hoje muito brevemente poderá se tornar obsoleto. Dessa forma, a escola pensar no futuro do seu egresso, proporcionando-lhe *feedback* e *feedforward*, também passou a ser fundamental.

Feedback não é conselho, elogio ou avaliação, é informação sobre como o estudante está se saindo no esforço para atingir seus objetivos e metas. Na verdade, a avaliação é ferramenta, um meio para incitar o *feedback*, que deve ser exposto no momento em que ainda existe tempo para recuperar ou melhorar o aprendizado.

Concebido pelo *coach* americano Marshall Goldsmith, *feedforward* é o exercício inverso do *feedback*. É o processo de substituir o *feedback* positivo ou negativo por soluções voltadas para o futuro, visando ao reconhecimento das capacidades de cada um em identificar as habilidades que podem e precisam ser desenvolvidas. O foco, portanto, é valorizar as potencialidades, fortalecer o que pode se tornar melhor e encorajar o aprendiz a pensar em como adquirir e incrementar conhecimentos, competências e habilidades a fim de direcionar os estudos para atingir seus projetos e sonhos.

O *feedforward* não substitui o *feedback*, mas o complementa. Poderíamos afirmar que o *feedback* é o motor que impulsiona a ação e o *feedforward* é o propósito. Ambos têm a finalidade de manter vivo o planejamento, o desenvolvimento, a implantação e a implementação de um projeto ou de um sonho. Apesar de ser uma estratégia relativamente nova, as escolas devem utilizá-la nas orientações de melhorias de desempenho, desenvolvimento e aprendizagem de seus estudantes, pois somente assim conseguirão formar egressos aptos, aderentes com empregabilidade e trabalhabilidade suficientes para ter sucesso nesse mercado de trabalho mais exigente e digitalizado.

CAPÍTULO 6

Choque de gerações

"**Toda unanimidade é burra**", bordão atribuído ao genial Nelson Rodrigues. O mestre deve estar certo, mas existem eventualidades em que a unanimidade não é tão unânime assim. É o que se verifica na segmentação da evolução da humanidade por gerações. Ao realizar esse fracionamento, não denota que a totalidade das pessoas daquela geração pensa, se comporta e age do mesmo modo, contudo, trata-se de um padrão bastante presente. Seria insensatez afirmar que todos os *baby boomers* utilizaram drogas, se utilizaram do "amor livre", se revoltaram, protestaram por mais liberdade, mas, seguramente, foram defluências marcantes daquela geração.

O conceito de gerações tem ocasionado polêmicas entre os especialistas que defendem e os que não concordam. Os que divergem argumentam que a segmentação se aplica para as famílias, pois existe um intervalo curto de procriação de pessoas (o período fértil da mãe), fazendo com que as diferenças fiquem bastante nítidas (avós, filhos, netos). No entanto, na sociedade, pessoas não advêm ao mundo em safras, nascem a todo momento. Para esses experts, não é razoável aceitar que todo grupo populacional se comporta da mesma forma somente porque tem idade semelhante, alegando que, cientificamente, o fracionamento se alicerça somente em duas variáveis: a idade e o contexto em que vivemos.

Para os que consentem e defendem a divisão, cada geração possui características específicas na forma de pensar, agir, aprender, se comportar, interagir e inter-relacionar nos múltiplos ambientes e em distintas situações, seja na escola, na família ou como profissional. Tudo isso proporcionado pelas diversas plataformas evolutivas, evidenciadas de acordo com as recentes e preeminentes tecnologias digitais cognitivas. Sem querer participar das querelas e discussões, entendo que perceber e compreender essas particularidades é fundamental, pois auxilia a lidar melhor e de maneira mais assertiva com os indivíduos dos diferentes grupos geracionais, seja na família, na escola ou na empresa.

Karl Mannheim (1893-1947), sociólogo húngaro, foi o primeiro a referenciar a importância das gerações. Definiu-as como: "um grupo de pessoas unidas pelo tempo e pelo espaço, que se comportam de maneira única, que duram uma vida inteira, formando um tipo de significado coletivo ligado a certas experiências"[1]. Seu conceito se desprende da ideia de um "corte etário", no qual o indivíduo nasce em um período arbitrário, sem qualquer característica unificadora atribuída a ele. Apesar das diferenças socioeconômicas, educacionais, culturais e sociais, os integrantes de cada geração desenvolvem uma percepção compartilhada, que Mannheim denominou de "Unidade Geracional"[2].

Concordando com Mannheim: classificar os indivíduos é mais que delimitar datas e períodos. Na verdade, é uma maneira de trabalhar, ensinar e lidar com os paradigmas, arquétipos, modelos mentais e as características comportamentais das gerações. Além disso, é tam-

"O intervalo de uma geração não é necessariamente similar ao de outras. Cada uma possui seu tempo, dependendo da experiência, de amadurecimento e dos caprichos da cronografia, com ênfase na evolução da tecnologia."

---

1. WELLER, W. A atualidade do conceito de gerações de Karl Mannheim. *Sociedade e estado*, v. 25 (2), ago. 2010. Disponível em: https://www.scielo.br/j/se/a/pYGppjZyvTjJH9P89r-MKHMv. Acesso em: 5 mar. 2024.
2. WELLER, 2010.

bém uma forma de compreender a conjuntura histórica e como as pessoas de cada época se comportam na escola, no mercado, na sociedade. Assim sendo, pode-se conceituar as gerações como um estrato de indivíduos nascidos em um mesmo período, que trazem características únicas diretamente ligadas ao comportamento, costumes, valores e contexto histórico de seu tempo. Esses conhecimentos, pensamentos, sentimentos e arquétipos estão contidos no que Carl Gustav Jung, psiquiatra suíço, denominou de "inconsciente coletivo"[3].

Muitos especialistas dividem o conceito de gerações em três fases: passado, presente e futuro. Não é possível entender os *Baby Boomers* se não se tem a mínima ideia de onde vieram, o que fizeram e aonde chegaram. O intervalo de uma geração não é necessariamente similar ao de outras. Cada uma possui seu tempo, dependendo da experiência, de amadurecimento e dos caprichos da cronografia, com ênfase na evolução da tecnologia.

Cada período auxilia na compreensão dos costumes e do contexto histórico, de modo que seja exequível delimitar as fronteiras entre uma geração e outra. Desse modo, é possível afirmar que uma geração é um grupo de indivíduos, nascidos em períodos aproximadamente semelhantes, que, coletivamente, possuem costumes, tendências, arquétipos, paradigmas, comportamentos e personalidades partilhados. Cada geração incorpora atitudes sobre estilo de vida, família, gênero, diversidade, política, religião, cultura e comportamento peculiar e próprio. É esse o motivo pelo qual os mais velhos sentem nostalgia de um passado único, prazeroso e lúdico próprio.

Comíamos doces, bebíamos refrigerantes, devorávamos sanduíches, porém não éramos obesos. Sempre livres e ao ar livre, jogamos, perambulamos, galhofamos, brigamos na terra, na grama, no barro, na lama, na água, na enxurrada. Não tínhamos Playstation, Xbox, *tablets*, *smartphones*, iPad, iPhone, mas possuíamos amigos que atravessa-

---

3. JUNG, C. G. *Os Arquétipos e o inconsciente coletivo*. Petrópolis: Editora Vozes, 2002.

vam a rua para brincar, conversar, farrear, andar a esmo por todos os cantos e recantos. Como estudantes, reprovávamos, chorávamos, mas éramos responsáveis e arcávamos com as consequências de nossas atitudes e ações. Não havia ninguém que pudesse resolver nossas encrencas e imbróglios. A ideia de um pai proteger, defender ou culpar um professor ou mestre por nossos erros era inadmissível. Tivemos liberdade, fracassos, sucessos, responsabilidades e aprendemos a lidar com tudo isso.

Não, não, não... ao contrário, nós não precisamos sair, pois temos apetrechos tecnológicos em nossos quartos, assistimos a nossas séries na TV HD; ouvimos músicas; teclamos com vários amigos e amigas pelo WhatsApp, Instagram e TikTok, nos conectamos por meio de várias redes de relacionamentos; escrevemos no Word e no Page; elaboramos planilhas no Excel e no Numbers; construímos apresentações no PowerPoint, no Keynote e no Scribe; brincamos e jogamos pela internet, interagimos e nos comunicamos sem limite de espaço, de tempo e tudo ao mesmo tempo. Rapidez, *feedback* e *feedforward* imediato é o que queremos. Se não vamos bem na escola? Não tem problema. Nossos "drones paternos" estão equipados, armados e prontos para nos acudir, escudar e defender, afinal são os professores que não reconhecem ou desconhecem nossas aptidões e competências.

Não se trata de defender que outrora era aprazível e hoje angustiante. Obviamente, dependendo de qual geração faz a afirmação, gerará contestação da outra. Sendo assim, não se discute o que

"Uma geração sempre entende que é superior e melhor que a outra. Existem, no entanto, modificações positivas e negativas."

era permitido ou não. Atualmente, é possível realizar tudo ou, no mínimo, mais que antes. Porém, em compensação, muito menos é exigido. Diante do modo como as novas gerações são criadas e defendidas, com uma infância que vai muito além da idade cronológica, à "desresponsabilidade" que lhes é incutida e ao "facilitismo" que lhes é proporcionado, fica a dúvida se esses jovens serão responsáveis e capazes de suportar contrariedades, aborrecimentos, vicissitudes que o dia a dia infelizmente acarreta. E mais: a incapacidade de ouvir um não e vida pré-mastigada em versão *soft* a que muitos pais submetem seus filhos causam mais mal que bem.

Certamente estamos perante uma nova realidade, tal como os nossos pais vivenciaram quando éramos crianças, afinal uma geração sempre entende que é superior e melhor que a outra. Existem, no entanto, modificações positivas e negativas. À vista disso, o truque está em não criar barreiras, evitar comparações simplistas, aceitar que existe muita situação que transmutou, mas que pode haver ainda diversos denominadores comuns.

A comparação estimula o choque de gerações, razão pela qual uma alternativa foi nomeá-las de forma a entender o contexto do histórico social, a tecnologia que está influenciando, o comportamento que está suscitando, enfim, as circunstâncias de cada período, e não alinhar com as mesmas características, paradigmas e modelos mentais indivíduos de épocas distintas. Aliás, o crescimento, tanto populacional como tecnológico, produziu mutações culturais e sociais que permitiram a cada geração impor-se e desenvolver não somente as próprias ideias, mas também adotar e rotular um perfil por meio de comportamento, cultura, linguagem, hábitos, moda, música, arte e o modo de aprender, se desenvolver, bem como a forma com que utilizam e vivenciam a tecnologia.

Foi no século XIX que o vocábulo "gerações" passou a ser utilizado para desvendar as mutações sociais e culturais provindas do desenvolvimento de novas tecnologias e alterações nos mais diversos arquétipos da sociedade. No início do século XX, as denominações de cada geração começaram a surgir. Em 1951, um artigo da revista *Time* usou a expressão "*Silent Generation*" (Geração Silenciosa) para se referir aos indivíduos nascidos entre 1923 e 1933, deixando a entender que eram pessoas com um tom hipoteticamente conformista.

Já o termo *baby boomer* surgiu na década de 1960, utilizado para classificar os mais de 75 milhões de americanos, bem como a explosão demográfica em todo o resto do mundo, embalada pela prosperidade econômica de reconstrução no pós-guerra. Sedimenta-se, então, a ideia de se dividir a evolução humana em gerações.

Estamos vivenciando o fenômeno "Inflação etária", expressando que aquela pessoa que era tida como "idosa" em meados do século passado, é considerada apenas "madura" nos dias atuais, comprovando o adágio popular "cinquentões são os novos trintões". O fato é que estamos vivendo mais longevamente. Pela primeira vez, temos gerações distintas coexistindo e, ao mesmo tempo, reivindicando suas diferenças (Tabela 6.1). Atualmente, convivem entre si, cada uma com suas características, arquétipos e peculiaridades, a Geração *Belle Époque*, nascidos entre 1920 e 1945; os *Baby Boomers*, nascidos entre 1946 e 1964; a Geração X, nascidos entre 1965 e 1980; os *Millennials* (Geração Y), nascidos entre 1981 e 1996; a Geração Z, nascidos entre 1997 e 2010; a Geração Alpha, nascidos entre 2011 e 2021; e a provável, mais recente, Geração Beta, nascidos a partir de 2022, advinda do incrível desenvolvimento da inteligência artificial, que se tornou um tsunami transformador, desafiando as noções convencionais do que uma máquina pode realizar e influenciar no comportamento geral de uma pessoa e, consequentemente, de uma geração.

Tabela 6.1 – População do Brasil por gerações

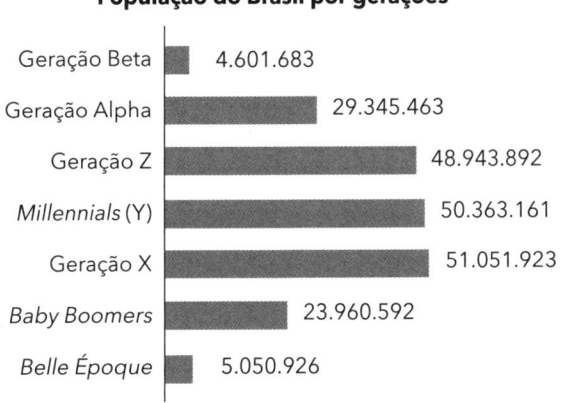

População do Brasil por gerações

Geração	População
Geração Beta	4.601.683
Geração Alpha	29.345.463
Geração Z	48.943.892
Millennials (Y)	50.363.161
Geração X	51.051.923
Baby Boomers	23.960.592
Belle Époque	5.050.926

Geração	Período	Faixa etária	% Pop.	População
Belle Époque	1920-1945	103-78	2,4%	5.050.926
Baby Boomers	1946-1964	77-59	11,2%	23.960.592
Geração X	1965-1980	58-43	23,9%	51.051.923
Millennials (Y)	1981-1996	42-27	23,6%	50.363.161
Geração Z	1997-2010	26-13	22,9%	48.943.892
Geração Alpha	2011-2021	11-03	12,8%	29.345.463
Geração Beta	2022-	02-	2,2%	4.601.683
População do Brasil			**100%**	**213.317.639**

Fonte: IBGE, 2023.

Cada geração possui sua própria cultura, particularidades, paradigmas e a crença de que é única, original, *sui generis*, incomparável, mais avançada e mais competente que todas as antecedentes. Coabitamos num período em que as gerações anteriores se recusam a envelhecer e a celebração da juventude é mais que simplesmente uma escolha ou um estilo de vida. Vivemos em um dilema geracional intrigante, uma era em que as pessoas cada vez mais resistem em agir conforme seu momento de vida. Os jovens (ou muitos deles) querem ser mais velhos enquanto os velhos (ou muitos deles) querem ser mais jovens. Os adolescentes desejam ser mais velhos para ganhar liberdades, enquanto os vetustos cobiçam ser mais moços para curtir tudo que a vida moderna proporciona. É um tempo paradoxal em que os necessitados estão sem renda e anseiam consumir, e os abastados estão sem precisão, e mesmo assim esbanjam e consomem.

Toda geração exerce grande influência nas gerações seguintes. A Geração *Belle Époque* reconstruiu e construiu o mundo assolado por duas guerras mundiais. Os *Baby Boomers* lutaram por liberdade, sendo a primeira turma a conquistar o direito de ser jovem. Tida como competitiva, para a Geração X, tanto no universo corporativo quanto na escola e no entretenimento, o que vale é trabalhar, estudar, jogar e ganhar. A Geração Y nasceu com o desenvolvimento da tecnologia digital: os jovens Y são reputados como a turma do *joystick*. Eles derrubaram barreiras de espaço e tempo e se tornaram a primeira juventude literalmente global. A Geração Z descartou tudo que é analógico e prefere o digital. Não é uma galera apenas dominada pela tecnologia; é regida pela velocidade da tecnologia, razão pela qual estão sempre agitados e impacientes. A Geração Alpha não está conectada. Ela é conectada, nasceu conectada. Não realiza a separação entre o digital e a "vida real", fazendo com que tenham novas formas de se relacionar, de aprender e de experimentar o mundo à sua volta. Valorizam muito mais as experiências do que os objetos e os bens materiais.

A Geração Beta é a primeira geração a crescer num ambiente movido pela inteligência artificial generativa e eclosão da tecnologia digital cognitiva. Estas moldarão o modo como vivem, aprendem, se inter-relacionam, brincam e trabalham. Coabitarão em um mundo no qual os meios de comunicação são *deepfake*, técnica de inteligência artificial que foi apropriada para produzir desinformação, em outras palavras, proporciona uma das formas mais eficazes de enganar, por exemplo, colocar em vídeo pessoas que exprimem palavras, notícias, opiniões que nunca emitiram, até mesmo substituir rostos, criando, assim, situações deturpadas ou falsas. A verdade é que o advento da inteligência artificial generativa em larga escala se assimila às tecnologias que outrora definiram o comportamento das gerações pretéritas, como internet, *smartphone*, *big data*, entre outras, e moldará também as experiências de maioridade e de idade adulta. Um mundo artificialmente inteligente, único, em que os Beta terão que aprender a conviver, estudar e trabalhar.

6.1. Geração *Belle Époque*

Nasceram no período pós-Primeira Guerra Mundial (entre 1920 e 1945, conforme Tabela 6.1) e, portanto, experimentaram a destruição, o aniquilamento, o assolamento, a separação familiar, imigrações em busca do nirvana e trabalho, fazendo com que florescessem valores de compaixão e solidariedade. O término do conflito marcou o início de um contingente significativo de deslocados e refugiados de guerra. Foi assim que muitas famílias chegaram ao Brasil, buscando reconstruir suas vidas em uma terra que os acolheu com respeito e carinho, o que não significa que tiveram uma vida plácida e fácil. Reconstruir, restaurar, recompor a sociedade foi o grande mote e, para tanto, respeitar, acatar, reverenciar, cumprir regras, trabalhar, estudar (se possível), com muita dedicação e disciplina, passou a ser o foco dos jovens dessa geração.

"A Geração *Belle Époque* acreditava que a responsabilidade antecede o lazer, pois coabitaram em um período de imensas dificuldades, até mesmo para suprir as necessidades básicas."

A Geração *Belle Époque* acreditava que a responsabilidade antecede o lazer, pois coabitaram em um período de imensas dificuldades, até mesmo para suprir as necessidades básicas, razão pela qual se esforçavam para sustentar suas famílias. Estudar era para poucos. Aliás, no Brasil da *Belle Époque*, o título acadêmico se transformou no sonho de quase toda família. Mas nem tudo era dourado para a população, afinal a educação era seletiva e, por natureza, para poucos.

Profundas transformações marcaram o cotidiano da *Belle Époque*, associadas ao aparecimento de novas tecnologias, como telefone, cinema, bicicleta, automóvel, avião, entre outras invenções. Com seus cafés-concertos, balés, bistrôs, livrarias, teatros, *boulevards* e alta costura, Paris se tornou o centro mundial da cultura, inspirando e influenciando várias regiões do planeta. Simultaneamente, esse período testemunhou a escalada do socialismo organizado e dos militantes operários. Os confrontos criados por esse novo cenário e as controvérsias políticas então vigentes geraram um posicionamento marcado por extrema-direita e extrema-esquerda, que até nossos dias ainda divide o mundo.

A *Belle Époque* nos brindou com personalidades marcantes, nos aspectos tecnológicos, científicos, intelectuais e sociais, que ocasionaram preeminente influência cultural, como: Alberto Santos Dumont, a primeira pessoa a decolar em um avião motorizado; os irmãos franceses Auguste e Louis Lumière, pioneiros na arte de imagens em movimento e considerados os "pais do cinema"; Barão de Coubertin, idealizador dos Jogos Olímpicos modernos; Claude Monet, que coloriu o mundo com sua arte e é um dos principais nomes do impressionismo; Carlos Chagas, médico mineiro descobridor do protozoário *Trypanosoma cruzi*, causador da doença de Chagas; Machado de Assis, criador de Bentinho e Capitu, considerado o maior nome da literatura brasileira; e Albert Einstein, que desmitificou o entendimento do universo com sua Teoria da Relatividade. Além destes, muitos outros personagens deixaram seu legado. Os citados servem apenas para demonstrar o quão importante foi a querida Geração *Belle Époque*.

Geração que infaustamente está findando seu ciclo. Trata-se de uma afirmação com uma verdade enternecedora e melancólica, mas também de reconhecimento e agradecimento. São pessoas notáveis ou não, que escreveram uma bela história e que serão lembradas por ações memoráveis e atitudes épicas. Nasceram anônimas, mas se tornaram uma lenda. Falando especificamente do Brasil, contribuíram para a formação da identidade do povo brasileiro. Com sua força e motivação pelo trabalho, foram responsáveis por grande parte do desenvolvimento do nosso país. Adotaram e amaram esta terra como segunda pátria. Alguns chegaram fugindo da guerra, outros vieram com a esperança de "fazer a vida", atraídos pela riqueza natural, o clima e outras características que fascinavam e seduziam. Aportaram para trabalhar, construir, dividir sua cultura, derramar seu suor, com fervor, persistência, obstinação, dignidade e respeito. Disponibilizaram heranças que inspiram as novas gerações a sonharem mais, aprenderem mais, fazerem mais.

"A *Belle Époque* nos brindou com personalidades marcantes, nos aspectos tecnológicos, científicos, intelectuais e sociais, que ocasionaram preeminente influência cultural."

Cada ruga, cada traço nos rostos não são sinais de velhice, mas marcas de uma vida dedicada a reconstruir o mundo devastado por duas guerras mundiais. Não legaram apenas reconstrução, mas também construção, desatravancaram caminhos nas planícies, planaltos, montanhas e florestas; fundaram empresas; desenvolveram vilas e cidades; inventaram tecnologias que fizeram um mundo melhor. Imberbes com 78 anos ou mais, os últimos remanescentes de uma geração que deixará espólios não para as pessoas, mas nas pessoas, além de muitos ensinamentos que devem ser continuamente repassados para as próximas gerações.

Tudo na vida possui começo, meio e sucessão. Para essa geração que sonhou, que lutou, que chorou, que sorriu, que construiu, que reconstruiu, não existe fim. Encontra-se a esperança de um mundo cada vez mais solidário, ético e humano e que, a partir de agora, seremos os únicos responsáveis por sua evolução e revolução. Obrigado, Geração *Belle Époque*!

6.2. Geração *Baby Boomers*

Os *Baby Boomers* (nascidos entre 1946 e 1964) compõem uma parcela substancial da população mundial, notadamente nos países desenvolvidos, daí se afirmar que essas nações estão envelhecendo. Surgiram após o término da Segunda Guerra Mundial, quando as taxas de natalidade em todo o mundo dispararam, propiciando a denominação de *Baby Boomers*. Há muitas causas para esse acelerado aumento de nascimentos. Uma delas é o fato de que os casais esperaram até o final da guerra para ter filhos; outra, é que os soldados que voltaram para casa encontraram uma economia pujante e, ao se estabelecerem naquele novo mundo livre e em reconstrução, se sentiram motivados a terem filhos. Muitos filhos.

Não é factível descrever com precisão toda uma geração de pessoas, mas é plausível assinalar algumas características gerais dos *Baby Boomers* que são marcantes: eram contestadores e valorizavam os relacionamentos entre famílias e amigos; tinham foco em objetivos pessoais e profissionais; apresentavam confiança em si mesmos e em suas habilidades e competências. Essa geração testemunhou alguns dos maiores avanços tecnológicos da história e passaram a utilizar esses recursos em benefício próprio.

Com a sociedade sendo reconstruída no pós-guerra, foi a primeira geração a viver um período significativo de paz mundial, de relativa estabilidade política e econômica, e de um rápido crescimento da renda pessoal e melhoria dos padrões de vida correspondentes. Os jovens começaram a usufruir de um período muito melhor que seus antepassados. Na infância, os *Baby Boomers* receberam total apoio dos pais e criaram uma visão sonhadora, utópica, idealista de um mundo unido pelo amor. A educação daquela época foi de subordinação rígida. Aqueles que contestavam ou promoviam qualquer comportamento fora do padrão eram severamente punidos. Já aqueles que eram disciplinados, obedientes e comportados ganhavam como recompensa a aprovação em alguma instituição de ensino.

No Brasil, a educação universitária foi aberta aos filhos de uma emergente e pujante classe média, com currículo refletindo o interesse pelo crescente desenvolvimento econômico pelo qual o país passava. Entretanto, oferecia mais que conteúdos de matemática e ciências humanas. Pela primeira vez, um grupo de adolescentes mais maduros foi capaz de indagar, refutar e revisar doutrinas e dogmas consolidados das sociedades estabelecidas. As escolas ensinavam aos seus estudantes a importância de uma argumentação e contestação equilibrada. Essa liberdade

> "Os *Baby Boomers* foram os responsáveis por grandes transformações comportamentais. Atiraram pedras em vez de criarem *slogans* polissilábicos."

de inquirir criou um clima de rebeldia, contumácia, desobediência e uma aparente licença para forçar os limites e questionar as leis, os costumes e o militarismo estabelecido. Para os que ocupavam o poder, essa foi uma implicação perigosa da inquietação política liderada por jovens insurretos e ingratos, motivados por um colapso da obediência militar.

Essa vazão de sentimentos de liberdade foi unificada pelo surgimento de um movimento jovem em torno de uma inédita moda colorida e provocante e uma rebeldia quase natural que representava uma janela internacional mais ampla, transcendendo as fronteiras brasileiras. Surgiu, então, uma turma de contestadores que queria transgredir, violar todas as regras pela quebra de valores, como o amor livre, sexo, drogas, cabelos compridos e desarrumados. Inseguros, ansiosos, ávidos, impacientes, os *Baby Boomers* foram os responsáveis por grandes transformações comportamentais. Atiraram pedras em vez de criarem *slogans* polissilábicos, tiveram o prazer de desrespeitar as convenções, atacaram o que consideravam ruim, pleitearam, reclamaram, lutaram e conquistaram a liberdade de ir e vir.

Os *Baby Boomers* representaram uma geração idealista, sonhadora, com muito otimismo, racionalismo, espiritualismo, excessivamente egocêntricos, porém, paradoxalmente, com mentalidade de grupo. Consideravam-se uma admirável e extraordinária geração, merecedora de vastos monumentos. Ocupavam o papel social herdado da Geração *Belle Époque*, que havia desfrutado de uma reputação vitalícia de sabedoria e autoestima inexpugnável.

Acreditavam que o mundo poderia ser salvo pelo amor, afinal *all you need is love*. Abandonaram completamente a vida política, abraçaram os princípios de religiões orientais, como o budismo e o hinduísmo, viam a fusão do poder da flor, do psicodelismo e do carma espiritual com o auxílio de gurus indianos, monges Hare Krishna e uma postura irreverente ao estilo *hippie*. Eles contribuíram com o advento de um genuíno movimento de contracultura, que promoveu e defendeu as questões ambientais e a emancipação sexual. Aderiram também a um estilo de vida comunitário, uma espécie de socialismo libertário, um hábito de vida nômade e em comunhão com a natureza.

Em oposição ao consumismo, usavam roupas velhas com cores berrantes, espalhafatosas, naturalmente esbandalhadas e rasgadas. Utilizavam a música como instrumento de protestos, realizavam grandes festivais ao ar livre, consumiam muita droga e, graças à recém-acessível pílula anticoncepcional, praticavam o nudismo e o amor livre. O estilo musical era o rock psicodélico de Jimi Hendrix e Bob Dylan. No Brasil, surgia um sem-número de manifestantes com grande desejo de experimentar, discordar, refutar, protestar, mudar. Tinham como inspiração o *rock'n'roll* de Raul Seixas, Mutantes, Geraldo Vandré e dos tropicalistas Caetano Veloso e Gilberto Gil.

> "Os *Baby Boomers* ingressaram de corpo e alma no mundo do trabalho, aceitando que a organização determinaria sua evolução e crescimento na carreira e no efetivo planejamento de suas vidas."

Após o assassinato de John Fitzgerald Kennedy, em 22 de novembro de 1963, em Dallas, nos Estados Unidos, e da pesada repressão imposta pelo regime militar brasileiro, no final da década de 1960 e início da década de 1970, parte do idealismo, dos devaneios, das fantasias esmoreceu, perdeu-se. Os *Baby Boomers* ingressaram de corpo e alma no mundo do trabalho, aceitando que a organização determinaria sua evolução, avanço, crescimento na carreira e no efetivo planejamento de suas vidas. Em contrapartida, isso agradava às companhias, uma vez que mantinham o domínio e controle das linhas hierárquicas, das expectativas dos funcionários, e podiam contar amplamente com a lealdade de todos.

Amadurecidos, os *Baby Boomers* possuem renda consolidada e um padrão de vida estável. Apresentam preferências por produtos de qualidade e não se influenciam facilmente por outras pessoas. Passaram a acreditar firmemente que um bom estilo de vida depende de níveis elevados de educação. Mesmo já adultos, retornavam às escolas por entender que a educação era o melhor meio de ter um emprego garantido e/ou alcançar o crescimento na carreira. As escolas passaram a ter em suas salas de aula estudantes jovens e outros amadurecidos.

Atualmente, alguns *Baby Boomers* estão se aposentando, outros ainda estão sadios, capazes e motivados o suficiente para continuar a trabalhar e se divertir. Independentemente, todos estão investindo em atividades que antes não eram prioridades, como passar mais tempo com a família, os netos e viagens de lazer. Para eles, existe o tempo para semear e plantar; e existe o tempo de colher e aproveitar. É justamente isso que estão fazendo.

6.3. Geração X

Aproveitando as regalias e os direitos conquistados pelos *Baby Boomers*, a Geração X – formada pelos nascidos entre 1965 e 1980 – buscou o prazer sem culpas, afinal a vida é curta e passa celeremente. Viviam literalmente o que o poeta romano Horácio (65 a 8 a.C.) aconselhou em sua Odes (I, 11,8): *carpe diem quam minimum credula postero* (colha o dia, confia o mínimo no amanhã), que a Geração X deduziu, interpretou, adotou como um estilo de vida largamente difundido pela mídia, atrelado aos valores do consumismo como meios de obtenção de prazer.

Os *baby boomers* cresceram quando as instituições eram fortes e os indivíduos fracos. Os X amadureceram quando as instituições ficaram fracas e os indivíduos fortes. Rebelaram-se com o comportamento dos *Baby Boomers*, corrigiram os excessos hipersensíveis, cujas cruzadas barulhentas não faziam mais sentido em uma era de individualismo puro. Cínicos, orgulhavam-se da autoconfiança, rejeitavam a complexidade em favor do resultado final. Executaram o que os *boomers* não fariam ou não poderiam realizar; aprenderam a se tornar um agente livre, a confiar tão somente em seu pequeno círculo de amizades e perseguir as realidades tangíveis da vida.

Os jovens X cresceram em meio a mutações no ambiente familiar, como as mães que passaram a integrar o mercado de trabalho. Assim,

"Os jovens X cresceram em meio a mutações no ambiente familiar, como as mães que passaram a integrar o mercado de trabalho."

tiveram mais independência e responsabilidade dentro de suas casas, razão pela qual são consideradas mais práticas e focadas em buscar uma vida equilibrada dentro e fora do lar. Uma geração que preza pela individualidade e independência sem perder a convivência grupal. Mais madura, escolhe qualidade em vez de quantidade, briga por seus direitos e possui maior preocupação com as gerações futuras.

Fortemente influenciada pelo avanço do marketing e da publicidade, carrega o fardo de ter crescido durante o florescimento do *downsizing*, modelo de gestão incentivado pelo modismo da reengenharia corporativa de Michael Hammer e James Champy. No contexto nacional, cresceu em meio ao período do Golpe Militar, da censura, dos atos institucionais que robusteceram a ditadura e impuseram a cultura do medo. Essa prática foi aplicada sistematicamente pelo terrorismo de Estado que floresceu no Brasil, Argentina, Chile e Uruguai entre as décadas de 1960 e 1970. É provável que, devido a toda essa conjuntura, a Geração X seja comumente mais resistente às mudanças.

Não obstante existisse internet, seu uso ocorria somente nos ambientes empresariais, como redes bancárias e financeiras. Com a criação do sistema *World Wide Web* (www) pelo incrível físico e cientista inglês Tim Berners-Lee, a rede de computadores se tornou disponível para a população comum. No entanto, não era alcançável para todos, fazendo com que parte da Geração X não possuísse o acesso imediato. Esse ingresso superficial, no princípio, foi determinante para a relação dos jovens X com a tecnologia. Enquanto as gerações posteriores utilizam *tablets* e *smartphones*, a Geração X tende a preferir o computador, além de se comunicar por meio de *e-mail* e telefone, deixando a utilização da rede para entretenimento. É uma geração mais preocupada com a saúde, o que não expressa que seja mais saudável. Ademais, é a geração que mais se informa e acompanha notícias, pois cobiça saber o que está acontecendo ao seu redor e no mundo em geral.

Diferente do idealismo dos *Baby Boomers*, a Geração X é individualista, menos confiável, pouco transparente, mais preocupada com seus interesses pessoais. Sua infância foi testemunha do aumento dos índices de divórcio e muitos viveram em famílias desfeitas ou foram criados por apenas um dos pais. Cresceram preferindo a racionalidade aos sentimentos, elegendo o pragmatismo à subjetividade. Uma geração que observou o mundo se globalizar, criando uma maior autonomia do indivíduo. Isso, por sua vez, trouxe mais competitividade, menos solidariedade e, como consequência, maior isolamento. Essa lenta desintegração da comunidade, do coletivo e da família e o aumento de uma implacável autoafirmação chegaram numa hora em que pressões econômicas e sociais exigiam mais (e não menos) cooperação e envolvimento.

Considerando que a sociedade não estaria mais disposta ou seria incapaz de oferecer uma zona de conforto, os jovens X são mais confiantes em si mesmos, porém são mais cínicos e desconfiados em relação a qualquer autoridade. A marcante visão tecnicista nas relações de trabalho e nos negócios fez com que mudassem radicalmente suas concepções e comportamentos. Com alta capacidade de adaptação, de empreendedorismo, justamente por não confiarem mais nos outros, tornaram-se cada vez mais especializados em tecnologias.

Voltados a entender de múltiplos assuntos, trata-se de indivíduos bem-informados, mas de escassa educação humanista. Tudo lhes interessa; porém, a maioria de maneira superficial. Não são capazes de ter senso crítico e muito menos de fazer uma síntese daquilo que percebem. São indiferentes e não se aferram a nada. Também não têm verdades absolutas, nem crenças firmes. Só desejam toneladas de informação, embora, muitas vezes, não saibam o que fazer com elas.

À primeira vista, um integrante da Geração X é uma pessoa airosa, atraente, dinâmica, arrojada, enérgica, jocosa e divertida. No entanto, se observado mais detalhadamente, oferece uma verdadeira imagem: um ser vazio, egoísta, materialista, evasivo e contraditório. Não é religioso nem ateu; construiu uma forma particular de espiritualidade, segundo sua própria perspectiva. É ele quem decide o que está bem e o que está mal. Seu sonho de eternidade começa por uma satisfação materialista, como dinheiro, poder, fama, e termina fabricando uma ética à sua medida.

A boa notícia é que a Geração X amadureceu, parece estar cansada, entediada, enfastiada, chegando à conclusão de que o progresso material não pode satisfazer sozinho as aspirações humanas de felicidade e bem-estar. Assim, aos poucos, vai se tornando uma pessoa mais elevada, sublime e digna. Quer ser mais culta para ser mais livre, criar um espaço efetivo onde caiba o material, o emotivo e o cultural. Tudo isso para ajudar-lhe a obter a felicidade, sempre difícil e cara, se existe unidade e sentido.

> "A Geração X está descobrindo que a fórmula para o sucesso na vida repousa numa combinação bem temperada de pensamento racional agudo, com controle e autoconhecimento emocional."

A Geração X necessita e quer ir em direção à compreensão de que precisa de algo mais. Demanda ter empatia, colocar-se no lugar do outro, tentar ficar em seu lugar, entender e controlar suas emoções. Está descobrindo que a fórmula para o sucesso na vida repousa numa combinação bem temperada de pensamento racional agudo, com controle e autoconhecimento emocional.

Ao quebrar paradigmas e movimentar a economia de maneira inimaginável, foi a primeira geração a vivenciar o estresse e a ansiedade de forma mais acentuada, por acreditar que poderia ter sucesso em todos os campos, devido às oportunidades que as gerações anteriores não desfrutaram. Tiveram boa educação, crescimento no mercado de trabalho, vida social ativa e interessante, bem como autonomia para decisões relevantes, como casar e ter filhos.

> "A angústia passa a ser uma companheira quase inseparável da Geração X. Somado a tudo isso, a tecnologia e as redes sociais e de relacionamentos inverteram a regra de coexistência."

O professor e filósofo Mario Sergio Cortella define essa amadurecida Geração X como a geração da angústia, relacionando-a com a forte sensação psicológica caracterizada por aflição, agonia, sufocação, insegurança, falta de humor, sentimento de dor e sensação de perda. Tudo isso tem relação com o fato de que esse grupo está no olho de uma crise de identidade entre o materialismo e o espiritual, entre o coletivo e o individualismo. Martin Heidegger (1889-1976), filósofo alemão, dizia que "a angústia é o único sentimento sem objeto"[4]. É uma sensação do nada; tudo é fútil, banal, solitário, oco, que não se dirige a ninguém.

Devido a uma brutal restrição combinada com a pressão do dia a dia, a falta da importante convivência com a família e os amigos e a sensação de ter de ficar cuidando apenas do urgente (deixando o importante de lado), a angústia passa a ser uma companheira quase inseparável da Geração X. Somado a tudo isso, a tecnologia e as redes sociais e de relacionamentos inverteram a regra de coexistência, conforme bem salientado por Cortella: "antes éramos todos perto e ninguém junto; agora somos todos juntos e ninguém perto".

Essa é uma geração que confunde a necessidade de velocidade com pressa. Nas palavras de Cortella, "a pressa requer deixar as pessoas em estado de tensão permanente, enquanto a velocidade é deixá-las em estado de pressão contínua". Sempre apressados, os integrantes da Geração X não ficam apenas cansados, abatidos, deprimidos sob essa tensão que vem em forma de objetivos e metas. Tornam-se também estressados, e esse estresse é repassado e cobrado dos filhos, que vão para a escola e descarregam toda a tensão,

---

4. VASCONCELOS, A. C. P.; PENA, B. F. Angústia: o afeto que não engana. *Reverso*, v. 41, n. 78, p. 27-33, dez. 2019. Disponível em: http://pepsic.bvsalud.org/scielo.php?script=sci_arttext&pid=S0102-73952019000200003&lng=pt&nrm=iso. Acesso em: 5 mar. 2024.

aflição, inquietação na forma de um comportamento inadequado na sala de aula.

Trata-se de uma geração que gosta de variedades, de não fazer as mesmas atividades todos os dias e que acredita que a melhor maneira de garantir a empregabilidade e trabalhabilidade é com o somatório de informação, aprendizados e novas habilidades. Sim, essa é uma geração que tem sede de conhecimento. Gosta de aprender por tentativa e erro com muita autoconfiança e espírito empreendedor. Desafia frequentemente o *status quo*, sempre buscando uma melhor forma de realizar algo. Quer *feedback* e *feedforward* regulares e frequentes e está apta a estabelecer desafios a respeito de como fazer as tarefas de maneira distinta, razão pela qual há constantemente melhores alternativas.

Definitivamente, em sua trajetória da adolescência para a maturidade, a Geração X estabeleceu um novo código de relacionamento e comportamento. Agindo até com boa dose de razão, com pirronismo, descrença, ceticismo em relação às autoridades, juízes e governos influenciam seus filhos a considerar vulnerável qualquer tipo de liderança, inclusive a escola. Com sede de autossuficiência, priorizou o trabalho. A consequência foi o declínio das relações familiares, fazendo com que o casamento não significasse mais uma relação imutável e perpétua. A separação passou a ser um importante instrumento de liberdade de escolha e o divórcio deixou de ser visto como algo proibido e pecaminoso.

"A geração X é afoita, agressiva, ousada, atrevida, petulante, ativa. Não tem medo de encarar desafios, mas grande dificuldade de aceitar fracassos e assumir seus erros."

Todos esses aspectos da Geração X influenciaram enormemente a Geração Y, que, aliada à tecnologia, ao mundo digital, desenvolveu e cultivou os traços e características de uma geração que está tirando todo mundo do sério. Uma geração afoita, agressiva, ousada, atrevida, petulante, ativa, que não tem medo de encarar desafios, de se expressar e tem grande dificuldade de aceitar fracassos e assumir seus erros. Aliás, um tormento para todos os envolvidos com a educação.

Hodiernamente, a Geração X empenha-se em beneficiar-se da condição econômica pessoal favorável de maneira intensa com um alto poder de consumo. No entanto, preocupa-se em alcançar o equilíbrio entre a vida pessoal e a profissional. Sonham em ser empreendedores e donos de seu próprio negócio. Incorporaram valores de outras gerações e, assim, passaram a transitar entre distintos grupos geracionais anteriores e posteriores. Continuam se inquietando com o sucesso dos filhos e com o mundo para o qual os estão criando, além de se atentarem com o próprio futuro após a aposentadoria. Como característica contemporânea, utilizam intensamente as mídias e redes sociais para compartilhar experiências e formar opiniões acerca de pessoas, produtos, serviços e empresas.

6.4. Geração Y ou *Millennials*

É muito provável que um membro da Geração Y – formada pelos nascidos entre 1981 e 1996 – o tenha aborrecido, enfastiado, irritado. Pode ser aquele jovem que escreve *e-mails* inadequadamente informais para seus superiores e, de certo modo, ainda não sabe como compor uma verdadeira redação. Ou talvez aquela garota que sempre está conectada, ocupada, *on-line*, conversando, interagindo com amigos virtuais. Nunca demora para as refeições e, quando chega, continua digitando mensagens para os mesmos colegas em seu *smartphone*. Ou ainda aquele companheiro de trabalho que, de maneira mal-educada, em reunião, de repente tecla mensagens enquanto você está falando, e você fica em dúvida se continua o discurso ou se espera que ele termine a digitação.

"Utilizando todos os meios tecnológicos disponíveis, os *Millennials* se tornaram a primeira geração realmente global e também a mais plural de todos os tempos."

Tempos atrás, eu estava em um boteco estilo mineiro e, sentados à mesa ao lado, quatro *Millennials* estavam aparentemente realizando uma comemoração. O que me chamou a atenção é que, em grande parte do tempo, o quarteto estava mergulhado em seus *smartphones*, passando e lendo mensagens ou fitando as redes sociais. Fiquei mais intrigado ao observar que eles estavam escrevendo recados ao amigo que se encontrava, literalmente, ao lado ou à sua frente. Essas atitudes nos dão a certeza de que esses mancebos são diferentes, não melhores ou piores, simplesmente díspares. Eles estudam, trabalham, escrevem o "internetês", aprendem, interagem um com o outro de maneira divergente daquela dos membros da Geração X quando tinham a idade deles. Fazem amizades e até namoram *on-line* antes de se conhecerem pessoalmente. Não se utilizam de biblioteca, perscrutam todas as informações úteis ou banais nos *sites* de busca, ouvem músicas e assistem a vídeos em *streaming*.

Utilizando todos os meios tecnológicos disponíveis, os *Millennials* se tornaram a primeira geração realmente global e também a mais plural de todos os tempos. Um pluralismo que garante a essa juventude, mesmo individualista e com tantas diferenças, reconhecer-se, participar ativamente de uma expandida rede social que resulta em um grande número de relacionamentos pessoais efêmeros. Dessa forma, criam laços muito frágeis e fracos.

Acreditam em um mundo não bipolarizado, adotam uma cultura participativa, mentalidade de integração (e não de segregação), ideias e conceitos abertos, flexíveis, múltiplos e buscam a criação coletiva. Querem seu próprio modo de se relacionar; derrubam as barreiras físicas e a linearidade de tempo e espaço; fazem com que pequenas ações cheguem a auferir grandes amplitudes; possuem laços fracos em suas amizades; não respeitam e quebram continuamente hierarquias; dispõem de grande capacidade de provocar movimentos coletivos.

Ao contrário de seus pais e avós, os jovens Y são mais realistas. Seus grandes ídolos são pessoas comuns que realizam pequenos e possíveis sonhos. Consumistas ao extremo, participam ativamente da nova economia comandada por *opensource* (código-fonte aberto e livre para qualquer pessoa) e *crowdsourcing* (modelo coletivo de terceirização aberta e compartilhada, com o propósito de reunir pessoas para realizar uma tarefa, desenvolver um projeto ou solucionar um problema). Eles têm tanto poder para moldar o comportamento consumista quanto aquilo que o alemão Max Weber denominou de "ética protestante"[5] possuía para esculpir a cultura empreendedora e acumular riquezas em sua época.

"Millennials são jovens que cresceram num mundo digital, em que o imediatismo e a energia levam a um anseio por informações."

Weber imortalizou a teoria que mostra a diferença entre as sociedades protestantes e as comunidades católicas no que diz respeito à ética econômica. O catolicismo exigia que o homem fosse para fora do mundo, enquanto Lutero e Calvino pleiteavam que a salvação estava dentro do mundo. Para consegui-la, bastava fazer algo mundano e comum a todos. Foi criada a "ética do trabalho". Trabalhar, trabalhar, trabalhar para glorificar a Deus. O trabalho gera riqueza, a riqueza é acumulada, germina patrimônio, aumenta o capital e isso o mantém jovem. Surge, então, o espírito do capitalismo como resultado não intencional da ética dos luteranos e calvinistas do século XIX. Certamente esteja nessa veridicidade um dos motivos de os Estados Unidos ser uma nação ultradesenvolvida, enquanto o Brasil é um país subdesenvolvido.

Alguns representantes das mídias de comunicação retratam os *Millennials* como uma geração triste, superpermissiva, ultraprotegida, supraestimulada. Na verdade, são jovens que cresceram num mundo digital, em que o imediatismo e a energia levam a um anseio por informações. São insaciáveis, vivem para os excessos, forçam situações ao extremo. São questionadores, desafiadores, criativos, vibrantes. Querem e esperam muito mais que as gerações anteriores. Passam grande parte da vida sem distinguir entre o *on-line* e o *off-line*. Em vez de tratarem sua identidade digital e real como elementos separados, vivem com apenas

---

5. WEBER, M. *A ética protestante e o espírito do capitalismo*. São Paulo: Martin Claret, 2013.

uma identificação no espaço real, com representações em dois, três ou mais ambientes distintos.

Os jovens Y são unidos por um conjunto de práticas comuns, incluindo a quantidade de tempo que passam conectados, a linguagem, a forma como se expressam e se relacionam uns com os outros. Assim é também com o padrão de uso da internet – para ter acesso e utilizar informações, criar novos conhecimentos e formas de arte – e a tendência para as multitarefas.

Os *Millennials* estão apenas a um clique das respostas que procuram. Não conhecem nada além de uma vida conectada ao mundo dos *bits* por intermédio da internet. Para eles, as recentes tecnologias digitais – computadores, *laptops*, *smartphones*, *tablets* – são os principais mediadores das conexões de pessoas com pessoas. Criam uma rede 24/7, que mistura o humano com o técnico em um grau nunca antes visto e que está transformando os relacionamentos entre pessoas de maneira drástica.

Os jovens Y não somente cresceram em uma época de profundas transformações, como também sob um ritmo de mutações jamais visto, que resultaram em oportunidades de aprendizado. O tempo deles é agora. Os relógios são tão somente adereços em seus pulsos porque, graças ao advento da banda larga, estão *on-line* ininterruptamente, 24 horas por dia, sete dias por semana. Possuem acesso instantâneo aos dados e informações; nunca conheceram o mundo sem tecnologia digital. Vivem de maneira natural tanto nos espaços virtuais quanto nos analógicos; não encaram a vida híbrida como algo notável.

Os Y são extremamente imaginativos. Não é possível afirmar se são mais ou menos inventivos que os das gerações anteriores, mas certamente se expressam criativamente de forma muito distinta. Perceberam que a informação é maleável, algo que podem controlar, reconfigurar de maneira inédita e interessante. Isso ex-

> "Os relógios são tão somente adereços nos pulsos dos jovens Y, porque, graças ao advento da banda larga, estão *on-line* ininterruptamente, 24 horas por dia, sete dias por semana."

pressa poder editar seu próprio perfil, postar suas fotografias e vídeos nas redes sociais, seus verbetes na Wikipédia, escolher uma música, filme ou série em *streaming*. Descobriram que podem usar esse espaço conectado para criar e consumir notícias, espalhar ideias, convocar movimentos, sugerir entretenimentos. Constataram que conseguem, virtualmente, todas as informações de que necessitam para viver suas vidas.

Pesquisar, para as gerações anteriores, consistia em uma passagem pela biblioteca, o manuseio de um catálogo ou compêndios de enciclopédia com páginas amareladas, a resolução de um quebra-cabeça do sistema decimal Dewey ou CDU para encontrar um livro e retirá-lo da prateleira. Para esses jovens Y, pesquisar expressa fazer um rastreio em um mecanismo de busca ou uma passagem pela Wikipédia. Quando necessitam de informação, simplesmente abrem um *browser*, digitam um termo de perquirição, mergulham em hipertextos até encontrar o que desejam. Os educadores até logram ter dúvidas se essas transmutações são boas ou ruins, mas de uma coisa não podem duvidar: elas serão perduráveis.

Os jovens Y procuram informações fáceis e imediatas, escolhem arquivos e livros digitais, teclam em vez de escreverem, vivem em redes de relacionamentos, compartilham tudo: dados, fotos, hábitos, conteúdos pessoais, que muitas vezes ganham instantaneidade, dimensões exponenciais e celeremente se transformam no que o escritor queniano Clinton Richard Dawkins denominou de "memes globais na internet"[6].

Para os educadores, esses vigentes modos de viver dos *Millennials* são motivos de apreensões. Eles têm ideias distintas das gerações anteriores quando se pensa em privacidade. Ao passarem tempo em excesso no ambiente digital, estão deixando mais vestígios de si mesmos nos locais públicos virtuais. Na melhor das hipóteses, mostram o que aspiram ser

---

6. BROWN, H. O poder surpreendente dos memes da internet. *BBC Future*, 22 out. 2022. Disponível em: https://www.bbc.com/portuguese/vert-fut-63304815. Acesso em: 5 mar. 2024.

e colocam suas *selfies* mais criativas diante do mundo. Na verdade, estão postando informações *on-line* que podem colocá-los em perigo ou poderão prejudicá-los ou humilhá-los no futuro.

As mídias e as redes sociais permitem que a Geração Y faça muitos colegas ao redor do mundo, criando uma inaudita noção de tempo e de espaço. Para as gerações anteriores, brincar e/ou jogar com os amigos e vizinhos consistia em atravessar a rua. Para um jovem Y, atravessar a rua pode exprimir cruzar oceanos a partir de uma estrada formada por emaranhados de fibras ópticas, redes digitais e virtuais.

Os educadores experimentam grande dificuldade em compreender o que os *Millennials* estão expondo. Essa geração requintou um modo não linear de pensar, incrementou velocidade na comunicação, abreviando palavras, reduzindo frases que refletem exatamente a linguagem da internet, em que uma infinidade de temas e assuntos podem ser acompanhados simultaneamente. Para essa juventude, o normal é saber e ver muitos conteúdos ao mesmo tempo, portanto, é corriqueiro conceber mapas mentais, fazer observações, formular hipóteses, definir estratégias, participar de múltiplas atividades ao mesmo tempo e responder rapidamente a estímulos inesperados.

Se comparada às anteriores, a Geração Y é mais aberta, ousada, ativa, participativa, atrevida. Suas amizades não são delimitadas pela geografia. Os relacionamentos, muitas vezes, são conseguidos por meio de mídias sociais e de aplicativos. É uma turma que não tem medo de encarar desafios, de se expressar quando tem ideias e de "chutar o balde" se for contrariada. Com essa confiança peculiar e desembaraçada, somada a um orgulho latente, os jovens Y possuem mais facilidade de assumir riscos e expor seus pontos de vista.

Os pais lhes disseram e eles acreditaram que podiam conseguir tudo o que cobiçassem, desejassem, ambicionassem, assim, criaram a geração que reclama de tudo e por nada. Tiveram infinitas oportunidades de se capacitar por meio de atividades extracurriculares, o que os deixou naturalmente autoconfiantes, motivados em atingir seus propósitos, objetivos e metas. Porém esperam que tudo lhes caia no colo e, com isso, superestimam as próprias capacidades, querendo deixar seu legado a qualquer custo. Por tudo isso, é uma geração que tem grande dificuldade em aceitar fracassos. Aliás, quando cometem algum erro, a culpa é constantemente direcionada a um terceiro, ou por ele próprio, ou pela superproteção dos pais.

São os "drones paternos", aqueles pais que flutuam sobre seus filhos entendendo que estão agindo pelo bem deles e com o intuito de protegê-los. No entanto, ao agirem assim, acabam bloqueando seu crescimento e sua capacidade de aprender com os erros. Esse tipo de comportamento deixa os educadores perplexos e temerosos com o futuro desses estudantes, afinal, como formar um profissional que deverá agir, discernir, escolher, tomar decisões em suas áreas de atuação se, metaforicamente, seus pais preparam a merenda, os acordam e os vestem pela manhã.

Nenhuma geração na história foi tão desejada e apreciada quanto os *Millennials*. A Geração X adotou uma cultura integralmente focada nos filhos, com influência marcante nas decisões pessoais e de futuro de seus pupilos, promovendo uma infância que se prolonga após a adolescência. Os drones paternos têm dificuldades de largar e deixar os filhos viverem e tomarem suas decisões, afinal eles dedicaram muito tempo, energia, amor, carinho e dinheiro na criação de seus pupilos perfeitos. Apesar das boas intenções, perderam a noção de que educar para a vida é fazer os filhos voarem sozinhos, serem independentes, aprenderem com os próprios erros. Na verdade, estão fazendo um desserviço para esses jovens quando os levam a acreditar que, só porque são especiais para os pais, o resto do mundo os tratará da mesma forma.

O fator mais relevante de tudo isso é que, embora os pais não meçam esforços para proteger os filhos, influenciando (ou pelo menos tentando influenciar) em suas escolhas, a Geração Y está criando sua própria identidade, tendo a transgressão, a desobediência e o desrespeito como ferramentas de inovação. A busca da satisfação imediata de seus sonhos é uma forma distinta de gerar expectativas. Essa geração está alterando os conceitos de aprendizagem, de autoconhecimento, de empatia, de comportamento e de relacionamento interpessoal.

Muitos especialistas destacam o desejo dos *Millennials* de contribuir para uma sociedade melhor, com respeito à ética, à diversidade, ao diferente, porém sem se deixarem iludir por abordagens radicais ou revolucionárias à mudança social. Querem perseguir novas experiências, priorizar trabalhos e ocupações que satisfaçam suas paixões, em vez de oferecer apenas segurança financeira. Não são tão altruístas quanto as gerações de seus pais e avós. Motivados pelo uso intensivo das mídias sociais, caracterizam-se por preferirem o trabalho em equipe, mas também anseiam por mais interação com os gerentes e diretores, exigindo equilíbrio saudável entre trabalho e lazer.

Um estereótipo incorreto sobre os jovens da Geração Y é que saltitam compulsivamente de um emprego para outro. Na realidade, tendem a passar um período longo, desde que estejam de acordo com seus propósitos e sonhos. Diferente da Geração X, preferem fazer um trabalho mais significativo a seguir um percurso profissional mais rápido até o topo, porém sem uma brecha para o lazer e uma qualidade de vida saudável.

Os autores americanos Neil Howe e William Straus, emblemáticos na mobilidade de determinar e nominar as gerações, assinalam que o termo *Millennials* surgiu porque seriam os primeiros jovens a se graduar na virada do milênio. Já o termo Geração Y foi utilizado por ser uma letra que vem depois do X.

Adaptados aos grandes avanços da tecnologia e em época de economia estável, os *Millennials* foram intensamente mimados desde pequenos. Os pais, a maioria da Geração X, que tinham uma carga horária de trabalho alta e, portanto, pouco tempo para os pupilos, para compensar essa lacuna, criaram seus filhos com muitos presentes, estímulos de atividades variadas e tarefas múltiplas. Habituados com a celeridade para conquistar o que querem, os jovens Y raramente se sujeitam às atividades subalternas quando adentram no mundo do trabalho. Além disso, exigem maiores salários desde cedo, tornando-se um tormento para os gestores e educadores.

O propósito desses jovens Y não será desmantelar arcaicas instituições que não funcionam, mas construir novas que terão êxito. Suas atitudes representam uma acentuada ruptura com os paradigmas da Geração X e estão indo na contramão das tendências lançadas pelos *Baby Boomers*. Na verdade, estão propondo uma longa lista de suposições comuns sobre o que a juventude pós-moderna deve realizar.

"Nas gerações anteriores, quando os pais desejavam castigar seu pupilo, mandavam-no para o quarto, pois não havia o que fazer. Hoje, se quiserem punir um jovem *Millennial*, basta intimá-lo a sair do quarto."

Apesar de demonstrarem preocupações com o meio ambiente, a ecologia e a sociedade, os jovens Y nasceram em uma fase pós-utópica, de florescentes mutações de ideologias políticas, existenciais e, ao mesmo tempo, precisando conviver com uma cultura de competição insigne e individualismo extremada. Não obstante, são otimistas e gostam do mundo em que estão vivendo. Não manifestam a mesma politização das gerações anteriores e, como dispõem e consomem dados, notícias e informações em larga escala, não conseguem se aprofundar e se especializar em nenhum tema, além de se esquecerem de tudo que leem ou ouvem com grande rapidez.

A geração Y funciona na base da movimentação externa, ou seja, possui constante necessidade de elogios, recompensas tangíveis, *feedbacks* imediatos. Cresceram com a ideia de que são importantes e merecem reconhecimento independentemente do que façam, criando, assim, fortes conflitos com professores e colegas de escola. Seus quartos estão repletos de toda quinquilharia tecnológica possível. Nas gerações anteriores, quando os pais desejavam castigar seu pupilo, mandavam-no para o quarto, pois não havia o que fazer.

Hoje, se quiserem punir um jovem *Millennial*, basta intimá-lo a sair do quarto.

As redes e a dinâmica das relações digitalizadas vêm provocando inéditos modos de pensar, interagir, viver, aprender e atuar. Essa interatividade, fluidez, dinamicidade, interdependência da cultura atual proporcionaram à Geração Y uma distinta concepção de espaço, de tempo, de ação. A comunicação é a variável determinante desse processo. O rápido desenvolvimento da tecnologia acelerou a velocidade da comunicação e vem modificando celeremente o tipo de linguagem, criando obstáculos à capacidade de adaptação das metodologias de ensino, desenvolvimento e aprendizagem.

Essa forma de comunicação gerou um clima de impaciência entre os educadores, notadamente pelo fato de estarem testemunhando um declínio da linguagem escrita formal à medida que a locução

> "Os jovens Y estão tão acostumados a escrever/digitar/teclar de forma abreviada que a capacidade de se comunicar formalmente por escrito se deteriorou rapidamente."

eletrônica ganha força. Os jovens Y estão tão acostumados a escrever/digitar/teclar de forma abreviada que a capacidade de se comunicar formalmente por escrito se deteriorou rapidamente. A falta de leitura e a preferência pela comunicação digital também contribuíram para um célere declínio da comunicação oral básica. A informalidade invadiu os diálogos do dia a dia e, por conta disso, surgiram diversos dialetos e conflitos entre culturas de distintas gerações. Brotam mal-entendidos, confusões e desavenças por conta de docentes que não aceitam a linguagem utilizada pelos jovens Y, causando desmotivação nos discentes.

Geralmente a motivação do estudante Y é uma mistura de objetivos intrínsecos e recompensas extrínsecas, combinados com fatores psicológicos, como desafios, medo e necessidade de agradar. Se fortes o suficiente, tais intuitos podem empurrar e, de fato, impelem os discentes para uma aprendizagem eficaz. No universo da educação, proporcionar motivação tem sido, portanto, um dos principais papéis dos docentes. Os professores são frequentemente avaliados e lembrados por serem ou terem sido bons incentivadores, caso contrário, são substituídos. É algo similar ao que faziam os aprendizes da Idade Média com os mestres que não conseguiam responder às questões disputadas.

Como educadores, temos também outras sérias e importantes preocupações. Se, de um lado, existe uma parcela de jovens altamente conectados com o mundo digital, de outro, temos uma grande quantidade de nativos digitais que estão crescendo sem contato direto com o mundo da tecnologia. Há um enorme abismo entre os primeiros e aqueles que, mesmo nascidos na era digital, não estão aprendendo nem vivendo da mesma maneira. E não são poucos. Há milhares, ou quem sabe milhões, de brasileirinhos para os quais são meras abstrações os problemas comportamentais, de formação, de aprendizagem que os nativos digitais estão enfrentando.

> "Se, de um lado, existe uma parcela de jovens altamente conectados com o mundo digital, de outro, temos uma grande quantidade de nativos digitais que estão crescendo sem contato direto com o mundo da tecnologia."

Cada educador deve estar atento ao impacto do abismo da participação. O mundo digital oferece inéditas probabilidades para aqueles que sabem, conhecem e podem aproveitá-las. Essas oportunidades possibilitam outras formas de aprendizagem, criatividade, empreendimento e inovação. No entanto, ainda existem desconfortos com a divisão digital, marcada pela separação entre aqueles que possuem e os que não possuem acesso à rede. E esse problema se torna ainda mais desafiador quando percebemos que a disponibilidade das tecnologias digitais cognitivas é insuficiente.

Diante disso, as escolas precisam se preocupar em desenvolver a alfabetização digital, melhor dizendo, potencializar nos analfabetos digitais e garantir a eles as habilidades necessárias para navegar neste mundo complicado e híbrido em que seus pares estão crescendo. Com o passar do tempo, os custos por deixar sem atenção esse fosso poderão ser mais proeminentes do que aquilo que estaríamos dispostos a suportar.

O fato é que estamos em uma encruzilhada. Há dois caminhos factíveis diante dos educadores: o primeiro é destruir o que é ótimo na internet e na maneira como os jovens *Millennials* a utilizam para interagir, estudar e aprender. Outro é adotar, se adaptar, fazer escolhas inteligentes e se encaminhar para um futuro brilhante da educação da Quarta Revolução. As apostas das ações e escolhas são muito altas. A seleção que se está fazendo agora irá reger a maneira como os *Millennials* irão esculpir suas identidades, proteger suas privacidades, estudar, aprender, moldar as informações, responsabilizar-se por suas ações.

O medo é a maior ameaça que os educadores enfrentarão para escolher qual caminho seguir quando se trata de entender o potencial da tecnologia digital cognitiva. Têm-se legítimas razões para se agoniar com o ambiente digital e com quem os jovens Y estão passando parte do seu tempo. Também se deve atentar ao perigo de os educadores ficarem em descompasso com os estudantes nativos digitais, uma vez que a maneira como se ensinava está cada vez mais arcaica, obsoleta e ineficaz.

Ao moldar soluções pedagógicas para os problemas do ensino, desenvolvimento e aprendizagem *on-line* que estão surgindo, não é imperioso perscrutar paradigmas radicalmente inauditos. Com frequência, algumas das antigas soluções que resolveram problemas similares no passado podem funcionar também na era digital cognitiva. Essas soluções certamente envolvem docentes, pais e o bom senso.

Apesar da incerteza inerente à previsão do futuro, agora é o momento – como pais, professores, educadores e formadores de políticas – de modelar – sem causar danos – a estrutura, os processos de ensino, desenvolvimento e aprendizagem. Em muitos casos, com o crescimento da criatividade *on-line*, essas tendências indicam oportunidades que se deve aproveitar.

"Deve-se atentar ao perigo de os educadores ficarem em descompasso com os estudantes nativos digitais, uma vez que a maneira como se ensinava está cada vez mais arcaica, obsoleta e ineficaz."

O fato é que toda essa história de digitalização está explodindo em torno dos educadores a uma velocidade sem precedentes. A má notícia é que não há respostas fáceis para o quebra-cabeça de como a Geração Y está conduzindo suas vidas e para o problema do abismo da participação dos analfabetos digitais. A boa notícia é que podemos nos adaptar e fazer muitas coisas para que esses jovens *Millennials* cresçam. Cada educador tem e terá um papel a desempenhar na solução desses problemas. E, mais importante, é preciso preparar os jovens Y para seguir o caminho para um futuro brilhante, vitorioso e deslumbrante.

No tempo atual, os jovens Y vivem em profunda simbiose com a tecnologia. Ainda que pareçam solitários, estão sempre conectados, já que superaram as barreiras físicas e compartilham seus interesses e preferências com pessoas de todo o planeta. São um tormento para seus gestores, pois querem "viver a vida", razão pela qual a conciliação entre o profissional e o pessoal é relevante. São inconformistas, aprenderam que podem conseguir tudo. Com a internet, descobriram uma maneira de se autoformar. Para eles, as fronteiras nacionais não são um limite. Por serem globais, estão acostumados a interagir com muitas culturas e diferentes pessoas. Uma geração única e criativa, vivenciaram e vivenciam mais acontecimentos, ocorrências e eventos que as outras, pois suas fontes são mais amplas e repletas de dados, informações e conhecimentos.

6.5. Geração Z

Todos conhecem aqueles adultos que se comunicam com seus bebês com um linguajar espampanante e hiperbólico, supostamente deles. Agora, imagine essas crianças crescerem em um mundo em que os mais velhos instituem uma "cultura jovem" e a mercantilizam, empenhando-se para que realizem as coisas de acordo com o que eles apreciam. Adaptam--na ao seu linguajar e clichês, comercializam-na em suas mídias, fazem adquirir seus produtos e serviços e depois as condenam. Apesar de tudo isso, esses mancebos são menos vulgares, menos sexualmente libertinos, menos violentos do que os hábitos balbuciantes urdidos pelas gerações anteriores.

É cognoscível que a rotina dessa pseudocultura jovem está repleta de imagens, obscenidades e palavrões que todos, inclusive os jovens, consideram vituperiosos e ofensivos. Uma geração em que os mais ve-lhos têm dificuldades em separar suas ações das reações e necessidades do mercado, razão pela qual os policiam e os monitoram. Seguramente, é a geração mais vigiada da história. Criam estruturas de supervisão, de rotina ininterrupta de pais, professores, bem como acompanhamento instantâneo, por meio de câmeras de vigilância e *smartphones*. A proprie-dade de ferramentas e brinquedos tecnológicos se tornou um símbolo para essa geração. Isso explica por que aparelhos de *videogames* e óculos de realidade virtual, assim como os mais variados *gadgets* e outras tralhas eletrônicas continuem abarrotando seus quartos. Essa é a realidade da Geração Z, formada pelos nascidos entre 1997 e 2010.

Nascidos em uma época que corresponde à idealização e ao incre-mento da *World Wide Web* (www), cresceram em contato direto com a internet, com as redes sociais, com a velocidade e abundância da infor-mação. Tornaram-se garotos com muita atitude e limitado conteúdo, que apreciam ser assentidos, bajulados e reconhecidos pelo grupo. Im-berbes sem discernimento de que não basta iniciar um movimento, é preciso saber terminá-lo. Desconsideram o perigo de que, nas redes sociais, é suficiente pouco para pequenos grupos se tornarem grandes e saírem do controle.

São otimistas e, em comparação com os adolescentes Y, os adolescentes Z são mais esperançosos sobre o mundo em que estão crescendo. Nove em cada dez se descrevem como "felizes", "confiantes" e "positivos". Uma parcela cada vez menor se preocupa com violência, sexo ou drogas – e uma porção cada vez maior respalda a diversidade e consente que crescer e se desenvolver é mais fácil para eles do que para seus pais.

A Geração Z nasceu numa sociedade que lhes foi apregoada como "globalizada", um orbe sem fronteiras, no qual as relações interpaíses ocorrem de forma fluida, natural e harmônica. Esses conceitos fizeram com que os jovens Z interpretassem que também as relações humanas se comportam da mesma maneira, mais simples, menos rotuladas, mais acessíveis, sem colocar ninguém em caixinhas. Se permitem vivenciar, provar, testar, quando se trata de descoberta da sexualidade e da identidade de gênero.

A sexualidade é um tema que ainda é alimentado por preconceitos, estereótipos e discriminações, pois abrange dúvidas, constrangimentos e tabus, razão pela qual muitas vezes é proibido, reprimido e visto com estranheza e esquivança nas famílias e na sociedade. Contudo, os jovens Z, alheios a esses pudores, intrinsecamente, mimoseiam e desejam a liberdade de escolha como princípio básico de qualquer relação, seja consigo mesmos, seja com os pares que escolhem. Estão rompendo as imisções, ingerências e formatos impostos há séculos na humanidade, seja pela religião ou por pseudoprincípios da sociedade e que nunca haviam sido questionados com a retumbância e persistência que estão praticando. Indubitavelmente, é um leque de aberturas acima do que os pais e educadores conseguem suportar, mas os jovens Z entendem e defendem que ao não se identificarem com esses parâmetros, para eles ultrapassados e obsoletos, têm o direito de ampliar o arco-íris da diversidade.

Atualmente, protegida por esse arco-íris da diversidade está uma multiplicidade de gêneros. Aliás, isso não é inédito, mas não era explícito. A identidade de gênero refere-se, independentemente do sexo atribuído no nascimento, à maneira como a pessoa se enxerga. Trata-se de uma percepção exclusivamente individual e não está relacionada unicamente à anatomia, mas, essencialmente, à autoimagem, bem como ao modo de expressão, à maneira de se vestir, à linguagem corporal, ao jeito de falar, aos cuidados com a aparência.

Para os pais e educadores, a alternativa é admitirem essa nova representação social, esse movimento de identidade de gênero e orientação sexual, essa maneira livre e desimpedida desses jovens conviverem e verem o mundo. A melhor e única opção é buscar informações, compreender, aceitar, dialogar, apoiar seus filhos e/ou estudantes em suas escolhas. O mundo caminha em plataformas evolutivas, portanto, negar essa mutação, essas moções, não será a solução, visto que o descaso, a animosidade, o desprezo, o vilipêndio usualmente evocam sofrimentos, aflições, perturbações, angústias e, muitas vezes, complicações da saúde mental desses jovens em busca de um desígnio para a vida.

Em contextualização histórica, nada disso é original, pois já existiram na ancianidade, antes do cristianismo. Na Grécia Antiga, por exemplo, a saudação "bom dia" era com a palavra *Khaire*, que significa "obtenha prazer", aproveite a deleitação do dia, da vida, faça algo de bom para viver a vida, algo belo que lhe dê regozijo e satisfação. O casamento entre homem e mulher era sem vínculo afetivo, com nenhuma ou pouca afinidade, tratava-se de um acordo de respeito recíproco, em que a mulher se responsabilizava pelos cuidados da casa e tinha a missão da procriação.

Era habitual, aceito e aplaudido os homens se apaixonarem por outro homem. Esse amor era assumido e exposto publicamente, mesmo quando não era correspondido. Um caso bem conhecido e que chegou até nossos dias, sobretudo pela narração no livro *O Banquete*, de Platão, é a paixão, o amor doentio e não correspondido do nobre, rico, jovem e belo Alcibíades pelo maduro, feio e pobre Sócrates. Na antiguidade grega, a "pederastia", ou seja, a relação sexual entre um homem velho e um jovem rapaz, era aceita, respeitada, incentivada e tida como modelo da ética amorosa. Não existiam vocábulos para designar o que dominamos de "homossexualidade" e "heterossexualidade", essa distinção e construção cultural é mais recente, como demonstrou o filósofo e historiador francês Michel Foucault.

A instituição pederástica existia motivada pela discriminação da mulher, que era renegada, considerada inferior, excluída da instituição moral da sociedade ateniense, pois tinha como desígnio tão somente procriar, cuidar dos filhos, administrar a residência e os afazeres domésticos. A homossexualidade era a maneira dos homens de demonstrar superioridade viril. Mas havia as exceções. Em Mileto, antiga cidade do mundo grego na Ásia Menor, homens e mulheres desfrutavam dos mesmos direitos.

Em Lesbos, ilha grega localizada no nordeste do mar Egeu, onde nasceu a célebre poetisa Safo, uma das poucas vozes femininas da antiguidade que sobreviveu até nossos tempos e que deu ao relacionamento amoroso uma nova acepção, fazendo com que a pederastia masculina fosse substituída pela homossexualidade feminina, permutando o amor socrático pelo amor sáfico, em outras palavras, o amor homossexual entre mulheres. Daí surgiu a expressão "lésbica", que, originalmente, designava apenas "alguém de Lesbos". Naquele tempo, o vocábulo expressava as ousadias e audácias sexuais (homossexuais ou heterossexuais) das mulheres de Lesbos, uma vez que, seguindo o pensamento de Safo, o amor era uma fonte de inspiração, prazer e vida.

Se a Geração Y foi dominada pela tecnologia, a Geração Z é submissa à velocidade da tecnologia, razão pela qual são extremamente impacientes, desejam tudo instantaneamente. Cresceram observando o desenvolvimento da Web 2.0, termo utilizado para descrever uma segunda ascendência da internet e, hoje, estão atentos ao desenvolvimento da Web 3.0. Não se refere a uma nova especificação técnica da

Web, mas a uma mutação na forma como ela é encarada por usuários e desenvolvedores, tendência que reforça o conceito de troca ininterrupta de informações. Com a Web 3.0, o ambiente *on-line* se tornará mais dinâmico, ativo, participativo, e os usuários poderão colaborar entre si na criação, organização e permuta de conteúdos, propiciando à Geração Z a oportunidade de estar permanentemente conectada.

A expectativa é que a tecnologia impacte cada vez mais no comportamento da Geração Z e certamente também na próxima, a Geração Alpha. Uma geração ávida por instantaneidade, que não aceita o fato de que não se colhe a fruta logo após o plantio da semente e que entre o semear e o colher existem o regar e o aguardar. Aqueles que fazem parte desse perfil não desgrudam de seus *smartphones*, pois são tanto um meio como um fim. Escutam música, enviam e recebem mensagens, produzem e difundem conteúdos e informações pessoais, os utilizam como um portal que os conecta ininterruptamente com o mundo digitalizado, cognitivo e intenso.

Os jovens Z desejam um propósito para suas vidas, se sensibilizam com a ecologia, o meio ambiente e a diversidade. Estão dispostos a obsequiar parte do seu tempo por alguma causa nobre. A

"A geração Z é ávida por instantaneidade, não aceitando o fato de que não se colhe a fruta logo após o plantio da semente e que entre o semear e o colher existem o regar e o aguardar."

incitação de pais, educadores e gestores é descobrir como se interligar e interagir com essa geração que, ao mesmo tempo, é hiperconectada no virtual e apreensiva com o real. É um grupo bem mais inseguro com relação ao futuro do que as gerações anteriores, pois cresceram vivenciando e se angustiando com os efeitos da crise econômica global e sofreram todos os percalços de uma pandemia que assustou o mundo. A eles coube adentrar em um mercado de trabalho que está se transmutando, devido às novas tecnologias digitais cognitivas. Além disso, temem os efeitos corrosivos e devastadores de um país movido por corrupção de políticos e magistrados sem escrúpulos; receiam as sequelas e o desaparecimento de ocupações e profissões; e se preocupam com a empregabilidade e a trabalhabilidade. Essa é a geração que se apresenta com o empoderamento do empreendedorismo; que quer o controle total de seu tempo; que preza e busca o nomadismo; que não aceita o mesmo empregador por muito tempo; que adora flexibilidade e independência; que anseia ser desafiada; e cobiça o controle que tem de si mesma.

O que altera de geração para geração são os obstáculos a transpor e a maneira de superá-los. Nas décadas de 1960 e 1970, os *Baby Boomers* entendiam que precisavam abdicar de seus desejos individuais para lutar pelo bem coletivo. Já os jovens X eram extremamente individualistas, profissionalizaram-se, construíram uma situação financeira intermediária entre a classe média e a classe alta, consumiram e seguiram as últimas tendências da moda. Inicialmente, organizaram-se clandestinamente e marcharam para derrubar a ditadura militar. Depois, mobilizaram a sociedade numa das maiores campanhas já realizadas no Brasil, as *Diretas já*, pois queriam o direito de votar.

Na década de 1980, em uma sociedade marcada pela competição entre capitalismo e socialismo, os sonhos da Geração X se tornaram mais materialistas e consumistas. A partir de 1990, alfabetizados num mundo regido pelas possibilidades e rapidez da internet, os *Millennials* alteraram a forma de pensar, de se relacionar, de engajar, de estudar, de aprender, acreditando ser possível lutar pelo bem comum sem renunciar a suas ambições individuais. Com as redes sociais, os jovens da Geração Z se tornaram mais pragmáticos, donos de uma personalidade flexível, com laços fracos e vulneráveis, prontos para se conectar e participar com interesses diferentes em cada ocasião. Pensam numa linguagem sucinta e chamativa. Além disso, não têm receios nem temores de fazer a famosa "vaquinha" nas redes sociais, alcunhada de *crowdfunding*, para provocar, convocar, invitar movimentos, marchas, agitações, seja para protestar ou se divertir.

Para muitos educadores, a Geração Y vivencia e corrobora para o declínio da cultura, a decadência do ensino, de estudantes menos preparados no que concerne à linguagem e à matemática. A Geração Z é uma geração com fraco desempenho em raciocínio lógico, mas é habilidosa para ler imagens, criar mapas mentais, formular hipóteses, entre outras aptidões que não são novas, porém a combinação e a intensidade o são.

Essas habilidades fortes da Geração Z levam à hipótese de que os estudantes não estão ingressando tão apedeutas nas escolas, como muitos educadores estão afirmando. Parece-me que não se trata de um bando de ignorantes, mas de ignorados quanto às suas destrezas, espertezas e agilidades digitais e virtuais. A maneira de se comportar, interagir, participar, relacionar, pensar foi influenciada desde o berço por esse veloz, complexo e mutante mundo engendrado pela tecnologia. Diferentemente das gerações anteriores, não desgrudam de seus *tablets* e *smartphones*; e se sentem à vontade para, ao mesmo tempo, assistir à televisão, ouvir música, falar no celular, comunicar-se nas redes sociais, navegar pela internet, contudo, sem se concentrar e focar em nenhum desses eventos, fazendo com que a aprendizagem fique prejudicada.

A grande preocupação dos educadores é como motivar, ensinar, interagir com os jovens Z, pois adentram na escola esperando por um

> "Parece-me que a Geração Z não se trata de um bando de ignorantes, mas de ignorados quanto às suas destrezas, espertezas e agilidades digitais e virtuais."

mundo semelhante ao seu, isto é, conectado, aberto, dialógico, sem preconceitos, veloz e global. Diferentemente da Geração X, que precisou se adaptar à chegada de inéditas tecnologias, e da Y, que cresceu juntamente ao desenvolvimento dessas tecnologias, a Geração Z nasceu, floresceu e se desenvolveu com a tecnologia totalmente a seu favor.

Para os jovens Z, a familiaridade, a habilidade, a intimidade com as tralhas eletrônicas e a velocidade na busca de informação são coisas bastante naturais. Nunca conceberam o mundo sem computador ou internet. Por isso, ao contrário dos jovens Y, são menos deslumbrados com *chips* e *joysticks*. Não aceitam teclados; preferem comunicar, estudar, pesquisar por meio de toques nas telas de seus *tablets* e *smartphones*.

Aqueles que nasceram entre 1997 e 2010 compreendem, no geral, uma geração que concebe o mundo desapegado das fronteiras geográficas. Estão conectados 24 horas por dia, sete dias por semana, fotografando, filmando, narrando onde estão, com quem estão, que música estão ouvindo, o que estão fazendo. Apensam, comunicam, divulgam diariamente nas redes sociais suas atividades cotidianas, como horários de almoço, sem deixar de relatar o cardápio e o sabor do prato degustado. Para terminar o dia com *glamour*, à noite, postam uma frase, uma figura, uma foto, um vídeo de agradecimento pelos desafios da escola, do trabalho ou do relacionamento com amigos.

Para os Z, a globalização não foi algo adquirido a um custo elevado, pois conviveram com ela desde a infância. Enquanto as gerações anteriores buscam informação, o desafio que se apresenta à Geração Z, diante da abundância de dados e informações, é aprender a selecionar, separar, discernir o joio do trigo. Esse desafio não se resolve apenas com computadores velozes e *mobile equipment*. Querendo eles ou não, necessitam de auxílio dos pais e educadores para que possam ganhar maturidade e consigam diminuir a tensão, a ansiedade pela velocidade, o tédio de ter de estudar e aprender temas e assuntos que eles, equivocadamente, julgam que não lhes serão úteis.

6.6. Geração Alpha

A exposição à tecnologia e a telas é ainda mais forte nessa turminha. A Geração Alpha (com nascidos a partir de 2011) não realiza a separação entre o digital e a "vida real", fazendo com que tenham novas formas de se relacionar, de aprender e de experimentar o mundo à sua volta. Crianças e adolescentes estão conectados mesmo em momentos longe das telas, pois já nasceram conectados. Vivem em simbiose com a tecnologia, uma convivência ingênita, orgânica, permanente e ininterrupta. Tal atributo reflete na aquisição de características, como hiperconectividade, inventividade, versatilidade e interatividade, resultado do crescimento em um ambiente com estímulos constantes.

Não enxergam limites na forma como se comunicam, se conectam e se envolvem com os conteúdos e experiências digitais. Aceitam e aplaudem os binarismos, pois se sentem confortáveis com as contradições. Em um mundo no qual os formatos de mídia, conteúdos e plataformas estão se confundindo, assumem a identidade fluida, convivem em harmonia com a diversidade. Foi a primeira geração a não possuir qualquer contato com o universo analógico. Isso implica uma série de benefícios, mas também envolve muitos desafios, angústias e preocupações para os pais e educadores.

Com acesso a *smartphones* e internet diuturnamente, são versáteis, livres e independentes, sabem recorrer aos aplicativos de buscas e redes sociais para perscrutar as informações de que necessitam. Curiosos, conseguem explorar, sem auxílio, os dispositivos, aprendendo a utilizá-los com rapidez e eficiência.

"Devido ao fácil acesso à internet e redes sociais, os indivíduos Alpha são mais receptíveis ao 'diferente' e aceitam com mais naturalidade a inclusão, a diversidade e tudo que integra a própria realidade."

Uma vez que os indivíduos da Geração Y têm a característica e o desejo de conceber e iniciar uma família mais maduros, os Alphas são filhos de pais mais velhos e cresceram em uma família menor, normalmente como filhos únicos, além de conviverem com uma disposição familiar mais diversificada, com configurações variadas, com pais e mães solos, famílias monoparentais, homoafetivas e inter-raciais.

Nesse contexto, é factível imaginar que esses mancebos terão uma vida mais confortável em comparação com as gerações anteriores, com mais oportunidades e chances de desfrutar de todas as regalias e benesses proporcionadas pela tecnologia. Certamente terão mais independência e autonomia, uma vez que tudo está acessível, seja para fazer *download* de um jogo ou conteúdo ou para sanar dúvidas sobre assuntos específicos. Para isso, contam com plataformas movidas por inteligência artificial generativa que os auxiliam na concepção de um texto; na descrição de um conceito, teoria ou ideia; na resolução de uma fórmula matemática, seja esta simples ou complexa; e até mesmo na redação de uma mensagem para um(a) amigo(a) ou namorado(a). Devido ao fácil acesso à internet e redes sociais, são mais receptíveis ao "diferente" e aceitam com mais naturalidade a inclusão, a diversidade e tudo que integra a própria realidade. Mas nem tudo são flores, uma vez que estão habituados a um sem-número de estímulos simultâneos. Nesse sentido, poderão ter dificuldades perceptíveis de direcionamento de atenção, prejudicando o foco e gerando dificuldades de aprendizagem.

"Eu sou diferente, sou especial", afirma um jovem Alpha. Ele possui muitos motivos para se sentir assim. Ao longo de sua breve experiência de vida, as questões que afetam as crianças dessa geração passaram ao topo da lista de prioridades dos pais e educadores. Fiéis aos desejos dos adultos, esses jovens se sentem amparados e esperam ser escudados, em outras palavras, se encontram superprotegidos.

"Os integrantes da Geração Alpha estão criando sua própria história, sem linearidade, apenas movidos pela tecnologia, que os leva para caminhos inesperados e aleatórios. O que farão e o que deixarão como legado? Por enquanto é uma boa incógnita."

Nenhuma geração pode ser descrita como melhor ou pior que qualquer outra. Os jovens Alpha são simplesmente diferentes, com distintas necessidades, desejos, obsessões, oportunidades, ameaças e medos. Também não são uma exceção. Certamente encontrarão dificuldades, mas farão o que a história espera deles. Assim como as demais gerações, provavelmente se rebelarão com o mundo construído pelas gerações anteriores e tentarão redirecionar a sociedade de acordo com suas próprias convicções, inclinações e desejos.

Devido à velocidade do aperfeiçoamento das tecnologias, a Geração Alpha está repleta de crianças e adolescentes fazendo muitas coisas. Algumas ruins, outras boas, a maior parte inéditas. No entanto, o maior obstáculo que bloqueia o suprimento das necessidades da Geração Alpha é aquele que as gerações adultas anteriores não enfrentaram na sua própria juventude, pois nasceram e conviveram com ele. Trata-se do obstáculo do pensamento linear. Contudo, a história se move em caracol e, assim, a Geração Alpha não está indo na mesma vertente que os *Baby Boomers* direcionaram a Geração X. Aqueles que nasceram após 2011 estão criando sua própria história, sem linearidade, apenas movidos pela tecnologia, que os leva para caminhos inesperados e aleatórios. O que farão e o que deixarão como legado? Por enquanto é uma boa incógnita, pois ainda é cedo para se prever o quanto a tecnologia cognitiva e, notadamente, a inteligência artificial generativa irão intervir no *modus vivendi*, na educação e no comportamento dessa geração. Certamente, será muito mais do que a ingerência nas gerações anteriores.

A Geração Alpha possui a capacidade de se tornar uma notável e influente geração. Mas essa aptidão não garante, *a priori*, nenhum resultado específico. Também não sugere que não tenha pontos fracos e pontos fortes. À medida que esses indivíduos forem crescendo e amadurecendo, é provável que as pessoas mais velhas comecem a reclamar, entendendo que são pouco criativos, muito independentes, mais ligados aos amigos do que à própria família.

Na educação, o ensino dos jovens Alpha se faz por meio do "aprendizado colaborativo" de máquinas e humanos. Aliás, cada vez mais as máquinas irão auxiliar na instrução desses meninos literalmente digitais. Esse modelo está se tornando tão popular quanto o estudo independente foi para os *boomers*, ou a sala de aula com professores transmitido conteúdos era para a Geração X. Os Alpha adotarão naturalmente as plataformas movidas por inteligência artificial generativa como tutores e professores, pois estarão disponíveis instantaneamente quando quiserem e sentirem o desejo de aprender.

Na escola, essas crianças fazem projetos, solucionam problemas, estudam, aprendem e são avaliadas em grupo. Os pais, que nunca passaram por isso, ficam perturbados quando seus filhos recebem uma nota ruim devido a um trabalho feito por sua equipe. O fato é que a matemática prática, por exemplo, é feita em grupo, e o docente avalia e julga não somente o indivíduo, mas a equipe. Para a educação contemporânea, não existe mais Einstein, existem pessoas que, agrupadas, pensam e aprendem melhor e mais rápido. Pais e educadores necessitam aprender a lidar com essa inteligência coletiva a que os jovens Alpha estão cada vez mais adeptos. As escolas devem se adaptar a esse novo modelo do processo de ensino, desenvolvimento e aprendizagem, algo que, indubitavelmente, não tem mais volta.

6.7. Geração Beta

Não existe qualquer dúvida de que a inteligência artificial é uma nova fronteira da tecnologia, com potencial para transmutar agudamente a sociedade. Essas inteligências são ensinadas a partir de enormes bancos de dados administrados por *big data*, com o desígnio de que sejam capazes de compreender e gerar outros dados e informações que poderão ser únicos e originais. É nessa orbe que surge a Geração Beta, nascidos a partir de 2022, ano da explosão da inteligência artificial generativa. Já salientamos que os humanos são todos seres sociais, dessa forma, balizam os seus comportamentos conforme o contexto e as circunstâncias em que estão inseridos, daí o surgimento das diversas gerações.

Nascidos a partir de 2021, os Beta farão parte da primeira geração que irá crescer em um mundo no qual a inteligência artificial estará totalmente consolidada. Isso alterará substancialmente a forma de ensinar e aprender, bem como o que assimilar e desenvolver, uma vez que, segundo especialistas, 90% dos conteúdos disponibilizados poderão ser gerados sinteticamente. Não por coincidência, essa tecnologia será a responsável por moldar conceitos, verdades e realidades que poderão ser verdadeiras ou não, daí a importância do desenvolvimento da inteligência decernere.

Os primeiros indivíduos da Geração Beta ainda estão engatinhando, mas já é factível explorar as condições nas quais irão crescer e prosperar. Mais do que nunca, aperfeiçoar a inteligência de vida será indispensável e vital para que consigam navegar em um mundo extremamente tecnológico e perigoso, dominado pela inteligência artificial.

A cultura dos humanos é toda alicerçada no que filósofos e cientistas comportamentais denominam de fisicalismo, expressando que a natureza é o que Galileu afirmava como sendo *um livro aberto escrito em linguagem matemática*. Cria-se, assim, o dualismo, com a ciência natural e a humana, que, acopladas à inteligência artificial, reacendem o fisicalismo com o fato de que não seja impossível que as pessoas, de fato, possam ser plasmadas por robôs, proporcionando uma despersonalização do mundo, com sérios riscos de os indivíduos diminuírem sua importância. Difícil, hipotético, talvez improvável, mas factível de ocorrer.

Além das intensas e rápidas mutações tecnológicas, os Beta acompanharão forte mutação no comportamento da sociedade, por exemplo, o mito da virgindade para as meninas será integralmente eliminado, terão maior liberdade, com vínculos diversificados, o que possibilita autonomia e independência prematuramente, facultando a precocidade das relações sexuais, não importando o gênero. Não muito diferente do *status quo* do mundo grego antigo.

A Geração Beta irá conviver com o que o sociólogo Ray Oldenburg nominou de "The Great Good Place", em que os cidadãos deverão viver em um equilíbrio de três reinos: (1) a vida em casa; (2) o local de trabalho; (3) os ambientes sociáveis e de aprendizagem que poderão ser físicos ou digitais. Na teoria de Oldenburg, enquanto o lar é uma experiência privada, o trabalho é uma experimentação social formal e estruturada, salientando que o local de trabalho está, aos poucos, se fundindo com o local de residência. Os terceiros lugares são ambientes mais relaxados, nos quais as pessoas se sentem confortáveis e para onde retornam repetidas vezes para socializar, aprender, desfrutar da companhia de pessoas conhecidas ou não, gerando relacionamento, aprendizagem e artifícios para enfrentar esse mundo que, muito em breve, será literalmente dominado pela tecnologia digital cognitiva.

O fato é que, para a Geração Beta, a inteligência artificial não será tão somente uma ferramenta; ela será, *ipsis litteris*, uma influência formativa, destinada a moldar seus comportamentos, suas vidas, suas carreiras, enfim, até mesmo suas identidades. Trata-se de um grupo único, modelado desde o nascimento pela omnipresença da tecnologia digital cognitiva. Uma turba que será reflexo de um mundo em constante e rápida evolução tecnológica, no qual a realidade se tornará cada vez mais sintetizada e personalizada. À medida que crescerem, florescerem e prosperarem, as expectativas e demandas dos Beta subsidiarão um viso, um indício do porvir, um mundo no qual a tecnologia e a humanidade estão visceralmente entrelaçadas.

6.8. Epítome das gerações

Antropólogos e sociólogos afirmam que os humanos reduzem a complexidade do mundo transformando-o em categorias que servem como fotogramas de referência. Esse processo assegura que permaneçamos no controle, uma vez que facilita a resolução dos problemas, o desenvolvimento de estratégias e a tomada de decisões, além de melhorar as condições de vida. Mas essa compartimentalização das gerações deve ser realizada com cautela, pois a perscrutação por contrastes pode cegar para semelhanças. Evidentemente que existem diferenças que se destacam, mas também há muitas semelhanças entre as gerações do passado e do presente que precisam ser analisadas e respeitadas.

No século XIX, o historiador francês Alexis de Tocqueville escreveu: "Entre as nações democráticas, cada geração é um novo povo"[7]. O que Tocqueville não previu foi o fechamento da lacuna entre as gerações e o surgimento de outra. Ambas, muitas vezes, embora separadas por apenas alguns anos, têm experiências tecnológicas e comportamentais totalmente distintas. Os parâmetros que tradicionalmente definem as categorias das gerações estão se alterando, com intervalos de tempo cada vez menores. Porém é preciso tomar o devido cuidado, pois o fato de uma criança de 6 anos e outra de 10 manusearem um *tablet* ou *smartphone* com tecnologias mais avançadas não poderá expressar que sejam de gerações distintas.

Apesar de as fronteiras que separam as gerações não serem claramente definidas e a convicção geracional envolver comparações entre uma e as demais, estas não expressam que uma

"Os parâmetros que tradicionalmente definem as categorias das gerações estão se alterando, com intervalos de tempo cada vez menores."

seja melhor ou pior que a outra. Na prática, são apenas díspares em seus costumes, culturas, comportamentos, propósitos, paradigmas e modelos mentais. Nos dias atuais, convivem simultaneamente cinco gerações. Muitas são pessoas de semelhante idade, enquanto outras apresentam existências e trajetórias bastante distintas e do momento particular de vida de cada uma, que deve ser respeitado, aceito e referenciado.

Enquanto as crianças dos *Baby Boomers* conviviam com uma overdose de normas, regras, cânones e diretrizes rígidas e que, amadurecidos, passaram a sabotá-las, boicotá-las, agredi-las; os garotos Y e Z não coabitam e não convivem com essas angústias, pois são mais livres e independentes para dizerem e fazerem o que desejam. Em mui-

---

7. JASMIN, M. Despotismo e História na obra de Alexis de Tocqueville. *Instituto de Estudos Avançados da Universidade de São Paulo*, [s/d]. Disponível em: http://www.iea.usp.br/publicacoes/textos/jasmintocqueville.pdf. Acesso em: 5 mar. 2024.

tos assuntos considerados (erroneamente) vulgares, os adolescentes *Boomers* e X tiveram dificuldades em dialogar com seus pais, ao passo que os meninos e meninas das Gerações Y e Z raramente relatam qualquer constrangimento em abordar tais temas, seja na família, na escola ou com os amigos.

Os *Boomers* e os X contestavam e discordavam de muitos valores e atitudes dos adultos, mas implicitamente reconheciam a competência deles em administrar o mundo. Os Y e Z estão dispostos a acatar os paradigmas e arquétipos de seus pais, mas, assim que puderem, pretendem comandar a sociedade e o mundo de uma forma (para eles) muito mais abalizada, prática, eficaz e inteligente. O desafio dos *Baby Boomers* e da Geração X era promover a independência sexual, destruindo as normas sociais. O desafio dos jovens Y e Z é criar normas para promover a alforria sexual em todos os níveis.

A sexualidade é abalizada de várias formas ao longo das gerações, contudo, ainda continua sendo um tabu nas famílias e nas escolas. Existem inúmeras razões para isso. As igrejas aludem mais a motivos carnais do que de santidade, referem-se mais a puritanismo do que a Deus, reportam-se mais a medo do que a princípios morais, afinal, féis conscientes de seus prazeres proibidos se tornam mais submissos.

Numa visão mais altruísta e humana, talvez o sexo ressoe em nossa natureza primitiva, nossos instintos básicos de procriação, fazendo com que esqueçamos que, além da função primacial de reprodução, trata-se de uma atividade de autocuidado e bem-estar que nos faz sentir bem. Ao compreender o que é prazer, como utilizá-lo no cotidiano, nos sentiremos mais confortáveis em abordar o sexo em casa e nas escolas para melhor esclarecer os jovens. Por outro lado, a tecnologia mostrou-se uma aliada nas conquistas de direitos a diversidade, bem como a maneira de se comportar e de viver. Também promoveu uma preocupante exposição digital de erotismo e pornografia, apesar de ser inegável sua importância na desconstrução dos velhos paradigmas.

Os *Baby Boomers*, a geração da "paz e amor", lutaram pelos direitos mais abertos das mulheres e se alforriaram sexualmente. A Geração X avançou na libertação sexual e na valorização do sexo oposto. A Geração Y se mostrou com mais liberdade de gênero e mais desprendida na escolha da orientação sexual. Para essa turma, a presença dos aplicativos de paquera facilitou os relacionamentos virtuais e ampliou os movimentos LGBTQIAPN+. A Geração Z vivencia tanto as paixões virtuais enlouquecedoras como a inquietante exposição às mídias sociais. O sexo se torna mais discutível e mais exposto em todos os meios de comunicação.

O progresso tecnológico, que foi utilizado pelos *Baby Boomers* como um desígnio libertador e como um propósito diversificador para a Geração X, está servindo como um escopo unificador para a Geração Y. Para as Gerações Z e Alpha, a tecnologia é invisível, nada mais do que uma maneira de como o mundo se comporta e interage. Não se fascinam, pois se trata de apenas mais um fio ou interligação de um *bluetooth* no tecido do cotidiano de suas vidas. Da mesma forma que se espera que uma abelha pique, que um cachorro brinque e que um pássaro voe, uma criança Alpha espera que os objetos tenham comportamentos, comuniquem-se com ela e que até mesmo tenham algum tipo de personalidade.

As tecnologias interrompem velhos hábitos de pensar e se envolver em todas as coisas. A ideia de vincular comportamentos e personalidades a objetos não é inédita, visto que, quando crianças, as Gerações *Baby Boomers* e X atribuíam personalidade aos seus bichinhos de pelúcia, que viravam literalmente seus amiguinhos. Basta relembrar as incríveis e encantadoras tirinhas de Calvin & Haroldo. O que é novo e insólito é o modo como esses comportamentos se manifestam, o que fazem e como interagem. Diferentemente dos companheiros dos *Boomers* e X, cuja personalidade era unilateral e imposta, esses objetos "inteligentes" possuem interação bidirecional, razão pela qual são quase que idolatrados pelas novas gerações.

Por falar em tecnologia, o tema mais badalado entre pais e educadores atuais é a necessidade de "preparar os estudantes" para as novas ocupações e profissões digitais. Porém, para as escolas, trata-se de uma espécie de logorreia social, pois se fala e discute-se muito, mas se realiza pouco, em outras palavras, as escolas continuam com seus processos de ensino, desenvolvimento e aprendizagem utilizando mais *softwares* e aplicativos, porém com currículos ultrapassados e transmitindo conteúdos sem ensinar, de fato, como ajudá-los e transferi-los para a vida real.

> "Boa parte das escolas, com seus currículos ultrapassados e transmitindo conteúdos sem realmente ensinar, não consegue aproveitar as potencialidades do digital e converter isso em benefícios na vida real."

Todos ficamos chocados com a velocidade com que a tecnologia avança, e, por vezes, nem observamos a mutação. De repente, estamos abandonando velhos equipamentos e utilizando novos, que também irão durar muito pouco. Quiçá as gerações atuais estejam começando a se cansar dessa veloz transmutação ou estejam curiosas para experienciar as tralhas e a moda das gerações anteriores.

Não é possível afirmar que seja um movimento, mas existe uma nítida tendência dessa moçada se voltar aos costumes e moda passados, e nesse rol se insere a utilização de *gadgets* analógicos com os quais seus pais se regozijavam. A Geração Z, por exemplo, está alucinada pelo *vintage* das décadas de 1990 e 2000. Essa predisposição pelas coisas do passado também está sendo avistada nos jovens da Geração Y e nos adolescentes da Geração Alpha.

As Gerações Y e Z são divergentes das Gerações *Baby Boomers* e X em relação aos sentimentos que possuem sobre as escolas. Os *Boomers* e os X geralmente gostavam da escola, eram bagunceiros e problemáticos, mas saíam bem formados, uma vez que o contexto do trabalho era de ocupações físicas e repetitivas. Os jovens das Gerações Y e Z não gostam da escola, mas, na medida do possível, respeitam os valores que ela representa e se comportam melhor conforme as regras se tornam mais rígidas, porém saem despreparados para um mercado de trabalho que exige competências e habilidades práticas e efetivas. Os *Boomers* e os X elegiam assuntos que desafiavam as suas responsabilidades. Os *Millennials* e os Z preferem temas que possam utilizar na prática em suas futuras profissões e ocupações.

Os jovens da Geração Y (*Millennials*) não são diferentes daqueles de gerações precedentes em sua heterogeneidade. Alguns são bastante educados, outros nem tanto. Muitos são de família rica, os demais lutam para sobreviver.

"Muitas vezes negligenciados pelas empresas, a categoria que mais se amplifica no mercado e na sociedade é aquela formada por indivíduos com mais de 55 anos (Gerações *Baby Boomers* e X), que certamente reformularão o cenário dos negócios."

Uns são consumidores egocentristas, os restantes dominam o comercialismo. A mídia aprecia generalizar suas atitudes e comportamentos, usualmente de forma sensacionalista, entendendo que é o segmento de mercado que mais cresce e consome. Porém isso não é uma veracidade. Muitas vezes negligenciados pelas empresas, a categoria que mais se amplifica no mercado e na sociedade é aquela formada por indivíduos com mais de 55 anos (Gerações *Baby Boomers* e X), que certamente reformularão o cenário dos negócios.

Alguns especialistas proclamam: "estamos na era do mercado grisalho". Não obstante, os marqueteiros e tecnólogos de vendas (a maioria composta por jovens Y e Z) possuem pontos cegos na identificação de oportunidades nesse segmento, o que é um equívoco, pois o mercado grisalho está cada vez mais saudável e pujante. Se faz mister que as instituições de ensino e empresas percebam que os sessenta de hoje não são os sessenta de ontem, e não serão os sessenta de amanhã.

O fato é que as escolas e companhias se encontram diante de um duplicado dilema: estão suspeitosas com o comportamento das gerações mais novas e incertas de como abordar as gerações grisalhas, que têm disposição e poder aquisitivo mais alto do que qualquer outra até então. Situamo-nos diante de uma nova dinâmica, uma vez que a definição convencional de "jovem" e "velho" está se tornando obsoleta. Não é mais factível assumir que o dinamismo é sinônimo de juventude e que o declínio está associado exclusivamente à idade mais avançada. Novas descobertas científicas e tecnológicas estão transformando a maneira como lidamos com a ociosidade e os cuidados geriátricos.

"Situamo-nos diante de uma nova dinâmica, uma vez que a definição convencional de 'jovem' e 'velho' está se tornando obsoleta."

Na verdade, achamo-nos diante de uma geração que ainda não tem nome, tampouco faixa etária específica, pois são adultos, mas não são velhos. São maduros, experientes, sadios, inteligentes, capazes e preparados para prosseguir com uma caminhada produtiva e divertida. Pessoas com 60-70-80 anos que se recusam a envelhecer, que estão aptas, com saúde e disposição para continuar a trabalhar, estudar e se divertir. Trata-se de uma contemporaneidade demográfica, similar à eclosão da adolescência, uma nova faixa social, que surgiu em meados do século XX para dar identidade a uma massa de jovens desabrochados em corpos de adultos. Estes possuem características próprias e bem específicas, que envolvem rebeldia, contestação, interiorização e convívio em grupos.

Uma geração que expulsou a terminologia "envelhecer", pois se sente jovem, saudável e produtiva. Indivíduos que se reciclam, aceitam, adotam e se adaptam às novas tecnologias, pois estão física e intelectualmente plenos. Para essa turma, "viver intensamente" expressa levar uma vida com propósitos, ter uma caminhada fértil, criativa e frutífera, com capacidade de deixar um legado, uma ancestralidade. Portanto, compreender as gerações de hoje não garante evoluções no futuro, uma vez que, à medida que os membros de uma geração passam por muitos estágios da vida, eles ajustam suas atitudes e comportamentos.

Os indivíduos das Gerações Y e Z devem ser os que perceberão que a longevidade exige um compromisso vitalício de permanecer saudável e ativo, sabendo que a forte inclinação pela hiperconectividade pode ajudá-los a superar o isolamento à medida que envelhecem. Assim, já é factível imaginar um mundo em que as gerações mais velhas estejam entre as pessoas mais ativas e produtivas. Considere um tempo no qual a contratação de um indivíduo de 60 anos ou mais não seja uma situação atípica.

"A criação de uma visão de mundo é obra de uma geração, e não de um indivíduo. Mas cada um de nós, para o bem ou para o mal, adiciona nosso tijolo ao edifício"[8], escreveu o romancista e pintor americano John Roderigo dos Passos. A verdade é que nos encontramos em um momento ímpar da história humana: múltiplas gerações de tamanho relativamente análogas estão dividindo o palco e competindo por influência e preponderância. Cada uma com sua importância intrínseca contemporiza-se de maneira própria. As gerações são importantes porque se comportam concernentes ao momento em que atingiram a maturidade e a sua situação no momento presente.

Toda geração é educada para corrigir deficiências observadas nas gerações anteriores. Em nenhuma geração se encontram super-heróis, de outra forma, não existem pessoas especiais que não sejam frugais, nem frugais que não sejam especiais. O artifício e a perspicácia é evitar os conflitos, os choques e as hostilidades, pois, indubitavelmente, todas as gerações possuem traços bons e ruins, e qualquer uma delas tem o airoso propósito de construir um mundo melhor, mais justo, mais dinâmico e mais tolerante com as diferenças.

---

8. CARNEIRO, N. Uma antropologia da cultura III: a criação humana. *Brasil Escola*, [s/d]. Disponível em: https://meuartigo.brasilescola.uol.com.br/filosofia/uma-antropologia--cultura*-iii-cultura-criacao-humana.htm. Acesso em: 5 mar. 2024.

CAPÍTULO 7

Redes sociais e as gerações

Modernas ferramentas tecnológicas, inovadores sistemas, potentes *softwares* e distintos comportamentos surgem a cada dia. O mundo está 24 horas por dia conectado. Vivenciamos o "cibridismo" (*cyber* + híbrido), termo cunhado pelo pesquisador americano Peter Anders para explicar o fato de as pessoas estarem coabitando dois mundos simultaneamente, o que possibilita elementos da virtualidade no cotidiano. Em outras palavras, o corpo biológico integrado a sistemas tecnológicos digitais cognitivos, Metaverso, Internet das Coisas, aplicativos, realidades aumentada e virtual, ferramentas movidas por inteligência artificial, bem como experiências de estar conectado em redes.

"Se alguém está conectado a duas pessoas, tem dois trajetos, duas alternativas díspares de futuro. Se estiver conectado a dez pessoas, são dez oportunidades de inovação, dez portas distintas para o porvindouro."

Os educadores estão perplexos com a realidade cíbrida, uma conjuntura em que os estudantes são permanentemente conectados, interagindo, aprendendo e compartilhando ideias, conceitos e conhecimentos pelas redes. As redes sociais não são estruturas inéditas, pois existem desde a antiguidade. Contudo, ganharam notoriedade graças à veloz evolução das tecnologias de informação e comunicação, afinal, têm a ver com pessoas, relacionamentos e não exclusivamente com computadores.

As redes determinam como uma comunidade, organização, escola irá funcionar, agir e se desenvolver. O escritor e consultor Augusto de Franco afirma que toda rede é um conjunto de caminhos. Todo caminho é uma jornada para o futuro. E cada trilha é uma possibilidade diferente de porvir. Se alguém está conectado a duas pessoas, tem dois trajetos, duas alternativas díspares de futuro. Se estiver conectado a dez pessoas, são dez oportunidades de inovação, dez portas distintas para o porvindouro.

As redes em uma organização ou escola são o caminho mais favorável para os educadores usufruírem da enorme inteligência coletiva presente na instituição. Não obstante, deve-se tomar alguns cuidados na utilização dessas redes, por exemplo: se faz mister entender que os conteúdos e conhecimentos que circulam pelas redes não determinam necessariamente o comportamento das pessoas. Essas informações, na verdade, não dependem dos propósitos, valores, hábitos, competências e habilidades dos indivíduos conectados, e sim do estágio de interação e conectividade da rede. Vale ressaltar também que as redes podem auxiliar, mas não são e não devem ser instrumentos de gestão, ferramentas de planejamento, bem como de elaboração de planos de trabalho e trilhas de aprendizagem. Enfim, são espaços favoráveis às emergências e ao surgimento de lideranças. São, portanto, ambientes incompatíveis com a liderança única, prepotente, opressora, do chefe que quer alvitrar, opinar, decidir sobre todos os assuntos, acerca de qualquer tema e que, por falta de flexibilidade, tem dificuldades em abandonar posições e aceitar outras ideias.

Numa abordagem clássica, os desafios da liderança tendem a se focar em elementos objetivos e visíveis. Como em um *iceberg*, enquanto a abordagem tradicional visualiza o que está acima da linha d'água (aquilo que pode ser denominado como estrutura de organograma, hierarquia, planejamento, projetos, processos), por intermédio de redes é factível identificar o que está oculto, abaixo da linha d'água, o lado subjetivo e invisível de uma instituição. Esse sentido figurado traduz as relações que acontecem em corredores, salas dos professores, *happy hours*, como agendas ocultas, comunicação informal, acordos tácitos, pactos explícitos, configurando lógicas distintas daquelas definidas nos organogramas formais, mas que fazem as coisas acontecerem, ou atrapalham tudo.

Ao integrar os aspectos formais e informais de uma instituição, as redes contribuem para desvendar os mistérios que impedem a construção de um ambiente mais transparente e saudável, melhorando o desempenho, a integração e a eficiência das áreas operacionais. Dessa forma, a compreensão, a modelagem, o domínio das redes são habilidades importantes e necessárias para os gestores. Tais aptidões propiciarão eficácia e efetividade na produção e socialização de conhecimentos, gerando diferenciais sustentáveis para a perenidade institucional e para a formação de profissionais-cidadãos competentes.

É relevante não confundir redes sociais com redes digitais, ambientes virtuais, mídias sociais, redes de relacionamento, como Facebook, Instagram, LinkedIn, entre outras. As redes sociais se relacionam a pessoas conectadas por motivos atrativos e interesses comuns. Por sua vez, mídias se vinculam a conteúdos (textos, imagens, vídeos) gerados e compartilhados nas redes sociais. Tanto as redes quanto as mídias sociais, em sua essência, não possuem correlação com a tecnologia, mas com as pessoas e conexões humanas. A tecnologia, por meio de plataformas, facilita, auxilia, favorece a interação das pessoas e o compartilhamento de conteúdos.

Reforço e saliento que as redes não são ferramentas ou instrumentos de gestão, e sim de interação de pessoas. Para que isso ocorra com a maior intensidade possível, é necessária a existência de um ambiente que proporcione o estabelecimento de laços de confiança e reciprocidade. Os gestores que perceberem essas conjunções e agirem para otimizar seus efeitos produzirão resultados diferenciados, como aumento de receita, redução de gastos, melhoria de resultados e ganho de eficiência operacional.

As redes não surgiram com as tecnologias de informação e comunicação. Sempre existiram, afinal, como nos ensinou o poeta inglês John Mayra Donne, "ninguém é uma ilha em si mesmo. Cada uma é uma porção de continente, uma parte do oceano". Não é factível conceber que existam indivíduos que não tenham qualquer interação. A análise de redes, portanto, não é uma novidade. Pesquisas antropológicas, sociológicas e psicológicas apresentam um vasto acervo de conhecimentos sobre técnicas para análises e sínteses de redes.

O físico suíço Leonhard Euler foi quem levantou a possibilidade de formalização matemática do fenômeno das redes sociais, por meio do conceito de grafos. A teoria dos grafos é um ramo da matemática que estuda as relações entre objetos de um determinado conjunto. Um grafo é um conjunto de pontos ou nodos (nós), em que cada nó representa um ponto de interconexão. O estudo desses laços é importante para a análise do capital social de cada nodo e para determinar o valor que qualquer indivíduo detém na rede.

O marco inicial dos estudos sobre redes na sociologia é do romeno Jacob Levy Moreno, que introduziu os sociogramas para representar redes de relações interpessoais na *Hudson School for Girls*. Moreno salientava que "é importante pensar a respeito da interação humana levando em conta, principalmente, o tempo vigente, trata-se de averiguar a relação presente e as correntes efetivas, como estão sendo transmitidas e captadas aqui e agora".

A partir de 1970, os estudos e a análise das redes sociais criaram corpo, principalmente com o progresso da tecnologia de informação e comunicação, especialmente o advento da

"Muitas escolas no Brasil foram fundadas e geridas como empresas familiares, criando a figura do gestor e educador carismático e o cenário em que um líder é idolatrado e responsabilizado pelo sucesso ou insucesso da instituição."

internet e o desenvolvimento de *softwares* capazes de organizar e computar dados relacionais em grande escala. No entanto, apesar de a análise de redes ter avançado consideravelmente, as aplicações gerenciais de suas ideias não acompanharam o mesmo ritmo. Nas escolas, a utilização de redes nos processos de gestão, bem como no processo de ensino, desenvolvimento e aprendizagem, está engatinhando e em ritmo vagaroso.

Talvez um dos motivos seja que muitas organizações e escolas no Brasil foram fundadas e geridas como empresas familiares, criando a figura do gestor e educador carismático e o cenário em que um líder é idolatrado e responsabilizado pelo sucesso ou insucesso da instituição. O acadêmico e autor americano Henry Mintzberg criticou o foco obsessivo sobre líderes individuais como sustentáculos da eficácia organizacional: "ao se concentrar em uma única pessoa, a liderança torna-se parte da síndrome da individualidade que está solapando as organizações"[1]. Jim Collins, outro renomado autor americano, também não acredita na eficiência de líderes arrebatadores, assinalando que: "erguer uma organização que possa durar e se adaptar ao longo de múltiplas gerações de líderes e múltiplos ciclos de vida de produtos é exatamente o oposto de construir uma organização em torno de um único líder carismático ou de uma grande ideia"[2].

No ambiente escolar, os educadores não podem ignorar as redes informais, que automaticamente se constituem desde o início de cada período letivo. No sistema educacional, a impressão que tenho é que se trata o encontro instrucional como um agrupamento de docentes e discentes – similar a uma díade, termo cunhado no final do século XIX pelo sociólogo alemão Georg Simmel para designar

---

1. MINTZBERG, H.; AHLSTRAND, B.; LAMPEL, J. *Safári de Estratégia:* um roteiro pela selva do planejamento estratégico. Porto Alegre: Ed. Bookman, 2010.
2. COLLINS, J. *Como as gigantes caem:* e por que algumas empresas jamais desistem. Rio de Janeiro: Alta Books, 2016.

um grupo de duas pessoas. Indubitavelmente, qualquer ambiente de aprendizagem é muito mais que uma díade entre professor e estudante. A compreensão fundamental é que essa díade se agrupa para formar teias que vão muito além das paredes escolares e que a aprendizagem é altamente influenciada positiva ou negativamente, dependendo das características e dos objetivos de cada nodo dessa enorme rede.

É fato que aprendizagem possui alta influência emocional. Também é real que existe contágio que diz respeito ao que flui ao longo dos laços de uma rede, pois há uma irrefutável tendência de os seres humanos influenciarem e copiarem uns aos outros. Como você se sente depende de como se sentem aqueles a quem você está conectado de maneira próxima. Para ilustrar, conta-se que dois monges caminhavam silenciosos por uma estrada. Subitamente, pararam para contemplar um riacho: "Veja aqueles peixinhos dourados, como estão felizes", comenta um deles. "Como você sabe que estão felizes?", retrucou o outro. "Eu sei, pois eu estou feliz." Experimentos indicam que as pessoas podem adquirir estados emocionais que elas observam em outros ao longo de um período. Esses estados emocionais induzem diretamente a aprendizagem dentro da escola.

Basicamente, uma rede social é um conjunto organizado de pessoas conectadas por diversos tipos de relações, que partilham valores e objetivos comuns. Consiste, portanto, em dois tipos de elementos: seres humanos e as conexões entre eles. É preciso ficar claro para os educadores que um ambiente de aprendizagem e desenvolvimento não é formado apenas por um grupo de estudantes com o propósito de aprenderem uma determinada ciência. A escola contém um complexo conjunto de redes formadas por nodos e conexões, que interferem diretamente na eficiência e eficácia da assimilação. Sendo assim, é fundamental que os educadores não somente saibam da existência dessas redes, mas que conheçam como são formadas, como funcionam, como utilizá-las em benefício da aprendizagem e desenvolvimento.

Segundo o sociólogo americano Nicholas Christakis, "um grupo pode ser definido por um atributo ou como uma coleção específica de indivíduos para os quais podemos literalmente apontar"[3] (um grupo de discentes no corredor conversando, por exemplo). Uma rede social é completamente diferente de um grupo. Embora a sala de aula seja formada por um grupo de indivíduos, ela inclui um conjunto específico de nodos e conexões entre os estudantes. Esses laços e o padrão específico desses laços são frequentemente mais importantes que os próprios estudantes, pois permitem que discentes e docentes realizem atividades de aprendizagem que um nodo desconectado não pode fazer. A qualidade dos laços interpessoais de um nodo e as informações que circulam por esses laços determinam a influência desse nodo. Conhecer o padrão específico dos laços é crucial para entender como as redes, as conexões, os nodos (estudantes) funcionam e aprendem.

O polonês Paul Baran – que, em conjunto com o britânico Donald Davies e o americano Leonard Kleinrock, concebeu a "rede de comutação de pacotes" – propôs diagramas em que descrevia a conformação de um projeto que, tempos depois, se converteria na internet[4]. Baran distribuiu sua estrutura em três diferentes diagramas: (I) centralizado, (II) descentralizado e (III) distribuído. O conceito de Baran aponta que a conectividade acompanha a distribuição. Quanto mais centralizada for a rede, menos conectividade possuirá. Indica também que a interatividade se harmoniza com a conectividade e a distribuição e que, de maneira inversa, quanto mais centralizada uma rede, menos interatividade terá. Essas concepções regem o multiverso das interações e, portanto, norteiam os princípios da sociedade em rede. As redes sociais são mais distribuídas do que centralizadas, do contrário, será uma rede hierárquica.

---

3. CHRISTAKIS, N.; FOWLER, J. *O Poder das Conexões*. Rio de Janeiro: Elsevier, 2009.
4. HEITLINGER, P. Paul Baran. *Networks*, [s/d]. Disponível em: http://www.tipografos.net/internet/paul-baran.html. Acesso em: 5 mar. 2024.

Figura 7.1 – Rede de comutação de pacotes de Paul Baran

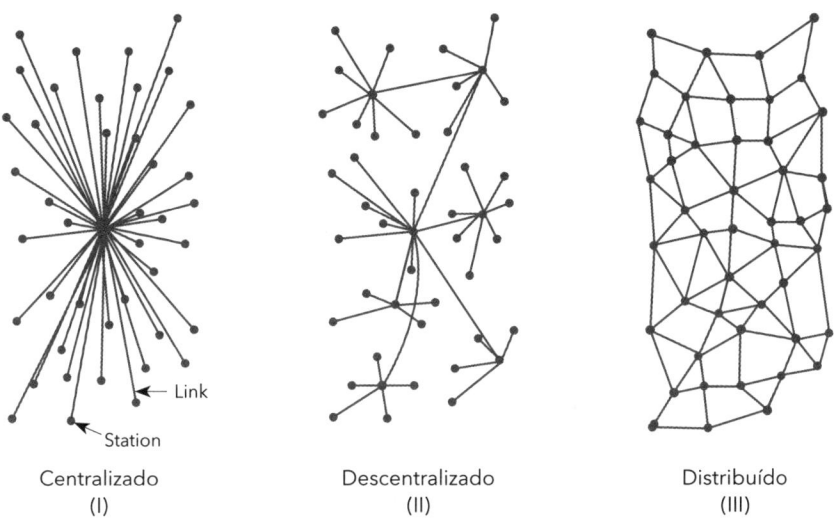

| Centralizado | Descentralizado | Distribuído |
| (I) | (II) | (III) |

Fonte: elaborado pelo autor com base em Paul Baran.

Em uma metáfora simplificada, poderíamos comparar o ambiente instrucional tradicional ao diagrama centralizado de Paul Baran, no qual o docente é o centro de tudo e de todos. Os estudantes são seres passivos à mercê dos ensinamentos do mestre. Daí a díade. Afirmaria que se trata de uma ilusão de ótica, pois, ao observar mais nitidamente, verifica-se que, mesmo em um modelo tradicional de ensino, o diagrama II (descentralizado) representa melhor o que realmente acontece dentro do ambiente escolar. São nodos que se comunicam informalmente, com comportamentos diferenciados, que aprendem com linguagens próprias, como o nodo da turma do fundão em uma sala de aula tradicional. Entretanto, atualmente, o diagrama III (distribuído) representa melhor o processo de ensino, desenvolvimento e aprendizagem. Afinal, a aprendizagem não ocorre apenas no ambiente escolar, mas em redes, em cada lugar, em qualquer espaço, em todo tempo.

Se as redes influenciam, moderam, modificam o processo de ensino, desenvolvimento e aprendizagem, expressam que distintos paradigmas são necessários para o ambiente instrucional. Um arquétipo importante é que não basta o docente ter uma boa didática, um relacionamento adequado. É essencial que saiba se comunicar utilizando todas as formas de interlocução: oral, gestual, virtual, digital, analógica. Que utilize uma linguagem atualizada de acordo com as exigências das Gerações Y, Z e Alpha. Significa que o docente, similar ao camaleão, precisa conhecer, adaptar-se às características, ao comportamento e à forma de aprendizagem de cada nodo sob sua responsabilidade. Expressa que o professor deve estar ciente de que a educação padronizada, igual para todos, é algo do passado.

A análise e a utilização dos potenciais de redes são uma possante ferramenta para auxiliar os gestores a abarcar e suplantar as demandas paradoxais e estratégicas da instituição. Uma perspectiva de rede proporciona novos e poderosos *insights* para a melhoria das atividades e gestão do processo de ensino, desenvolvimento e aprendizagem, bem como para a necessária inovação. A inovação é fator de sucesso de qualquer organização; porém, para as escolas, é quesito de captação, fidelização e retenção de estudantes.

Sabe-se que a inovação depende de esforços colaborativos, entretanto, à medida que a necessidade de colaboração aumenta, as demandas sobre o escasso tempo disponibilizado pelas pessoas disparam. A alternativa não envolve mais e mais camadas de uma estrutura matricial, mas uma visão mais sutil e estratégica de colaboração por parte dos gestores, concentrando-se tanto nos componentes básicos da rede que fornecerão valor quanto nas variáveis do projeto organizacional, que darão suporte a essas redes.

Rotineiramente, quando pensamos em inovação, vem-nos a imagem de um indivíduo brilhante, ou um grupo isolado, criando a próxima lâmpada genial. A histó-

"A busca por colaboração eficaz é um desafio dificílimo e holístico. Detectar e parceirizar a liderança informal positiva facilita qualquer trabalho de integração."

ria, contudo, nos relata que as grandes inovações são combinações de ideias ou tecnologias preexistentes cuja integração ocorre por meio das redes. Embora essas redes geralmente se formem por acaso, é cada vez mais importante que gestores as cultivem de maneira planejada e direcionada, de modo que a colaboração exerça papel fundamental para o sucesso de qualquer empreitada.

A busca por colaboração eficaz é um desafio dificílimo e holístico. Detectar e tornar parceira a liderança informal positiva facilita qualquer trabalho de integração. Os gestores necessitam ter consciência de como as habilidades e as capacidades estão distribuídas e mobilizadas nas redes, nas instituições. Somadas a elas, devem diagnosticar rapidamente as anomalias dessas redes antes que se transformem em crise que cause desistências ou crie novas redes com objetivos antagônicos aos planejados.

É fato que o alto desempenho é o resultado da combinação entre competência correta, liderança forte, processos bem definidos e funções com conteúdo. Acredito que, com o tempo suficiente e previsibilidade quanto ao domínio dos problemas, os gestores poderão cultivar e conquistar compromissos com uma visão compartilhada de funções e prestações de contas com as competências dos membros das equipes. A utilização das redes internas e externas poderá ser uma grande aliada para o sucesso de qualquer instituição de ensino e/ou organização empresarial.

CAPÍTULO 8

A evolução dos quocientes

Por muito tempo o quociente de inteligência (QI), que mede indicadores como memória e habilidade matemática, era suficiente para se ter sucesso no mercado de trabalho. Recentemente, uma combinação de habilidades interpessoais, autoconhecimento, autocontrole, empatia e comunicação foi feita e o quociente de inteligência emocional (QE) passou a ser similarmente relevante em todos os aspectos da vida.

"Quociente de adaptabilidade envolve, entre outras características, proatividade, flexibilidade, discernimento, curiosidade, coragem e resiliência."

Com a veloz transmutação provocada pela tecnologia digital cognitiva e inteligência artificial, as competências e habilidades necessárias para prosperar no mercado de trabalho também estão se alterando, fazendo com que seja necessário um posicionamento mais célere com relação a essas mutações. Entra em cena o quociente de adaptabilidade (QA). Este envolve características como proatividade, flexibilidade, discernimento, curiosidade, coragem, resiliência, humildade em aceitar e adotar o novo, bem como superar desafios, fazer esforço consciente para mutar e se desvencilhar de paradigmas e modelos mentais obsoletos. Um não substitui o outro, são complementares, pois auxiliam a solucionar problemas, incrementar projetos e inovar, em outras palavras, a adotar e se adaptar.

8.1. Quociente de inteligência (QI)

Para muitos educadores, não está claro o significado do termo **inteligência**, amiudadamente confundido com volume de informação retida, com competências e habilidades ou, ainda, com

"Estamos vivenciando uma época com um volume imensurável de informações disponíveis, muitas inúteis e sem sentido, que exigirá dos profissionais contemporâneas habilidades e potentes hábitos mentais."

acuidade mental. Etimologicamente, o vocábulo deriva do latim *intellectus,* de *intelligere,* que significa entender, compreender. A inteligência poderia ser conceituada como a capacidade mental geral que, entre outras coisas, envolve a habilidade de raciocinar, planejar, resolver problemas, pensar de forma abstrata, compreender ideias complexas, aprender e se adaptar rápido e assimilar com a experiência. Estamos vivenciando uma época com um volume imensurável de informações disponíveis, muitas inúteis e sem sentido, que, somado ao aperfeiçoamento da inteligência artificial e da tecnologia digital cognitiva, exige dos profissionais contemporâneas habilidades e potentes hábitos mentais.

Separou-se o argumento, a ideia, a razão, a lógica do concreto e, hoje, utilizamos essas aptidões para abordar uma variedade de questões. O conhecimento e a informação passaram a ser recursos indispensáveis. Quanto mais os temos, mais assuntos são possíveis de abordar e mais perguntas coerentes e pertinentes serão possíveis de elaborar. Por outro lado, exige-se velocidade e discernimento de escolha no processamento das informações pelas quais se assimilam novos dados. Quanto mais céleres as escolhas e a tomada de decisão, melhor, pois isso fará com que as anomalias sejam sanadas dentro dos limites de tempo disponível. A inteligência se refere a todas essas habilidades, *know-how*, hábitos, condutas, adoção, adaptação, atitudes que direcionam o investimento de energia mental e nos tornam bons solucionadores de problemas, sejam estes complexos ou simples.

Se, de um lado, muitos docentes afirmam que os discentes estão "emburrecendo", o americano James Robert Flynn (1934-2020), emérito pesquisador da Universidade de Otago, Nova Zelândia, tornou-se conhecido ao descobrir que o desempenho médio nos testes que medem o quociente de inteligência (QI) tem aumentado no mundo inteiro até vinte pontos por geração. O fenômeno batizado de Efeito Flynn assinala que a quantidade de habilidades intelectuais das Gerações Y e Z seria suficiente para garantir altas pontuações em um teste de inteligência realizado nas Gerações *Belle Époque* e *Baby Boomers*. Isso expressa que, se nossos bisavós e avós fossem utilizar as normas atuais de desempenho nesses testes, seriam classificados, no mínimo, como pessoas com recursos de intelecto mais restritos.

"James Robert Flynn alega que ganhos em QI não configuram, necessariamente, ganhos em inteligência, pois isso implicaria um progresso cognitivo do tipo tudo ou nada."

De acordo com Flynn, uma pessoa nascida na fase *Belle Époque*, por exemplo, que possuía QI de 100, teria um filho com QI em torno de 108 e um neto de cerca de 120. Certamente essa constatação alimenta paradoxos e implica em algumas questões. Se os jovens Y e Z são mais inteligentes, como justificar o fato de não terem vocabulário maior, quantidade superior de informações armazenadas, habilidade elevada o suficiente para solucionar problemas que requerem raciocínio?

Flynn alega que ganhos em QI não configuram, necessariamente, ganhos em inteligência, pois isso implicaria um progresso cognitivo do tipo tudo ou nada. As Gerações *Belle Époque* e *Baby Boomers* assistiram a grandes ganhos em certas aptidões cognitivas, enquanto outras entraram em declínio. Por exemplo, enquanto os jovens Y e Z são mais capazes de resolver problemas *incontinenti*, sem um método previamente aprendido para tal, as habilidades de raciocínio matemático e vocabulário tiveram ganhos bastantes limitados nas últimas décadas.

Flynn argumenta que, para avaliar qualquer tendência cognitiva, é fundamental separar a inteligência entre resolver problemas matemáticos, interpretar textos, encontrar soluções rápidas e assimilar a visão de mundo e discernimento crítico. Segundo sua hipótese, durante o período em que as crianças desenvolvem habilidades de cálculos, elas não fazem progresso na aquisição de raciocínio matemático, e essas aptidões são essenciais para o progresso acadêmico. O resultado é a incapacidade de desenvolver estratégias para solucionar problemas que requerem raciocínio. Elas conseguem "fazer contas" melhor que as gerações anteriores, o que mostra que, embora os adultos das gerações anteriores sejam mais lentos para aprender habilidades computacionais, eles não estão em pior situação. É inegável que habilidades cognitivas vêm aumentando porque os testes provam isso. Porém, é necessário verificar quais habilidades estão aprimorando e se isso é realmente importante para a rotina do dia a dia.

Certamente os jovens Y e Z apresentam vantagens em termos de capacidade de ler imagens visuais como representações do espaço tridimensional; aptidão de criar mapas mentais, focar em múltiplas atividades ao mesmo tempo e responder rapidamente a estímulos inesperados. Existem diversos dividendos prováveis para tais habilidades. Por exemplo, o mercado está ofertando um número cada vez maior de vagas para preencher funções que, muitas vezes, exigem tomar decisões sem a orientação de regras estabelecidas.

Não obstante, Flynn reitera que os ganhos de QI não implicam que os jovens Y e Z são muito melhores que seus ancestrais e que dificilmente deixariam seus pais e avós envergonhados. É provável que essa vantagem se mantenha e até aumente com o estudo universitário, porém esses jovens não seriam inovadores o suficiente para resolver anomalias que requerem destreza, como consertar um carro ou reparar aparelhos e equipamentos da casa, mas seriam capazes de lidar com problemas inéditos, colocados de forma verbal, visual ou abstrata.

No período da Geração *Belle Époque*, devido à oferta de educação em massa, houve uma melhora em matemática, vocabulário e conhecimentos gerais, temas importantes para a vida prática e para o ensino, desenvolvimento e aprendizagem. A partir de então, testes de QI começaram a mostrar ganhos superiores nas habilidades menos relacionadas com as matérias escolares. Um jovem da Geração Y ou Z provavelmente será melhor que seus pais em estratégias, na capacidade de debater problemas abstratos, de divulgar ideias em causa própria. No entanto, ele pode ter um vocabulário mais restrito, ser bem pior em matemática e raciocínio lógico.

> "Estamos diante de um paradoxo. Apesar do declínio da cultura e da decadência do ensino, segundo Flynn, os estudantes Y e Z não estão emburrecendo. Ao contrário, estão se tornando mais inteligentes."

Estamos diante de um paradoxo. Apesar do declínio da cultura, da decadência do ensino, de estudantes menos preparados no que concerne à linguagem e à matemática, da má qualidade dos meios de comunicação em massa, do menor número de leitores, segundo Flynn, os estudantes Y e Z não estão emburrecendo. Ao contrário, estão se tornando mais inteligentes. O que ocorre é que as escolas não sabem como lidar e aproveitar os distintos conhecimentos e habilidades desses jovens altamente digitalizados.

A resposta a essa incongruência não é trivial. As pesquisas de Flynn sofreram uma série de ataques por parte da comunidade científica. Hipóteses foram levantadas de que o aumento do QI seria, entre outras, consequência da melhoria da nutrição. Algumas suposições simplesmente negavam a eficiência dos testes, tendo como argumento a teoria sobre inteligências múltiplas do psicólogo cognitivo americano Howard Gardner. Existe ainda a controvérsia despertada por Richard

Herrnstein e Charles Murray, no livro *The Bell Curve*, cujo pressuposto central é que a inteligência é resultado de diversos fatores, incluindo receita financeira, *status* socioeconômico, nível educacional dos pais e, por fim, que diferenças intelectuais entre as raças.

As críticas serviram de incentivo para que Flynn obtivesse mais dados para comprovar seus resultados. Uma justificativa para o bom desempenho dos jovens Y e Z na resolução de problemas de contextos visuais e simbólicos são os jogos eletrônicos. Se essa hipótese for verdadeira, ao contrário do que muitos educadores argumentam, os *games* passam a ser aliados estratégicos da educação para a melhora da aprendizagem dentro e fora da escola.

É muito provável – Flynn diria que é certo – que estejamos acomodando estudantes menos preparados em linguagem e matemática em nossas escolas. Também é presumível, entretanto, que estejamos recebendo estudantes mais capazes de ler imagens visuais como representações do espaço tridimensional; com maior capacidade de criar mapas mentais; e mais habilidade de realizar observações, formular hipóteses e reagir rapidamente a estímulos inesperados. Indubitavelmente, não são habilidades cognitivas inéditas, porém a combinação e a intensidade o são, e isso é parte daquilo que faz os jovens Y e Z tão distintos das gerações anteriores. Faz-se necessário que as escolas e os educadores desenvolvam metodologias que aproveitem essas capacidades, para suprir e melhorar as habilidades escolares, que são tão necessárias para o desenvolvimento da linguagem e da matemática e, consequentemente, para a melhoria da aprendizagem.

8.2. Quociente emocional (QE)

Possuir quociente de inteligência alto, sem dúvidas, é uma das chaves para o sucesso. Mas hoje não é o único, uma vez que desponta o quociente emocional (QE). Este é mais difícil de medir, pois se refere a lidar com o cotidiano, com as tarefas e trabalhos mundanos, com a capacidade de conviver com tranquilidade e equilíbrio com o que a hodierna vida enérgica e agitada impele e coage para a pessoa.

"A tecnologia está tomando para si tudo que é racional e preditivo, e a única maneira de o ser humano conseguir um grau de alavancagem na concretização de todo o seu potencial e eficácia é no aprimoramento emocional e na constante renovação socioemocional, mental e anímica."

O homem não é e nunca foi um ente racional. Certamente, racional é o que menos tem sido ao longo destes cerca de 2,5 milhões de anos ou mais de evolução. Na verdade, trata-se de um vivente afetivo, sensível, sentimental e emocional. As Gerações *Baby Boomers* e X não deram importância ao desenvolvimento emocional com a mesma intensidade e relevância com a qual buscaram o aprimoramento físico e intelectual. A tecnologia está tomando para si tudo que é racional e preditivo, e a única maneira de o ser humano conseguir um grau de alavancagem na concretização de todo o seu potencial e eficácia é no aprimoramento emocional e na constante renovação socioemocional, mental e anímica.

Ser uma pessoa eficaz não é mais uma escolha, uma opção ou uma predileção. Na verdade, é o preço que se paga para entrar nesse *game* altamente selvagem e competitivo. Nessa nova realidade de mundo digital cognitivo, é necessário ir além da eficácia operacional para sobreviver, desabrochar, inovar e demonstrar excelência e liderança. Também requer amplidão, execução apaixonada e contribuição significativa em tudo que se realiza. Para tanto, o conhecimento e o controle emocional são primaciais, e esse é o motivo da importância do QE. Pessoas com quociente emocional elevado possuem controle e percepção nítida dos próprios sentimentos, além de saber compreender e lidar com as emoções, estresses e ansiedades dos outros, pois são empáticos, flexíveis, resilientes e persistentes.

Psicólogos e especialistas comportamentais definem QE como o nível de capacidade de compreender outras pessoas, o que as motiva e como trabalhar em cooperação com elas, aconselhando que a aptidão de ler sinais de outras pessoas desempenha relevante papel em como as relações na escola, no trabalho, na sociedade são conduzidas. O controle das emoções tem o poder de impactar em si e nas pessoas em volta de forma negativa ou positiva, acima de tudo em circunstâncias desafiadoras e de alta pressão.

Devido ao mundo do trabalho ser mais tecnológico, interconectado e global, possuir quociente emocional desenvolvido e maduro é vital para a sobrevivência e perenidade de qualquer profissional. As categorias de inteligência emocional mais relevantes e avaliadas no QE são:

- **Autoconsciência.** Envolve estar ciente de distintos aspectos do próprio ego, incluindo características, comportamentos e sentimentos. Essencialmente, expressa conhecer e reconhecer as próprias emoções em um determinado momento, de outra forma, é o senso e a convicção sobre o próprio valor, habilidades e consciência emocional, bem como o efeito no discernimento, escolha e tomada de decisão em situações sob pressão.

- **Autorregulação.** Trata-se de um processo de autodireção, assim como a mestria de controle e gestão de pensamentos, comportamentos, ações, emoções e motivações, que permitem o bom relacionamento com as pessoas e a consequente consecução de objetivos e metas. Abrange o autocontrole, a flexibilidade, a integridade, a responsabilidade, a honestidade, a adotabilidade e a adaptabilidade.

- **Motivação.** Trata-se dos estímulos que incentivam uma pessoa a realizar e persistir em ações até atingir um propósito. Ensejar ser melhor do que já é. É o desejo de superar os sentimentos e emoções negativas, ver tão somente as positivas e seguir em frente. Associa-se com o comprometimento, a proatividade, a iniciativa, o pensamento positivo e o desejo de alcançar os propósitos.

- **Empatia.** Se a autoconsciência é quando se olha para dentro de si, a empatia é quando se olha para fora e percebe as emoções dos outros. Define-se como a habilidade de vivenciar o que sentiria caso se encontrasse em circunstâncias similares àquela experienciada por outra pessoa. Em outras palavras, é compreender e experienciar os sentimentos e emoções de outros indivíduos. Facilita o reconhecimento das diferenças e diversidades.

- **Habilidades sociais.** Dado que nos encontramos em uma era em que as pessoas estão mundialmente cada vez mais conectadas, o desenvolvimento de competências e habilidades sociais passa a ser vital para se atingir o sucesso. Trata-se de um conjunto de quesitos que deve ser desenvolvido, aperfeiçoado e adotado como expediente e artifício para se conectar e interagir com as pessoas ao redor.

8.3. Quociente de adaptabilidade (QA)

As adaptações são inquestionáveis e desde a antiguidade são assentidas por filósofos e especialistas. Teólogos explicitam que podem ser observadas na natureza por meio da criação divina, pressuposição que não comunga com a aceitação unânime entre os especialistas. Hoje em dia, a adaptação está sobejamente atrelada ao uso e desuso de *hardwares*, *softwares* e aplicativos; à alteração de comportamentos devido à transmutação de características provocada ao ambiente; e por circunstâncias vivenciadas pelas pessoas, usualmente proporcionadas pela evolução da tecnologia digital cognitiva e da inteligência artificial.

Ao longo da trajetória humana, encontram-se inúmeros fósseis de povos e sociedades que, similar aos dinossauros e dodôs, não souberam ou não conseguiram se adaptar às circunstâncias. A Era Viking, marcada pelas ações dos exploradores, guerreiros, comerciantes e piratas nórdicos, teve seu início em 8 de junho de 793, dia em que menos de 60 piratas (vikings) saltaram de seus *drakkars* (navios-dragão) para saquear o Mosteiro de Lindisfarne, no nordeste da Inglaterra. Encerrou-se por volta de 1066, quando o cristianismo e a civilização europeia chegaram à Escandinávia e exterminaram suas expedições de pirataria. Isso, somado ao crescimento populacional aos conflitos por poder, à falta de alimentos e ao aparecimento de novas rotas comerciais do Mediterrâneo, fez com que os nórdicos ficassem na periferia do comércio internacional. Aquela poderosa civilização não conseguiu se adaptar às novas circunstâncias e se deixou naufragar nos registros arqueológicos, legando, contudo, países como Dinamarca, Noruega e Suécia.

É o caso também do enigmático desaparecimento da civilização Rapa Nui da Ilha de Páscoa, pequeno refúgio ígneo de 163 quilômetros quadrados na Polinésia, território chileno, que foi o lar de uma impressionante sociedade com notáveis conquistas artísticas, religiosas e políticas, incluindo a construção de quase mil moais, misteriosas, esotéricas, gigantescas e pesadas estátuas com formas humanas esculpidas em pedra vulcânica espalhadas pela ilha. A maior delas com mais de 80 toneladas e medindo quase dez metros de altura.

A civilização Rapa Nui entrou em depauperamento antes da descoberta da ilha pelos europeus, em 1772. Uma das hipóteses para o colapso foi a insana disputa entre clãs da pequena ínsula por poder e território. O aumento do tamanho dos moais ao longo do tempo sugere uma competição entre os chefes rivais, que demonstravam mais poder quanto maior fosse a estátua. No todo, um conjunto de fatores marcados pelo crescimento da população, a construção de moais competitivos, as guerras por territórios e poder, o aniquilamento das florestas para agricultura e madeira para o transporte das estátuas e a redução da biodiversidade e da produção de alimentos proporcionaram fome, desnutrição e inópia, que conduziram ao desaparecimento dessa notável e insulada civilização.

Metaforicamente, a Ilha de Páscoa estava tão isolada no Oceano Pacífico como a terra está no espaço, sem possibilidade de fuga ou assistência externa. A impressão que eu tenho é de que os terráqueos estão construindo cenários muito similares aos dos Rapa Nui da Ilha de Páscoa, que poderão levar ao desaparecimento de nossa existência aqui na Terra.

Habitualmente, fruímos com a ilusória impressão de que temos o controle das situações. Mas o fato é que necessitamos nos adaptar às renovadas contingências em todos os momentos desde o nascimento. Assim como fizemos ao aprender a andar, que nos tornou mais independentes e possibilitou traçar novas rotas e destinos, o desafio atual é encarar as adaptações como oportunidades. Em uma sociedade profundamente sufocada pela celeridade da tecnologia digital cognitiva, faz sentido que a capacidade de adaptação se torne cada vez mais evidente, sendo até mesmo um fator crítico para sobrevivência, perenidade e reviravoltas. Irrompe o quociente de adaptabilidade (QA), que pondera a aptidão de se posicionar e prosperar em um ambiente de mutações céleres e frequentes.

"Ter um alto QI e baixo QA expressa um bloqueio e dificuldades de se adaptar e obter sucesso neste mundo de drásticas e frequentes mutações, sedento por pessoas com equilíbrio, criatividade e resiliência."

O quociente de adaptabilidade envolve características como flexibilidade, curiosidade, criatividade, coragem e resiliência. Não se refere unicamente à mestria de absorver informações, mas de discernir o que é relevante, fazer boas escolhas, tomar acertadas decisões, suprimir noções obsoletas, superar desafios e fazer esforço consciente para mudar. Ter um alto QI e um baixo QA expressará um bloqueio e dificuldades de se adaptar e obter sucesso neste mundo de drásticas e frequentes mutações e cada vez menos racional, mais emocional e sedento por pessoas com equilíbrio, criatividade, discernimento, resiliência em um ambiente de drásticas e frequentes mutações.

Para dominar os desafios trazidos pela inteligência artificial e a consequente automação e robotização de tudo que é físico, repetitivo e preditivo, a educação deverá entrar no jogo e acelerar sua adaptação. Não é possível educar as Gerações Y, Z e Alpha da mesma forma que foram instruídas as Gerações *Baby Boomers* e X. Por meio da utilização de modernas tecnologias de informação e comunicação, a jornada do desenvolvimento e aprendizado pode ser adaptada para atender às carências individuais dos estudantes. Isso expressa que as experiências de assimilação, as abordagens instrucionais e as estratégias de apoio devem variar de discente para discente, alicerçada nas necessidades, interesses, aspirações e forma de aprendizagem de cada estudante. Se a escola optar em não se adaptar e priorizar aquilo que os discentes realmente precisam, negligenciarão uma demanda educacional vital, especialmente nessa inédita realidade hipertecnológica.

A tecnologia tornou cada vez mais crucial que as pessoas, as escolas e as organizações acompanhem o ritmo das mutações e consigam se adaptar e se atualizar. Essa pressão só aumenta à medida que o mercado e a sociedade evoluem, elevando, consequentemente, as expectativas em relação a rapidez, relevância, qualidade e precisão. Daí se conclui que ter um QI, QE e QA não é somente essencial, é pressuposto e requisito para preservação, perenidade e sobrevivência nestes novos tempos tão desafiadores.

CAPÍTULO 9

A escola, os docentes e as gerações

A educação é contextual, atua conforme as necessidades do mercado e da sociedade. Na conjuntura da Revolução Industrial, o foco é o treinamento, portanto, o objetivo é instruir conteúdos, procedimentos e técnicas. Conteúdos por meio da metodologia de transmissão. Procedimentos e técnicas no decurso de experimentos em laboratórios e atividades extraclasses por imitação, adestramento e execução de receitas prontas. Essas atividades podem ser mais bem realizadas por meio de tecnologias, laboratórios virtuais, e não necessariamente na presença de um professor, ou seja, a distância. Isso era suficiente e se pode afirmar que a educação cumpria seu papel com excelência.

Com o advento da Quarta Revolução Industrial, ou seja, a fusão das tecnologias eliminando fronteiras entre os mundos físico, digital e biológico, e causando enorme impacto nas empresas, pessoas e sociedades, as circunstâncias se alteraram, surgiram outras necessidades, diferentes competências, novas habilidades, fazendo com que o mercado digital cognitivo demande muito mais que conteúdos, procedimentos e técnicas. Requer profissionais com inteligência cognitiva, socioemocional, volitiva e decernere, enfim, profissionais com inteligência de vida.

Continua sendo importante conhecer, porém passou a ser essencial aprender, reaprender e efetivamente aplicar e transferir, bem como é primordial saber onde e como buscar a informação quando necessária.

O desafio da educação é provocar o estudante a perscrutar os conteúdos para resolução de problemas ou desenvolvimento de projetos. Talvez esteja nesse ponto a chance de recuperação do ensino presencial. Como educadores, precisamos desenvolver, monitorar, transformar, inovar, substituir nossos modelos mentais, arquétipos, hábitos, cultura, buscar o desconforto produtivo, flexibilizar, aceitar, adaptar, o que não exprime apenas aceitar, mas ajudar a transformar.

A educação está se tornando mais complexa, porque o foco migrou da simples transmissão de conteúdos para variáveis menos integradas, conspícuas e perceptíveis. Torna-se cada vez mais essencial dar a devida importância para as dimensões superiores da Taxonomia de Bloom, bem como para o desenvolvimento de competências e habilidades cognitivas, socioemocionais, volitivas e discernitivas. Ruíram as paredes das salas de aula e aglutinaram-se outros espaços de ensino, desenvolvimento e aprendizagem presenciais e virtuais. Aufere robustez o "terceiro espaço", conceito construído pelo sociólogo Ray Oldenburg no livro *The Great Good Place* (Berkshire Publishing Group LLC, 2023). Alteraram-se sensivelmente as atribuições do professor com a incorporação de múltiplas funções e papéis; a educação torna-se literalmente plural, as aprendizagens ativas, formal, não formal e informal ganham relevância e magnitude.

Conceitos-chave como aprendizagem ao longo da vida (*life-long learning*) não condizem mais com o cenário atual, necessitamos de uma transmutação cultural, bem como uma adaptação contingencial em

"Ruíram as paredes das salas de aula e aglutinaram-se outros espaços de ensino, desenvolvimento e aprendizagem presenciais e virtuais. Além disso, alteraram-se sensivelmente as atribuições do professor com a incorporação de múltiplas funções e papéis."

todas as dimensões da sociedade, com ênfase na educação. É preciso frisar aos jovens e estudantes que apenas cursos técnicos, formação e a educação universitária por si só não são mais suficientes para toda a vida profissional. Na medida em que vivemos e trabalhamos mais tempo, também se faz mister se qualificar e se capacitar mais tempo, não somente com conteúdos teóricos, conceituais e técnicos, como apostola o *life-long learning*, mas também atitudinais e comportamentais, em outras palavras, implementar um estilo de vida, uma cultura de aprendizagem, a fim de desenvolver simultaneamente as inteligências cognitiva, socioemocional, volitiva e decernere, enfim, assim como na Paideia Grega do século V a.C., desenvolver o estudante de modo integral, revigorando o que estou denominando de Paideia Digital.

Na Paideia Digital, o novo papel da escola é promover o aprendizado autodirigido, relacionado à criação de estratégias que apoiem navegar no excesso de informação, desenvolvendo a indispensável inteligência decernere, na qual o indivíduo se torne um nexialista apto a fazer escolhas e ter discernimento para tomar boas e eficientes decisões. Isso significa que o modelo clássico educacional, que tem a oferta de conteúdos como parte fundamental do processo instrucional, não é mais eficaz.

O papel da escola tradicional é sistematizar, metodizar e estruturar os conteúdos para ficarem mais fáceis de assimilar. Os estudantes dependem de seus professores e tutores para organizar seu aprendizado, em outras palavras, são ensinados a serem ensinados. Essa lógica tira o poder de escolha. Durante todo o processo de aprendizagem e desenvolvimento, a decisão do que aprender, com qual carga horária, com que metodologia, com qual material didático, a forma de avaliação, tudo foi terceirizado, enfim, a escola é que define se o aprendiz está apto ou não para passar de nível, sem se preocupar e comprovar se o estudante tem capacidade de aplicar e transferir o conhecimento para a prática. Muitas vezes, a simples presença física ou remota já é considerada um reconhecimento de aprendizagem.

O mundo atual é mais complexo do que complicado. A escola deve estar a serviço do mercado e da sociedade, e não o contrário, divulgando e criando novos conhecimentos que promovem as transmutações em todos os níveis econômico, tecnológico e, inclusive, educacional. Nesse novo paradigma, a autonomia e a autodireção do estudante auferem uma dimensão muito maior. Os ambientes de aprendizagem passam a ser plurais, razão pela qual é necessário enlaçar o desconhecido, buscar caminhos inéditos, observar a instrução por novas janelas, outros ângulos para aprender e se desenvolver por meio de desafios, estímulos, curiosidade, interação e colaboração.

O êxito da aprendizagem e do desenvolvimento factual ocorre por meio de três dimensões: instrucional, experiencial e experimental, bem como aplicando, transferindo, acertando e errando em projetos e resolução de problemas reais. Saliento que o aprendizado efetivo advém somente com a realização concreta do objeto de aprendizagem, e não apenas absorvendo conteúdos. Isso não significa que a instrução dos conteúdos não seja importante, porém, esses são meios para o desenvolvimento das competências programadas e da assimilação efetiva e não finalidade. Sem um vínculo tangível do conteúdo com a vida real, a aplicação e a transferência do aprendizado se tornam muito prejudicadas.

Cada vez mais, as mídias passivas e tradicionais estão sendo substituídas por mídias participativas e interativas. A convergência midiática está exigindo com maior intensidade uma transformação cultural à medida que os estudantes são incentivados, autonomamente, a procurar informações e fazer conexões para encontrar conteúdos esparsos, soltos e dispersos. A expressão cultura participativa contrasta com noções obsoletas sobre passividade, apatia, inércia dos estudantes. Em vez de discorrer sobre docentes transmissores de conteúdos como ocupantes de papéis separados dos discentes receptores, é factível considerá-los participantes, interagindo de acordo com um conjunto de regras que nenhum dos educadores entende por completo.

Adentramos na era da inteligência coletiva, da urdidura de rede, em um sistema de colaboração e participação mútua. Essa cultura participativa não ocorre apenas por meio de tecnologia. Por mais sofisticada que venha a ser, ocorre na atitude, na conduta, na ação, na postura, no comportamento de cada *stakeholder* da escola, em suas interações sociais uns com os outros.

A tecnologia de informação e comunicação não modificou o que aprendemos, mas alterou sensivelmente o modo como assimilamos. O processo de ensino, desenvolvimento e aprendizagem se tornou tecnológico e comunitário, exigindo que se usufrua da enorme inteligência coletiva presente em qualquer organização ou instituição de ensino. É plausível utilizá-la para escolha, organização, disponibilização, distribuição e avaliação dos conteúdos; planejamento dos currículos; elaboração das atividades de aprendizagem efetivas; busca de ferramentas digitais; interação das velhas com as novas metodologias híbridas de ensino, desenvolvimento e aprendizagem. O que não se consegue saber ou fazer sozinho, doravante, com as ferramentas digitais cognitivas, é factível realizar coletivamente, com o auxílio do somatório dos conhecimentos individuais dos atores presentes na escola ou na organização, bem como na perscrutação de informações virtuais e analógicas constantes fora da instituição.

> "O processo de ensino, desenvolvimento e aprendizagem se tornou tecnológico e comunitário, exigindo que se usufrua da enorme inteligência coletiva presente em qualquer organização ou instituição de ensino."

Em tempos de tecnologia digital cognitiva, inteligência artificial e *big data*, a inteligência coletiva é de ampla envergadura para a educação, expressando que as dificuldades de assimilação não podem ser solucionadas individualmente por uma única disciplina, por um singular professor ou por um exclusivo gestor. Deve haver uma atitude de abertura não preconceituosa de todos os educadores e gestores, em que o conjunto de conhecimentos individuais se anula mediante o saber universal, e que, com o auxílio da tecnologia, pode-se realmente melhorar o processo de ensino, desenvolvimento e aprendizagem, por meio da utilização da interdisciplinaridade e da enorme inteligência coletiva congregada nas escolas e organizações. Daí a importância de cada membro do grupo se incorporar ao perfil nexialista. Desse modo, saberá conectar e ter a aptidão de congregar os conhecimentos diversos constantes da inteligência coletiva para criar soluções efetivas e eficazes com perfeito bom senso.

A utilização da inteligência coletiva, a convergência das velhas e novas metodologias híbridas de ensino, das engelhadas e recentes ferramentas digitais para os ambientes presenciais e virtuais de instrução exigem que as escolas e organizações repensem as obsoletas suposições sobre o processo de ensino, desenvolvimento e aprendizagem. Se os estudantes das gerações anteriores eram tidos como passivos, os das Gerações Y, Z e Alpha, que estão chegando nas escolas, são copiosamente ativos. Se os discentes das Gerações *Baby Boomers* e X eram previsíveis, se estacionavam onde lhes era indicado e faziam o que se determinava que fizessem, os estudantes das gerações atuais são imprevisíveis e migratórios, demonstrando uma declinante lealdade a qualquer tipo de processo padronizado. Se os jovens das gerações anteriores eram indivíduos isolados, silenciosos e invisíveis, os garotos Y, Z e Alpha são conectados, barulhentos e públicos.

As instituições de ensino estão reagindo de forma contraditória a esses recém-poderosos jovens digitais, às vezes encorajando as mutações; ou-

"A linha divisória entre o ensino a distância e o presencial será cada vez mais tênue, com a tendência de se metamorfosearem ou desaparecerem."

tras, resistindo ao que consideram um comportamento renegado. Os estudantes, por sua vez, estão perplexos com o que interpretam como sinais confusos sobre a quantidade e o tipo de participação que podem desfrutar na busca do conhecimento. A tecnologia na educação se multiplicará, se tornará cada vez mais instantânea, abrangente e introjetiva. Caminhamos para formas cada vez mais fáceis e acessíveis de nos ver, ouvir, falar e escrever a qualquer momento, em todo lugar, a custos progressivamente menores. Com a tecnologia avançando cada vez mais rápida e integrada, o conceito de presença e distância, de espaço e tempo, se altera significativamente, bem como a forma de ensinar, desenvolver e aprender.

As ofertas e modalidades de projetos acadêmicos serão cada vez mais variadas, flexíveis e customizadas. Serão maleáveis e versáteis no tempo, no espaço, na organização, disponibilização e distribuição, na metodologia, na utilização de tecnologias, na avaliação e aprendizagem. A linha divisória entre o ensino a distância e o presencial será cada vez mais tênue, com a tendência de se metamorfosear ou desaparecer. O conteúdo a ser desenvolvido determinará a modalidade a ser utilizada: presencial ou a distância.

Com todas essas mutações, o papel do docente se alterou radicalmente. Sucumbiu ao mito do professor carismático, bem-humorado, falante, extrovertido, formador de seguidores. Agora se faz mister um docente confiável, relacional, comprometido, conforme bem delineado no livro *Currículo 30-60-10: a era do nexialista*:

> (...) Tenho insistido nos termos personalização, relacionamento, confiança e comprometimento com a aprendizagem. Relacionamento é um conjunto de expectativas mútuas sobre o comportamento futuro de docente e discente, alicerçado em interações pretéritas entre si. Eu tenho um bom relacionamento com você se eu puder prever sensivelmente um pouco do seu comportamento e se você puder prever um bocado do meu. Se a relação for superficial, incluirá apenas uma vaga sensação em saber o que cada um fará em determinada situação e o quanto poderá confiar para não se prejudicar. Se for profunda, saberá como um e outro pensa, sente, confia e valoriza as opiniões, sugestões, orientações e mediações. Pode-se afirmar que, quando professor e estudante ostentam "bom relacionamento", significa que sentem um nível de conforto entre si, direcionado a um propósito com

o qual ambos concordam. Essa sensação de aconchego é o que denomino de "confiança"[1].

O mundo em redes requer um docente nexialista, conectivo, interativo, confiável; que saiba oferecer causas e desafios, muito mais que conteúdos; que gere necessidades, estimule, incite, seduza e não apenas exija. A grande dificuldade é que estamos vivenciando um apagão de docentes adaptativos, antenados com os inéditos e insólitos paradigmas, modelos mentais, com a utilização de ferramentas digitais, com a mutação do perfil, com o novo jeito de atuação junto a esses estudantes digitais, propositais e participativos.

Mesmo com todo esse turbulento cenário, o docente continua sendo um ator indispensável e insubstituível para o processo de ensino, desenvolvimento e aprendizagem. Professores eficazes, aprendizes capazes. Se os mestres forem ineficientes, todos os discentes que estão sob sua tutela exibirão progresso acadêmico inadequado, independentemente de quão semelhantes ou distintos sejam em relação ao desempenho ou modo de assimilação.

Se o docente é o principal ator no processo instrucional, deverá responder perguntas intrigantes e necessárias, como: Inobstante a modalidade, quão motivador é o processo de ensino, desenvolvimento e aprendizagem na escola? Quantos estudantes realizam as atividades de aprendizagem efetivas, executam as tarefas e procedimentos, estudam e fazem avaliações porque querem e ansiosamente aguardam por isso? Como educadores, precisamos olhar seriamente o porquê de o processo de ensino, desenvolvimento e aprendizagem ser tão penoso e desmotivador. Se não se mutuar como os docentes instruem seus discentes, com ou sem tecnologia, já se estará defasado em relação ao que a sociedade e o mercado esperam das escolas.

Para muitos educadores, os objetivos do ensino rigoroso e da diversão são incompatíveis e mutuamente excludentes. Porém os jovens

---

1. FAVA, R. *Currículo 30-60-10:* a era do nexialista. Maringá: Viseu, 2022. p. 355.

que passam tanto tempo jogando *games* interativos, atraentes e divertidos não aceitam mais um aprendizado entediante. Eles demandam um ambiente de assimilação envolvente, mais motivador, a ponto de os educadores, por bem ou por mal, terem de afastar, banir, proscrever o sofrimento, o tédio, o enfado associado à educação.

Os educadores têm muito a aprender com os *designers* de *games*. Talvez o item mais relevante seja como eles mantêm o jogador envolvido, ansioso e motivado a completar cada nível de uma fase inteira de um jogo. Certamente ganharíamos se pudéssemos adicionar jogabilidade às atividades de aprendizagem, acrescendo, na medida do possível, um pouco de incerteza a tudo que ensinamos e desenvolvemos. Apesar de muitos professores já se comportarem de forma sedutora, a motivação seria melhorada se eles fossem incentivados a pensar não tão somente na organização e disponibilização dos conteúdos, mas também no acréscimo máximo de desafios e necessidades.

"Os aprendizes digitais necessitam ser mediados, mas também desejam ser respeitados e ouvidos."

Não foi a capacidade de atenção do estudante que mutuou, mas a tolerância e suas possibilidades. Na rotina do seu dia a dia, os jovens Y, Z e Alpha estão desimpedidos de escolher entre a sonoridade de uma música, a tensão de um bom filme, o encanto e desencanto da internet e o penoso, estressante e desencantador ambiente de aprendizagem. Ante a resposta objetiva e clara de uma inteligência artificial generativa está o discurso entediante de um professor despreparado para o mundo cognitivo e digital, em que os jovens habitam e se sentem em consonância e harmonia. Os aprendizes digitais necessitam ser mediados, mas também desejam ser respeitados e ouvidos. Eles almejam realizar seus sonhos e paixões; pleiteiam aprender e se desenvolver utilizando ferramentas de seu tempo; preferem se relacionar e assimilar em grupo; querem se conectar com seus pares para expressar, dividir, compartilhar opiniões dentro e fora da escola; esperam cooperar, interagir, concorrer; querem competir uns com os outros; e, por fim, ambicionam uma educação que não seja apenas relevante, mas real.

Figura 9.1 – Sequência de aprendizagem das gerações

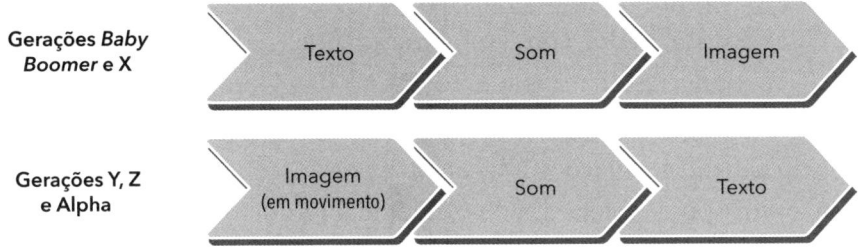

Fonte: elaborada pelo autor.

Os integrantes das Gerações Y, Z e Alpha querem aprender de maneira diferente, pois absorvem informações de forma diversa. As Gerações *Baby Boomer* e X, por exemplo, tinham

> "Um dos grandes desafios dos docentes envolve o intervalo de atenção. Solicitar ou exigir que um estudante Y, Z ou Alpha se acomode e leia um livro durante horas pode ser quase inadmissível."

seu processo de aprendizagem apresentado na sequência texto-som--imagem. Para aquelas gerações, o texto era entendido como uma forma de comunicação primária, sendo as imagens suas auxiliares. Isso é completamente diferente do que se observa nas gerações atuais, que assimilam de maneira invertida e mudaram o modelo sequencial para imagem-som-texto (de preferência, com imagens em movimento).

Um dos grandes desafios dos docentes envolve o intervalo de atenção. Solicitar ou exigir que um estudante Y, Z ou Alpha se acomode e leia um livro durante horas pode ser quase inadmissível. Os docentes precisam passar conteúdos do modo como eles estão acostumados a digerir. Eles querem formas de aprendizagem que sejam significativas, maneiras que lhes façam ver, imediatamente, que o momento que é gasto em sua educação formal é valioso, que os docentes fazem bom uso da tecnologia e que eles acessam, conhecem e dominam.

É claro que o uso de tecnologias na educação não é uma garantia de melhoria da experiência de aprendizagem. Há quem diga que as quinquilharias eletrônicas prejudicam a qualidade. Entretanto, com profusas possibilidades, com tantos paradigmas recentes, seria inevitável que a metamorfose chegasse à educação das Gerações Y, Z e Alpha. Existe um enorme paradoxo para os educadores, pois o lugar onde as principais transformações educacionais estão ocorrendo não é na escola, e sim após a escola. É no mundo de fora que os jovens atuais estão ensinando – a si mesmos e uns aos outros – tudo que é importante e verdadeiramente útil sobre a realidade presente e futura. Depois da escola, ninguém diz o que eles devem fazer para aprender. Eles buscam seus interesses e paixões, tornando-se experts no processo.

Isso é, ao mesmo tempo, bom e ruim, pois expressa que a evolução na educação é lenta e não acompanha as novas possibilidades e necessidades de um mundo digitalizado, globalizado, interativo, relacional, participativo e cooperativo. Faz-se mister caminhar célere, adequar e adaptar o perfil do corpo docente, se tornar nexialista, utilizar a incrível abundância de conhecimento da inteligência coletiva para angariar as inteligências cognitivas, socioemocionais, volitivas e decernere, pois somente assim será exequível formar profissionais-cidadãos competentes, com inteligência de escola, inteligência construtiva e inteligência de rua, enfim, inteligência de vida, que tenham empregabilidade e trabalhabilidade, que promovam e amplifiquem o empreendedorismo, que participem da melhoria de toda uma sociedade carente por educação profícua, frutífera e prática.

CAPÍTULO 10

Benchmarking de uma escola de sucesso

O sistema japonês de qualidade, baseado num processo denominado de *kaizen* (alto aprimoramento contínuo), utiliza a palavra **dontotsu** (lutar para tornar o melhor do melhor), que consiste em procurar, encontrar, aperfeiçoar, superar a qualidade dos concorrentes. No ocidente, esse conceito passou a fazer parte do planejamento estratégico empresarial, tornando-se conhecido como *benchmarking*.

Benchmarking é uma técnica de busca contínua das melhores práticas, que permite realizar comparações de processos de companhia a companhia, para identificar

"As instituições de ensino devem buscar as melhores práticas por meio de processos responsáveis de *benchmarking*."

o melhor do melhor e alcançar um nível de superioridade, ou atingir o que o professor e consultor americano Michael Porter denomina de "vantagem competitiva"[1]. *Benchmarking* não é cópia ou imitação, mas um processo permanente de investigação que fornece valiosas informa-

---

1. PORTER, M. *Estratégia Competitiva:* técnicas para análise de indústrias e da concorrência. São Paulo: Atlas 2005.

ções. Não é um modismo de gestão, e sim um método de aprendizado. Portanto, requer determinação, aplicação, firmeza, disciplina, flexibilidade, trabalho intenso, além de consumir investimento e tempo.

As instituições de ensino devem buscar as melhores práticas por meio de processos responsáveis de *benchmarking*. Pensando nisso, procurei uma escola que ensinasse com qualidade e que desenvolvesse competências e habilidades em projetos simulados e reais; que tivesse um projeto pedagógico alinhado com seu tempo e com os novos tempos; que desenvolvesse em seus aprendizes a arte de formular perguntas claras, objetivas, coerentes e adequadas ao perfil do indagado. Nessa escola, os estudantes são preparados para resolver problemas complexos e inesperados, cuja solução talvez não recaia propriamente em nenhuma categoria ou área de especialização bem definida. Ou seja, o conteúdo é aplicado e transferido para desenvolver competências e habilidades, e não para ser memorizado.

Nessa instituição, os aprendizes devem ser capazes de improvisar, tomar decisões difíceis, reconhecer aspectos em comum entre problemas diferentes, investigar os fatos para comprovar ou refutar suas hipóteses, trabalhar em cooperação com os outros. O programa acadêmico é idealizado a fim de proporcionar uma profunda imersão no campo de especialização escolhido pelo aprendiz e, ao mesmo tempo, uma visão geral de outras áreas, de forma que os estudantes possam lidar, de maneira integrada, com problemas inusuais, insólitos e complexos.

Para garantir que os discentes não se deixem tomar por apenas uma visão dos conceitos teóricos, estes são, com frequência, levados a campo, fora dos muros da escola, para verificar de que modo podem aplicar e transferir na prática o que aprendem na teoria. Também, para que obtenham uma visão ampla do mundo, são convidados professores, poetas, artistas e cientistas, que formam um corpo docente visitante da escola.

A metodologia é baseada no diálogo, na obediência, no respeito, na determinação, no acatamento, na cooperação, no ensino compartilhado entre mestre e discípulos. Essa é a escola ideal para o nosso tempo, pois busca uma formação por competências, utilizando como meio o estudo de conteúdos factuais, conceituais, processuais, atitudinais e metacognitivos. Foi construída em 343 a.C., nas colinas de Mieza, na Macedônia, tinha como principal professor Aristóteles e, como aprendizes, Alexandre, o Grande, e seus generais.

Segundo relato do escritor indiano Bose Partha, Alexandre tinha 13 anos quando Filipe II (383-336 a.C.), rei da Macedônia, decidiu que seu filho precisava de uma formação muito superior àquela que estava sendo ofertada. Filipe, tendo ele próprio se beneficiado das inspiradoras experiências educacionais proporcionadas por grandes mestres, quando foi mantido refém em Tebas, desejava para Alexandre um tutor que lhe propiciasse não apenas uma boa formação, mas que também o preparasse para solucionar os problemas que enfrentaria mais tarde como rei. Não queria que se limitasse a aprender as respostas de sempre para anomalias banais; ensejava que fosse hábil na formulação de perguntas e que desenvolvesse um arcabouço intelectual capaz de guiá-lo diante de qualquer desafio com que se deparasse.

Como diria o dramaturgo e um dos mais importantes autores das tragédias gregas, Sófocles (406-497 a.C.), era necessário um preceptor apto a proporcionar ao príncipe "a orientação e a contenção do freio"[2].

"Aristóteles aceitava a educação tradicional grega, considerando, no entanto, que esta deveria ensinar conceitos úteis e necessários à vida prática."

Precisava de um mestre capaz de enxergar não somente os dois lados de uma questão com mais rapidez que seu filho, mas talvez até seis lados. Filipe escolheu Aristóteles para ser esse tutor. Aristóteles nasceu em 384 a.C., na ilha de Estagira, Trácia, histórica região do Sudeste da Europa, antiga Macedônia, atualmente dividida entre Grécia, Turquia e Bulgária. Aos 17 anos, frequentou a Academia de Platão, em Atenas.

---

2. BOSE, P. *Alexandre, o Grande:* a arte da estratégia. Rio de Janeiro: Best Seller, 2006, p. 43.

Sua família era velha conhecida da realeza macedônica. Seu pai foi médico de Amintas, pai de Filipe. Aristóteles havia sido alçado recentemente ao máximo da Academia de Platão, onde estudara e lecionara por mais de 20 anos. Com a morte de Platão, em 347 a.C., Aristóteles não aceitou Espeusipo (303-339 a.C.), considerado por alguns como neto e, por outros, sobrinho de Platão, como substituto e diretor da Academia, e se retirou da escola.

De volta a sua terra natal, o filósofo encontrou uma Macedônia de encantos culturais e exuberância literária. Uma escola palaciana havia sido edificada para ele nas colinas de Mieza, não muito longe da capital, Pella. Na maioria dos dias, Mieza era uma pintura de serenidade banhada pelo sol, com estradas e calçadas de pedra e alamedas sombreadas, onde grupos de estudantes conversavam sobre poesia persa e teatro grego. Jardins botânicos e zoológicos haviam sido construídos ao redor da escola para atender ao interesse de Aristóteles pelas ciências biológicas.

Filipe já havia profissionalizado a Ordem dos Companheiros, composta de comandantes e generais. Ele acreditava que os aprendizes de Mieza constituíam o grupo do qual sairiam as futuras gerações de Companheiros. Assim, pediu que os nobres macedônios enviassem seus filhos da idade de Alexandre para estudar com ele em Mieza.

A escola foi concebida para o ensino cultural e filosófico. Acima de tudo, sua função era preparar os militares, os profissionais, a elite governante que, um dia, administraria a Macedônia e seus territórios. Pouca informação nos chegou sobre esse tempo que Alexandre passou em Mieza. Contudo, podemos imaginar que Aristóteles tenha idealizado um programa acadêmico de estudos capaz de proporcionar a ele e aos demais pupilos uma profunda imersão no campo de especialização e, ao mesmo tempo, uma visão geral de outras áreas. Na prática, preparou-os para serem nexialistas, do tipo que soubesse buscar a informação quando necessitasse, de forma integrada com a guerra, com as políticas públicas, com a justiça, as quais, como futuros líderes da Macedônia, era provável que tivessem de acatar.

Aristóteles acreditava que "o ser humano ao nascer é como um rio sem leito, que não sabe para onde vai e que a educação, ao longo do seu amadurecimento, deve guiá-lo". Aceitava a educação tradicional grega, considerando, no entanto, que esta deveria ensinar conceitos úteis e necessários à vida prática. Por outro lado, defendia que a virtude moral e o bom caráter também deviam ser instruídos. O ensino de conceitos, seguido da prática e do desenvolvimento de habilidades procedimentais e atitudinais, foi o foco do currículo de Mieza.

É plausível imaginar Aristóteles, todas as manhãs, passeando com os seus pupilos ao longo do **perípato**, designação dos caminhos cobertos que se encontravam nas mediações da escola. Ali, com eles, seguia adiante, discutindo as questões filosóficas mais profundas, deixando as tardes para expor assuntos de menor dificuldade. Para Bose Partha, o motivo pelo qual podemos acreditar que Alexandre tenha tido contato com as mais diferentes temáticas sob os auspícios de Aristóteles é que, em suas campanhas, ele demonstrava um prodigioso interesse pelas mais diversas áreas, além de extraordinária compreensão delas. Também sabemos que Aristóteles, dentre os mestres atenienses, era quem nutria maior interesse pela diversidade de estudos. Aliás, não mero interesse, mas profunda compreensão – atribui-se a ele a autoria de cerca de 150 livros sobre temas diversos, como meteorologia, metafísica, física e política.

Há uma famosa frase de Arquíloco, poeta lírico e soldado grego do século VII a.C.: "a raposa sabe muitas coisas, o porco-espinho sabe apenas uma e fundamental coisa". Aristóteles era considerado a raposa e, com efeito, é tido

"Aristóteles é tido como o maior dos polímatas, transitando pelos campos mais díspares, de política a interpretação de sonhos."

como o maior dos polímatas, transitando pelos campos mais díspares, de política a interpretação de sonhos, enquanto seu mestre, Platão, era considerado o porco-espinho, com uma única e arrebatadora paixão, que era o governo dos reis-filósofos.

Mieza foi o local onde a mente de Alexandre foi preparada para investigar dados concretos, padrões subjetivos e para procurá-los entre as mais diversas fontes e pessoas, de tal forma a chegar a uma solução. Alexandre foi o primeiro e maior nexialista existente. Uma de suas principais características, como general, numa batalha, era sua capacidade de conseguir dados sobre determinada região retirados das mais variadas fontes – do meteorologista, do especialista em agricultura, do botânico, do zoólogo, do engenheiro civil, do hidrólogo, do historiador e até do sofista que viajasse com ele – e sintetizá-los de tal modo a formar uma opinião quanto ao melhor momento para invadir a região, quantos soldados deveria mobilizar e manter e como essa região poderia facilitar a próxima etapa da expedição.

"Havia uma humildade que Aristóteles deve ter procurado inculcar em Alexandre e nos outros estudantes, referindo-se à inexistência de uma resposta perfeita para todos os problemas."

Alexandre não só buscava essas informações com seus especialistas para então triangulá-las com aquelas que já trazia na cabeça, como também compreendia com absoluta clareza que, por mais sofisticada que fosse uma análise, ela jamais poderia substituir a experiência de alguém que morasse na região que almejava invadir ou tivesse profunda ligação com o problema que estivesse tentando resolver. Alexandre poderia rejeitar o parecer de seus especialistas acerca da melhor rota para surpreender o inimigo sobre uma colina, por exemplo, em função das orientações dadas por um jovem pastor da região, cuja família viesse cuidando de seus rebanhos naquelas paragens há décadas, conhecendo, portanto, todos os cantos, recantos e passagens das montanhas.

Havia uma humildade que Aristóteles deve ter procurado inculcar em Alexandre e nos outros estudantes, referindo-se à inexistência de uma resposta perfeita para todos os problemas. Eles eram preparados para acreditar que o mundo era um complexo de sentimentos, pontos de vista, hipóteses e preconceitos. Uma das missões de Mieza era ensinar os rapazes a cooperar uns com os outros em cada tarefa. Podemos tentar imaginar um Aristóteles de 42 anos incitando, incentivando, orientando os meninos a trabalharem juntos para solucionar problemas.

Existe pouco ou nenhum registro preciso sobre o que Aristóteles de fato ensinou a Alexandre, mas sabemos que os anos que o filósofo passou em Mieza foram cruciais para a formação de sua opinião sobre uma ampla gama de assuntos que influenciaram e continuam influenciando o modo como pensamos hoje sobre uma enorme variedade de assuntos. Os métodos de ensino de Aristóteles são importantes porque soam exatamente como os mesmos que usamos ou deveríamos usar atualmente para formar profissionais das mais diversas áreas de conhecimento.

Sócrates foi o primeiro professor ateniense a travar contato com seus discípulos por intermédio de questionamentos e diálogos. Não havia nada de disciplinado ou rigoroso no método socrático. Ele iniciava uma interlocução com alguém, em qualquer lugar. Aristóteles esteve entre os primeiros a adotar o método de Sócrates e aplicá-lo num ambiente de ensino formal, de maneira disciplinada, com o rigor necessário. Ele acrescentou disciplina ao conteúdo que estava sendo discutido, além de aperfeiçoar a técnica e o método de discussão e formulação de perguntas.

Aristóteles sabia que instruir Alexandre a agir de improviso poderia expressar a diferença entre o fracasso e o sucesso, entre a vida e a morte. Para raciocinar com rapidez e clareza, era preciso conhecer o ambiente, adaptar-se às suas condições no sentido do cumprimento de uma meta. Sendo assim, Aristóteles, que era extremamente "pés no chão", soterrava Alexandre de dados e situações para observar como ele encarava, adaptava, resolvia um problema com base numa série de dados desconexos, nos aspectos frágeis da lógica de um argumento, nas informações que estavam faltando – mesmo já quase afogado em dados e informações de toda espécie.

"Nos três anos de preparo de Alexandre sob a orientação de Aristóteles, Mieza respondeu à altura ao desafio de criar um grupo de nobres intelectuais fisicamente preparados para conquistar o mundo."

Alexandre e seus companheiros em pouco tempo se tornaram ótimos reconhecedores de padrões, capazes de fazer cálculos de extrapolação a partir de dados mais simples, de formular juízos baseados em sua intuição. Aristóteles nutria profundo interesse pela biologia e passava seu tempo livre classificando e categorizando os diferentes tipos de plantas e animais, usando seu sistema classificatório para entender também o mundo cognitivo. Criou uma taxonomia para os tipos de questionamentos que as pessoas faziam e incutiu em cada um de seus estudantes a vontade instintiva de redigir boas perguntas, nas quais a entonação, a formulação, o encadeamento das indagações, além do domínio das pausas e inflexões na geração do efeito desejado, eram tão importantes quanto o próprio conteúdo da questão.

Os companheiros eram preparados para correr riscos e Mieza encorajava essa disposição da próxima geração de líderes macedônios. Para assumir riscos, era vital uma atmosfera na qual contestações tanto da autoridade quanto das ideias fossem acatadas e aceitas. Nos três anos de preparo de Alexandre sob a orientação de Aristóteles, Mieza respondeu à altura ao desafio de criar um grupo ou comunidade de nobres intelectuais fisicamente preparados para conquistar o mundo. Acima de tudo, Mieza deu a Alexandre, sob a tutela de Aristóteles, uma visão de mundo que era mais ampla e integrada do que qualquer outra instituição educacional teria sido capaz de oferecer.

Mieza não foi apenas instituição de formação, mas também de fraternidade. O que se fazia depois das aulas era tão importante quanto o programa instrucional. A socialização e a convivência constituíam partes integrantes do processo. As pessoas com as quais esses adolescentes interagiam e a profundidade com que se relacionavam entre si eram quase tão importantes quanto o que elas aprendiam. Aqueles meninos, dali a algum tempo, estariam servindo ao lado de Alexandre como companheiros, generais, comandantes, guardiões, confidentes.

Após três anos de intenso trabalho na instrução de Alexandre, Aristóteles voltou para sua terra natal, Estagira, com a sensação de dever cumprido. Com a morte de Filipe em 336 a.C., Alexandre o sucedeu e resolveu ajudar seu mestre. Em 335 a.C., Alexandre financiou a construção e a manutenção de um liceu para Aristóteles. A escola foi construída nos arredores de Atenas, num pequeno bosque dedicado a Apolo Lykeios e às musas, razão pela qual a escola foi denominada de Liceus Aristotélico.

Durante 12 anos no Liceu, Aristóteles viveu uma vida tranquila e muito produtiva. Desses anos datam as principais obras, elaboradas com o auxílio de pesquisas em sua rica biblioteca, precursora das bibliotecas de Alexandria, no Egito, e de Pérgamo, na Ásia Menor. A primeira reuniu, ao longo de sete séculos (período de 280 a.C. a 416 d.C.), o maior acervo cultural e de ciências que existiu na Antiguidade; enquanto sua congênere asiática foi fundada por Átalo I Sóter (241-197 a.C.). No Liceu, trabalhava-se, sobretudo, no campo das ciências particulares, prevalecendo o elemento empírico da Filosofia.

Tanto a Academia de Platão quanto a Escola de Mieza e o Liceu Aristotélico foram instituições novas no âmbito da educação da época, num período em que o homem (cidadão livre e responsável da cidade--estado) passou para um primeiro plano, dando origem a saberes e técnicas que o tornaram mais consciente de si, de suas potencialidades e realizações. Essas escolas se tornaram fóruns naturais, espaços adequados, abertos e frutíferos para o diálogo, para a discussão, para a produção de teses filosóficas, políticas, sociais ou científicas inovadoras e muito diferenciadas.

A história mostra que os resultados da escola de Mieza foram um sucesso estrondoso. Um educandário que estava muito além, não apenas de seu tempo, mas certamente de muitas instituições de ensino hodiernas. Aquela escola já praticava uma educação postulada pelo atual momento, que demanda atributos da inteligência artificial e da tecnologia digital cognitiva. Entendê-la e conhecer seus métodos é um excelente *benchmarking* para todas as organizações de ensino, desenvolvimento e aprendizagem contemporâneas.

Em tempo: com a morte de Alexandre, em 323 a.C., Aristóteles foi perseguido pelos gregos, fugiu para a ilha de Eubeia, onde vivia sua mãe, vindo a falecer aos 62 anos, em 322 a.C.

CAPÍTULO 11

Os gestores e as gerações

As novas gerações estão inundando os ambientes corporativos, porém a transição da vida estudantil para a dura realidade profissional é um choque, tanto para os jovens Y e Z, que estão adentrando agora, quanto para as gerações anteriores, que têm dificuldades em acompanhar o ritmo acelerado e frenético desses imberbes gestores empresariais. Conforme já destacado, as Gerações *Baby Boomers* e X são superconfiantes, instáveis, mimadas, frívolas e volúveis. Esse pressuposto se deve ao fato de esses indivíduos serem mal compreendidos e inadequadamente conduzidos pelos gestores tradicionais, que os tratam de acordo com as perspectivas e o ritmo das gerações anteriores. Querer reger esses mancebos apenas de forma racional, planilheira e lógica é saber que será necessário conviver com um contínuo conflito de cultura, modelos mentais, hábitos e relacionamentos.

A história tem mostrado que o choque de gerações não é privilégio dos dias atuais, e continuará a persistir se não se aprender a conviver com as diversidades. A discrepância comportamental, a maneira e

"No mundo do trabalho, para a Geração X, a lealdade repousa em sua própria marca pessoal. Um grupo de indivíduos que tem como grife 'Eu S.A.' pensa mais na remuneração que em qualquer tipo de reconhecimento."

a velocidade de pensar, agir, aprender e se expressar variam de geração para geração. Os *Baby Boomers* são experientes e disciplinados; a Geração X é linear e comprometida; os Y são imediatistas e questionadores; enquanto os Z são colaboradores e possuem propósitos e objetivos comuns. Um integrante da Geração X tende a utilizar um modo mais seguro e testado para solucionar um problema corporativo. O Y ou Z irá inovar na solução e procurar formas não convencionais visando ao desenvolvimento do seu próprio e inédito método. Nesse embate, não existe certo ou errado, mas tão somente formas distintas de vislumbrar o mundo. Gerenciar esses contrastes é um grande desafio.

No mundo do trabalho, para a Geração X, a lealdade repousa em sua própria marca pessoal. Um grupo de indivíduos que tem como grife "Eu S.A." pensa mais na remuneração que em qualquer tipo de reconhecimento ou comemoração que possa ser oferecido. Por outro lado, a motivação e a energia dos jovens Y e Z extravasam as fronteiras geográficas locais. Para eles, a estagnação é entediante; necessitam de desafios, propósitos e experiências. Suas preocupações são mais globais que regionais, razão pela qual estão antenados com as questões sociais, ecológicas e ambientais. Colocam as ocupações e profissões em um contexto social de modo que não vivem para o trabalho, mas trabalham para viver. Não pensam apenas em remuneração, desejam *feedback, feedforward,* reconhecimento e comemoração. É uma geração que está alimentando um número sem precedentes de "nômades estoicos", na medida em que adentram para a força do mercado. Não são infiéis, contudo, de modo algum, se consternam em exercer fidelidade a qualquer preço para uma instituição.

Pela primeira vez na história do trabalho, convivem nas organizações quatro gerações distintas. As Gerações Y e Z principaram causando impacto e desconfortos. Cresceram com mais liberdade de escolha e prosperidade econômica. Dominam a tecnologia e as mutações como parte da vida diária, o que, provavelmente, as tornará as gerações mais férteis e produtivas de todas. Possuem suas expectativas e querem ser respeitadas e tratadas à sua maneira de ver e viver o mundo. As estratégias de retenção de talentos praticadas necessitam ser reavaliadas, ajustadas, afinadas ao atual compasso desses jovens digitais.

O planejamento e a gestão racional continuam relevantes, afinal, estão carregados de pragmatismo e objetividade. Entretanto, as tomadas de decisões estão mais focadas em planilhas, números e dados concretos, com visão interna que reflete muito parcamente o contexto cultural externo e as circunstâncias locais, regionais e globais. Os sistemas organizacionais deverão estar mais concatenados com as conexões direcionadas às pessoas, uma espécie de rede social desenvolvida e alicerçada em quem se conhece internamente, em vez de organogramas com fortes linhas hierárquicas de controle e responsabilização, afinal, não é a estrutura organizacional que estabelece a liderança, e sim o relacionamento e a confiança. Por tudo isso, mesmo não dispensando a gestão racional, a gestão relacional passa a ser vital, pois as Gerações Y e Z estão muito mais associadas a relacionamentos e interações entre pessoas; eles desejam ser lideradas e não chefiadas, querem ser motivadas e não controladas; necessitam de propósitos e não apenas de metas.

Os jovens Y e Z possuem uma visão própria sobre multinacionalização. Para essas gerações, globalização consiste, simplesmente, no aumento das redes de relacionamento e na ampliação e aprofundamento do ritmo de conexões mundiais. Para os *Baby Boomers* e X, a globalização é vista como uma integração econômica caracterizada pelos princípios do capitalismo, do livre comércio, com mínima interferência governamental. Diante disso, a Geração X adora utilizar termos "inglesados", entendendo que isso demonstra competência, maior capacidade e melhor interatividade com os princípios da mundialização dos negócios.

> "As Gerações Y e Z encaram a globalização como algo usual, visto que suas conexões digitais não reconhecem fronteiras, possuindo a liberdade de ir e vir virtualmente o tempo todo, a qualquer espaço ou lugar."

As Gerações Y e Z encaram a globalização como algo usual, visto que suas conexões digitais não reconhecem fronteiras, possuindo a liberdade de ir e vir virtualmente o tempo todo, a qualquer espaço ou lugar. Esse perfil está trazendo mutações rápidas na força de trabalho. Os recentes paradigmas acoplados a esses jovens trabalhadores requerem que se sobressaiam líderes capazes de enfrentar esse turbilhão de transmutações, que sejam mais ágeis, mais bem preparados para entender e descobrir novas oportunidades, e mais perspicazes no planejamento, execução e desenvolvimento dos mercados e negócios.

As Gerações *Baby Boomer* e X sempre lideraram, na sequência, processos-sistemas-pessoas, considerando as pessoas como terceira força. As Gerações Y e Z inverteram essa prossecução para pessoas--processos-sistemas, explicitando que a gerência racional continua sendo relevante, mas que a liderança relacional passa a ser fundamental. O que se comprova é que, com a globalização, o reconhecimento e a retenção devem ser o foco da gestão de talentos. Nos círculos sociais e profissionais, é difícil encontrar um trabalhador Y ou Z que, mesmo em suas curtas carreiras profissionais, não tenha se movimentado mais de uma vez de uma empresa para outra. Existe, portanto, uma urgente necessidade de adaptação dos paradigmas hodiernos, um inaudito pensamento em termos de liderança e administração de pessoas.

"Os jovens digitais nasceram, cresceram e se moldaram ao mundo no qual a tecnologia cognitiva e a inteligência artificial ditam as regras."

Os programas de remuneração precisam ser reimaginados. Objetivos e metas alimentados por culturas de gratificações em curto prazo para poucos perderam a confiança e o apoio desses jovens trabalhadores. Muitos gestores das gerações anteriores poderão ficar reticentes e pensar que não carecerão mudar, simplesmente porque as Gerações Y e Z têm valores e comportamentos distintos. Porém essa é uma receita infalível para o desastre, uma vez que essa galera será a força-motriz que impulsionará tanto a recuperação quanto o desenvolvimento, o crescimento e a perenidade das organizações.

Os jovens digitais nasceram, cresceram e se moldaram ao mundo no qual a tecnologia cognitiva e a inteligência artificial ditam as regras. Eles são mais nexialistas, sabem onde e como buscar a informação, possuem um desejo insaciável por outras experiências e uma ânsia por desafios e propósitos. Sentem-se prontos, com plena capacidade para, com a inteligência decernere aflorada, fazer escolhas e tomar decisões rápidas, com significativo poder de proatividade. Isso requer importantes alterações nas competências e habilidades, além de, obviamente, adaptações nos projetos pedagógicos escolares. As metodologias de ensino, desenvolvimento e aprendizagem migram de um processo de memorização para uma maior interpretação, análise, sintetização, aplicação e transferência dos conceitos em situações específicas, seja na resolução de problemas, seja no desenvolvimento de projetos e/ou inovação de produtos e serviços. Consequentemente, há uma forte inclinação para o emprego de métodos que utilizam simulações, jogos e estudos de casos reais, hipotéticos e fictícios.

Somado aos conhecimentos específicos do curso ou área escolhida, todas as profissões requerem razoável conhecimento de técnicas de gestão, como a capacidade de lidar com pessoas; elaboração de planejamento e cenários; interpretação e análise de resultados; administração de conflitos. Essas aptidões estão acopladas às dimensões superiores da taxonomia de Bloom, e se prestam a iniciativas de criação de receitas, que são naturalmente cíclicas e que requerem mestrias de garimpar e avaliar informações estimulando gestores e geridos para as próximas oportunidades. Para isso as Gerações Y e Z se sentem preparadas, pois estão sempre à procura de ideias diferentes e desafiadoras.

Parte da infidelidade dos jovens Y e Z a qualquer organização está na frustração com a estagnação e no fato de conviverem, em suas ocupações, com os conceitos e teorias de administração estabelecidos pelas escolas, contextualmente ultrapassadas, da Primeira e da Segunda

Revolução Industrial. Desejam variedades, liberdade, oportunidades de desenhar novas soluções, conceber, testar, aplicar novas teorias e técnicas no trabalho. Tencionam, no final das contas, liberdade para fazer experiências tanto no espaço físico quanto no campo intelectual; aceitam, preferem e cogitam utilizar-se da inteligência coletiva contida no grupo; idolatram a inteligência artificial generativa, sabendo que é preciso manter o equilíbrio entre a eficiência da IA e a essencialidade do olhar humano, sua empatia e intuição, que potencializa a ação das pessoas com dados e análise lógicas. Nesse caso, o choque de gerações é salutar, uma vez que a vivência e a experiência dos mais velhos auxiliarão para que não tomem decisões e ações precipitadas que possam causar danos tanto às organizações quanto ao mercado e até a si próprios.

Distintamente das Gerações *Baby Boomers* e X, os jovens Y e Z não têm qualquer preocupação com "impressionar o chefe", sendo, por exemplo, os primeiros a chegar e os últimos a sair. Preferem planejar seu dia em relação às tarefas imediatas. Gostam de trabalhar e ser cobrados por propósitos e resultados. Se, para tanto, for preciso prolongar suas atividades até altas horas da noite, não há problema, desde que sejam reconhecidos e recompensados. O equilíbrio entre diversão e trabalho é mais maleável que o praticado pelas gerações anteriores, que preferem a linearidade, bem como dias de expedientes altamente estruturados e controlados, em que as agendas são marcadas e seguidas rigidamente. Também preferem que as decisões e ações sejam realizadas por consenso.

Esses jovens se sentem mais à vontade ao labutar com limites mais amplos, hierarquias e organogramas mais folgados, fora de regras estritas. Isso lhes proporciona liberdade de arriscar, chegar ao extremo, forçar os limites. Querem um trabalho colaborativo, com maior transparência e um nível de confiança superior, que não necessite de supervisão excessiva. A educação contemporânea necessita estar antenada com todas essas mutações. Não basta apenas mutuar de modalidade, se apropriar de recentes tecnologias. Faz-se mister alterar os paradigmas, modelos mentais, hábitos, bem como o planejamento, a concepção de currículos, quebrar as barreiras da escola, que necessita deixar de ser insular e se tornar continental. Enfim, adequar, adaptar e flexibilizar o processo de ensino, desenvolvimento e aprendizagem, uma vez que a disponibilidade, a abundante conectividade e interatividade fizeram com que o mundo se tornasse muito menor. Nesse novo mundo, a tecnologia pode transcender e derrubar fronteiras, amplificar o *network*, conectar as pessoas, facilitando o nomadismo.

Esse mundo acoplado, agregado, interligado, conectado requer outras competências e habilidades, diferentes conceitos, renovadas teorias de administração e hodiernos modelos instrucionais. Dos seus indivíduos espera-se que desenvolvam aptidão de lógica, matemática, raciocínio crítico e analítico, mas também que aprimorem as inteligências socioemocional, volitiva e decernere. Mas não só. É preciso que saibam buscar e perscrutar a informação desejada, por meio de perguntas pertinentes, coerentes e objetivas, enfim, que tenham o perfil de um lídimo nexialista. A responsabilidade por tudo isso deve ser das instituições de ensino. Se não agirem e se adaptarem, os jovens Y, Z e Alpha irão buscar as competências inescusáveis em outras instâncias fora dos muros das escolas, causando desistências e dificuldades de captação de estudantes e, consequentemente, dificuldades de sobrevivência e perenidade.

CAPÍTULO 12

PDDA, uma ferramenta de gestão educacional

O conhecimento, as novas tecnologias, a inteligência artificial, com suas vivacidades e penetrações, têm destruído os antigos limites entre os setores de atividades e modelos gerenciais. Pode-se, finalmente, derrubar as barreiras entre estudo, trabalho e lazer. O fator característico dessa revolução consiste na importância assumida pela programação do futuro por meio de um novo modo de promover a educação, que se vale da informação; da tecnologia, da digitalização; do aperfeiçoamento e dos recentes meios de comunicação; do nexialismo; da habilidade de aproveitar a inteligência coletiva presente em todos as áreas e setores da instituição.

"É comum os líderes do mercado exigirem reformas educacionais. Afinal, independentemente de boa parte do mundo viver uma crise de desemprego, há, paradoxalmente, uma escassez de talentos."

"Não vivemos na era da informação, estamos na era da colaboração, a era da inteligência conectada", salienta o escritor canadense Don Tapscott[1]. Eu acrescentaria que também vivemos na

---

1. TAPSCOTT, D.; WILLIAMS, A. *Wikinomics:* como a colaboração em massa pode mudar o seu negócio. Rio de Janeiro: Nova Fronteira, 2007.

era da aplicação da inteligência coletiva. A tecnologia digital cognitiva assume papel central na sociedade, no plano social, na empregabilidade e na trabalhabilidade. "Não basta conhecer, é preciso entender, aplicar e transferir", dizia meu saudoso pai, querendo expressar que informação sem ação é apenas uma notícia e informação com ação é conhecimento.

É comum os líderes do mercado exigirem reformas educacionais. Afinal, independentemente de boa parte do mundo viver uma crise de desemprego, há, paradoxalmente, uma escassez de talentos. Em qualquer setor ou área, buscam-se ansiosamente pessoas nexialistas, com acuidade mental, conhecimentos científicos, habilidades de comunicação e tecnológicas e inteligência cognitiva, emocional, volitiva e decernere. Enfim, com inteligência de vida. As instituições de ensino não estão formando esse tipo de egresso, em outros termos, as escolas, que deveriam ser bancos de talentos, incubadoras do futuro, não estão cumprindo esse papel.

Existe um fato muitas vezes despercebido. A relação entre produtores de serviços e consumidores, governantes e governados, professores e estudantes está se transformando de verdade. Na educação, o sentido é a participação efetiva na aprendizagem de educadores e educandos em um ambiente híbrido (analógico, digital, auto-organizado).

Nessa entrante plataforma digital cognitiva, é necessário que as escolas substituam a força pela resiliência, ou seja, a capacidade de lidar com problemas e anomalias, superar obstáculos, resistir à pressão, perscrutar a transição. Que tenham a predisposição de puxar, e não empurrar, as possibilidades de melhoria que a tecnologia proporciona aos processos de ensino, desenvolvimento e aprendizagem. Que tenham aptidão e anseio de trocar a segurança, a tradição pelo risco do inédito e do desconhecido. É preciso enxergar o sistema como um todo e não como modelos isolados de disciplinas juntadas e não agrupadas coerentemente. Abandonar os mapas em favor das bússolas.

O PDDA (Planejamento, Disponibilização, Distribuição, Avaliação) – uma adaptação do PDCA de Shewhart e Deming – é uma ferramenta de gestão, concebida com o propósito de ser um guia que direciona, flexibiliza, atualiza os processos operacionais e acadêmicos de uma escola.

> "O objetivo do PDDA é externar um método que possa auxiliar as instituições a reconstruir, revisar, adaptar, adequar, atualizar continuamente seus projetos acadêmicos."

O professor e autor Clayton Christensen oferece uma boa explicação do motivo por que instituições muito bem-sucedidas sucumbem quando o ambiente externo se altera. Para o saudoso mestre, desaparecem porque continuam utilizando modelos de gestão bem-sucedidos no passado em uma conjuntura transmutada com novos paradigmas, hábitos e modelos mentais. Métodos de gestão, assim como currículos acadêmicos, não são bons ou ruins – são situacionalmente adequados. Do mesmo modo, projetos acadêmicos não podem ser avaliados e utilizados em absoluto, mas em adaptação e adequação às condições em que são concebidos e desenvolvidos e também ao contexto e às circunstâncias em que a escola está inserida.

O objetivo do PDDA é externar um método que possa auxiliar as instituições a reconstruir, revisar, adaptar, adequar, atualizar continuamente seus projetos acadêmicos. Sugerir um caminho para a concepção de um sistema acadêmico que oportunize aos estudantes alcançarem uma formação atualizada, comprometida com a promoção da empregabilidade e da trabalhabilidade, com a qualidade de seu exercício profissional e com a sustentabilidade de sua atuação no mercado de trabalho. Neste momento, o que se faz fundamental é um método que quebre o paradigma de construção de cursos e matrizes engessadas e que possibilite construir projetos acadêmicos dinâmicos, atualizados, adaptáveis e flexíveis.

No contexto tecnológico atual, nas circunstâncias e exigências do mercado, qualquer sistema acadêmico, para ser eficaz, deve ter o foco no desenvolvimento de competências e habilidades voltadas para a empregabilidade e a trabalhabilidade. Vale destacar que o mercado de trabalho exige profissionais com capacidade reflexiva sobre as próprias necessidades de formação continuada, que tenham iniciativa na busca de soluções para questões percebidas, que se adaptem à hierarquia horizontalizada, demonstrem flexibilidade para o trabalho em equipes multidisciplinares e sejam capazes de usufruir da inteligência coletiva do grupo. Na geração de valor que atinja a todos os interessados no sistema de ensino, a proposta estabelece:

- mutuar o foco no ensino para o foco no aprendizado e no desenvolvimento de competências e habilidades;
- ter como foco o aprimoramento da inteligência de escola, da inteligência construtiva e da inteligência de rua, cujo somatório seja a inteligência de vida;
- formar o perfil nexialista, no qual a formulação de perguntas coerentes, pertinentes e adequadas seja o essencial propósito;
- desenvolver as inteligências cognitiva, socioemocional, volitiva e decernere;
- conceber e implantar um sistema acadêmico no qual o conhecimento aplicado e transferível seja efetivado;
- preparar os estudantes para mutuar rapidamente de ocupações que sejam solapadas pelas tecnologias de automação e robotização; e
- aprimorar o processo de ensino, desenvolvimento e aprendizagem, utilizando tecnologias de modo a ofertar serviços diferenciados que favorecerão a integralização e o incremento das competências e habilidades projetas.

"As perguntas não são nunca indispensáveis; as respostas, às vezes, sim." Foi o que me ensinou meu saudoso pai. Perguntar certamente é a maneira mais pragmática de construir qualquer proposta pedagógica. A maiêutica é um método fantástico em que as respostas florescem de perguntas que se multiplicam à medida que vamos realizando o exercício mental, utilizando os próprios conhecimentos, desenvolvendo a capacidade associativa e otimizando recursos na estruturação de mecanismos de raciocínio.

O ensaísta francês Maurice Blanchot dizia que "as respostas são a má sorte das perguntas"[2]. De fato, cada resposta pode implicar fechamento, fim da estrada, término de conversa. Muitas vezes, promete falsamente a solução simples para uma questão provocada e impelida pela complexidade. Entretanto, contrariando as ideias desse grande cientista, propus-me, por meio de perguntas pertinentes e adequadas, a explorar respostas pragmáticas, possíveis, de ações concretas para melhoria do ensino-desenvolvimento-aprendizagem.

A primeira pergunta que fiz ao pensar em uma proposta de sistema acadêmico foi: Quais ciências darão sustentação ao modelo? Sempre entendi que a educação não é uma ciência exata, com leis rígidas, mas uma arte baseada em gnoses como antropologia, sociologia, psicologia, teleologia, pedagogia e metodologia. De cada uma dessas ciências rastreei ensinamentos para a construção da presente proposta. Não obstante, três foram as que mais se identificaram com o processo aventado:

1. Antropologia objetiva o estudo do homem. Emergiu na Revolução Intelectual dos séculos XVIII e XIX, tendo como motivação inicial e elemento deflagrador para que se tornasse ciência o impacto do pensamento evolucionista e darwinista do século XIX. Para cada modelo proposto, o ator principal é o estudante. Para tanto, necessitamos conhecer seu perfil, modelos mentais, hábitos de como se socializam, como se comunicam, como aprendem. Não tenho dúvidas de que existem outras ciências que igualmente fazem o estudo do homem, como sociologia, psicologia, história, economia, ciências sociais e políticas. Porém, a antropologia se distingue por incluir na sua

---

2. BLANCHOT, M. *O livro por vir.* São Paulo: Martins Fontes, 2005, p. 5.

área de estudos questões de ordem física e estrutural, estudos de culturas, hábitos e evolução social.

2. Teleologia (do grego, *télos*, fim, e *logos*, estudo) ou estudo da finalidade nasceu no século XVII com o intuito de exprimir um estilo de explicação mais pragmático, alicerçado em causas finais, diferentemente do hábito de explicação baseado em causas eficientes. Apenas o nome é moderno, a ideia é antiga. O que é fundamental na teleologia pode se encontrar já em Platão e Aristóteles. Apelamos para a causa final, ou teleológica, quando, ante o processo de construção do sistema acadêmico, perguntamos: Para quê? Por quê? Para quem? Como? Onde? Quanto custa?

3. Metodologia expressa, etimologicamente, o estudo dos caminhos, dos instrumentos usados para os processos de ensino-desenvolvimento-aprendizagem, os quais respondem sobre como fazê-los de forma eficiente e eficaz.

Não poderia deixar de manifestar a importância da arte, especialmente da literatura, como instrumento de educação e formação do ser humano. A leitura cria a consciência de quem somos; é o que nos leva a analisar o mundo em que vivemos para transformá-lo no universo em que gostaríamos de viver. O emérito professor Antônio de Mello e Souza dizia que "a literatura não corrompe nem edifica, mas humaniza em sentido profundo porque faz viver"[3]. A literatura ensina valores com robustez emocional, afinal é uma riquíssima fonte de possibilidades para o estudante compreender, por meio da fantasia, da quimera, da imaginação, a

> "A construção de qualquer sistema acadêmico deverá estar embasado na leitura, no estudo, na análise e síntese das grandes obras da literatura."

---

3. CANDIDO, A. A literatura e a formação do homem. In: DANTAS, V. (Org.) *Textos de intervenção*. São Paulo: Duas Cidades, Editora 34, 2002, p. 85.

evolução que ocorre à sua volta, além de outros aspectos pertinentes à humanidade. A construção de qualquer sistema acadêmico deverá estar embasada na leitura, no estudo, na análise e síntese das grandes obras da literatura.

A busca de conceitos sólidos e aplicáveis, operacionalmente válidos, epistemologicamente consistentes, é o passo mais importante e difícil da construção de qualquer projeto acadêmico. Quaisquer áreas do conhecimento têm natureza sistêmica, de modo que os conceitos, também sistematizados, participem de um mapeamento que orienta as ações em todas as instâncias. Isso não é diferente na área acadêmica. Esse é o grande desafio ao se conceber e construir um modelo acadêmico: zelar pela precisão conceitual, rastreando a desejada interpretação do projeto, de sua filosofia de base, que busque diferenciação; a eficiência dos processos de ensino, desenvolvimento e aprendizagem; a eficácia da avaliação, dos atores, dos processos como um todo; a efetividade da empregabilidade e trabalhabilidade dos egressos.

A pergunta essencial a ser respondida, que irá guiar a fundamentação conceitual da proposta, é: Qual o objetivo do estudante ao ingressar em uma escola? Existem vários motivos, múltiplos objetivos, muitas alternativas. Entretanto, é necessária uma resposta que abranja a maioria dos ingressantes. Somente assim poderemos criar os conceitos, elaborar os processos, aplicar o gerenciamento da rotina com indicadores, implementar ações que levem ao objetivo da maioria. Em um levantamento não científico, a resposta mais comum foi: o objetivo do ingressante é a empregabilidade e a trabalhabilidade. Tanto a empregabilidade quanto a trabalhabilidade expressam reunir as condições necessárias para ingressar, manter-se e ascender no mercado de trabalho, seja por meio do emprego, do empreendedorismo, da pesquisa ou de qualquer outra modalidade de ocupação. Resumidamente, empregabilidade e trabalhabilidade significam tornar-se necessário. Desse modo, esse objetivo passa a ser o direcionador e definidor dos conceitos fundamentais que orientam a proposta.

Figura 12.1 – Ciclo PDDA

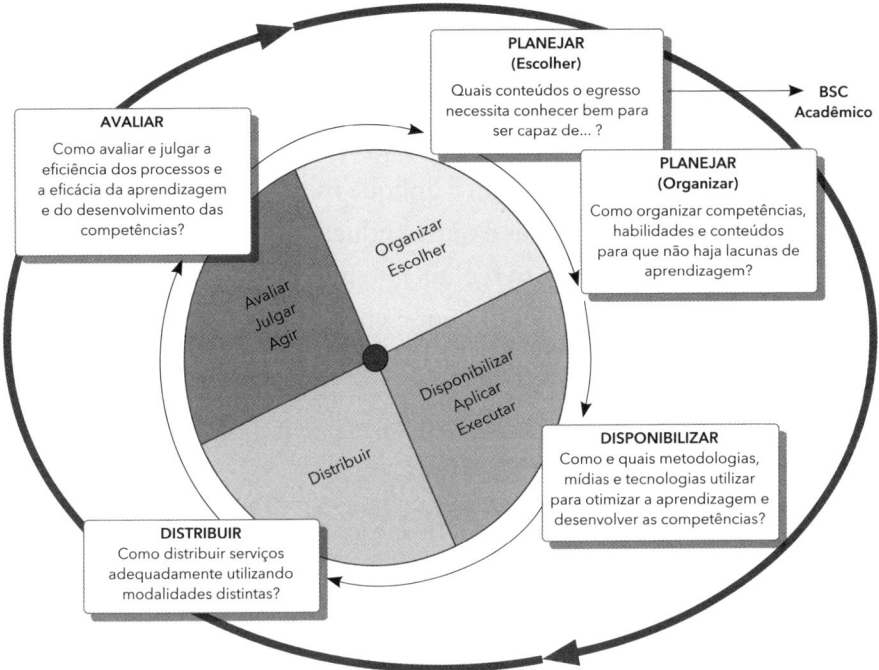

PDDA

PLANEJAR – DISPONIBILIZAR – DISTRIBUIR – AVALIAR

PLANEJAR
(Escolher)

Quais conteúdos o egresso
necessita conhecer bem para
ser capaz de... ?

→ **BSC**
Acadêmico

PLANEJAR
(Organizar)

Como organizar competências,
habilidades e conteúdos
para que não haja lacunas de
aprendizagem?

AVALIAR

Como avaliar e julgar a
eficiência dos processos e
a eficácia da aprendizagem
e do desenvolvimento das
competências?

DISPONIBILIZAR

Como e quais metodologias,
mídias e tecnologias utilizar
para otimizar a aprendizagem e
desenvolver as competências?

DISTRIBUIR

Como distribuir serviços
adequadamente utilizando
modalidades distintas?

Organizar / Escolher

Avaliar / Julgar / Agir

Disponibilizar / Aplicar / Executar

Distribuir

Fonte: elaborada pelo autor.

A ideia é utilizar os conceitos da excepcional ferramenta PDCA para criar o que está sendo batizado de PDDA. O PDCA, também conhecido

"O PDCA foi idealizado pelo engenheiro e físico Walter Shewhart e amplamente divulgado pelo estatístico americano Willian Edwards."

como *Deming Wheel*, é uma ferramenta de gestão idealizada pelo engenheiro e físico americano Walter Shewhart e amplamente divulgada pelo seu conterrâneo, o estatístico William Edwards Deming. Deming é reconhecido pela melhoria dos processos produtivos nos Estados Unidos durante a Segunda Guerra Mundial e idolatrado no Japão do pós-guerra, onde aconselhou e orientou altos executivos como melhorar projetos e qualidade de produtos e serviços utilizando ferramentas do *Total Quality Management* (TQM), estando entre elas o PDCA.

O PDDA é dividido em quatro dimensões:

1. **Planejamento.** É mister que exista planejamento para que a instituição conceba seus objetivos e propósitos e para que estabeleça a melhor maneira de atingi-los. O planejamento permite que a organização consiga e aplique os recursos necessários para a consecução das metas e que os educadores executem suas atividades compatíveis com o planejamento institucional. Também é a partir do planejamento que se chega às metodologias adequadas, ao melhor modo de distribuição e ao julgamento, avaliação e correção dos rumos durante a execução daquilo que foi idealizado. Divide-se em:

   - Escolha: a partir do volume de informações boas e ruins disponíveis, é preciso discernir e escolher somente os conteúdos essenciais, que servirão de meio para o desenvolvimento das competências necessárias ao perfil do egresso desejado. Para auxiliar na escolha, concebi o que estou denominando de BSC Acadêmico, alicerçado nos conceitos do *Balanced Scorecard*, de Kaplan e Norton.

   - Organização: aparentemente, é simples preparar, alinhavar e organizar um projeto acadêmico. Contudo, tendo em vista o volume de informações disponíveis, da recente tecnologia digital cognitiva, com ênfase na inteligência artificial generativa, o vigente perfil dos estudantes das Gerações, Y, Z e Alpha e as possibilidades de outras metodologias, a organização (sequenciamento e carrossel) torna-se importante, principalmente para evitar grandes lacunas de aprendizagem.

2. **Disponibilização.** Bastante afetada pelas tecnologias e mídias digitais cognitivas, notadamente com o advento de excepcionais

e disruptivas plataformas movidas por inteligência artificial. Permuta-se a metodologia de um ensino expositivo e de estudantes passivos para metodologias de parcerias nas quais os docentes e discentes trocam informações e estes participam ativamente da aprendizagem. Modernas mídias escritas, de som, imagens fixas e em movimento estão disponíveis, proporcionando o surgimento de sedutores objetos de aprendizagem.

3. **Distribuição.** Certamente, é a dimensão que mais auferiu transmutações, causadas pelo desenvolvimento da tecnologia digital cognitiva e inteligência artificial, fazendo com que o hibridismo ganhasse força e a diferenciação entre ensino presencial e educação a distância se tornasse cada vez menor.

4. **Avaliação.** Como não poderia ser diferente, a avaliação deve abranger todos os processos: verifica-se a eficiência de cada dimensão, mede-se a eficácia de cada projeto acadêmico e avalia-se o processo de ensino, desenvolvimento e aprendizagem e sua efetividade.

12.1. Dimensão I do PDDA: planejamento (escolha e organização)

Conceitos são símbolos mentais, entidades abstratas, determinando como as coisas são ou devem ser. São universais e portadores de significado. O termo tem sua origem no verbo latino *concipere,* que significa "conter completamente, formar dentro de si". É a maneira de pensar sobre alguma coisa ou alguém. Na filosofia, consiste em algo ou alguém. No *Tesauro* ou *Dicionário de Ideias Afins,* conceito expressa (1) um elemento de pensamento; (2) um componente de comunicação; (3) uma unidade de conhecimento. A terceira afirmação retrata melhor a definição dos conceitos acadêmicos que estamos propondo, pois, ao reconhecer que uma área de conhecimento tem natureza sistêmica, de alguma forma, os conceitos constituem seu mapeamento. Para o discernimento e escolha dos conteúdos, dos conhecimentos a serem assimilados e das competências a serem desenvolvidas, faz-se mister estarem perceptíveis e nítidos.

12.1.1. Conceito de conhecimento

"Restou ao ser humano o trabalho imaginativo, relacional e lógico. Por tudo isso, o conhecimento deixou de ser meio e se tornou um recurso."

Por muito tempo, o conhecimento foi utilizado como meio e não como recurso para a empregabilidade e a trabalhabilidade. Na fase agrícola, era usado para criar instrumentos como extensão e potencialidade do corpo. No ciclo industrial, aplicou-se para construir máquinas mecanizadas que cambiaram o trabalho físico. Na fase pós-industrial, era empregado para conceber "máquinas inteligentes" como extensão da cabeça, que sucedem o homem na execução do trabalho repetitivo. Na atual revolução digital cognitiva, com o aperfeiçoamento da inteligência artificial, o trabalho preditivo foi substituído por automação e robotização.

Nessa incrível evolução provocada pelas tecnologias, a força física foi comutada; o esforço corpóreo foi transferido; o trabalho repetitivo foi assumido pela informatização; e o trabalho preditivo foi empalmado pela automação, Internet das Coisas, robôs, *cobots* e androides colaborativos que interagem com humanos e outros robôs em um espaço compartilhado. Restou ao ser humano o trabalho imaginativo, relacional e lógico. Por tudo isso, o conhecimento deixou de ser meio e se tornou um recurso. O valor agregado aos produtos e serviços, bem como a riqueza, são vestígios desse conhecimento.

Na Grécia Antiga, para Sócrates, o objetivo do conhecimento era o autoconhecimento, sendo os resultados, portanto, internos. Já para o sofista Protágoras de Abdera (480-410 a.C.), o resultado era a capacidade de saber dizer o que dizer e dizer bem, ou de produzir o que denominamos de imagem. "O homem é a medida de todas as coisas, das coisas que não são, enquanto não são", dizia Protágoras[4], expressando que as coisas são conhecidas de uma forma particular e muito pessoal de cada indivíduo. Por mais de 2 mil anos, o conceito de Protágoras orienta as atividades de ensino, desenvolvimento e aprendizagem ocidentais, definindo o conhecimento e seu uso.

Sendo o objetivo do estudante a empregabilidade e a trabalhabilidade, as tradicionais visões de conhecimento não oferecem elementos para subsidiar a concepção de um projeto de instrução. Ao contrário, no mundo contemporâneo, estas só podem ser conquistadas se tratarmos o conhecimento como um recurso, um valor que é associado às habilidades e competências que permitam a entrega no ambiente de trabalho.

A presente proposta pedagógica se fundamenta na adaptação do conceito de conhecimento de Jacques Delors, autor e organizador do relatório para a Unesco da Comissão Internacional sobre Educação para o século XXI, intitulado *Educação, um tesouro a descobrir* (1996), em que se exploram os quatro pilares da educação, segundo os quais o conhecimento é constituído por saber, fazer, ser e conviver. Esse conceito implica um modo de gerir o conhecimento que convida à aprendizagem mútua e permanente, ao desenvolvimento de habilidades técnicas e interacionais ao mesmo tempo, à formação de competências que habilitem para a ação profissional eficaz em um mundo de instabilidade e incertezas e à integridade para atuar em sociedade de maneira ética.

---

4. PLATÃO. Teeteto (ou do conhecimento), Sofista (ou do ser), Protágoras (ou sofistas). In: BINI, E. (Ed.) *Diálogos*. Bauru: EDIPRO, 2007.

Figura 12.2 – Pilares da empregabilidade e da trabalhidade

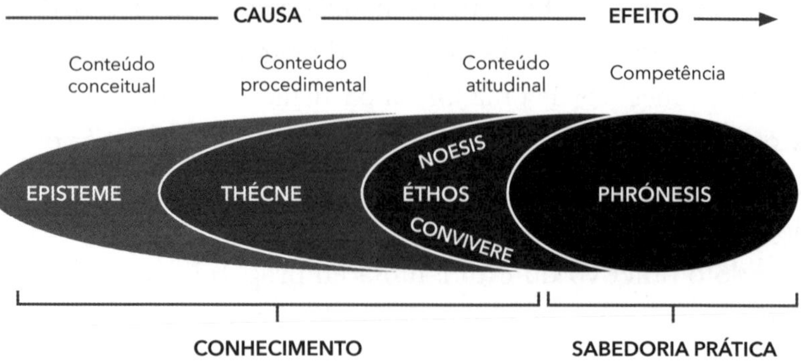

Fonte: elaborada pelo autor.

O saber (*episteme*) pressupõe o conhecimento teórico e conceitual de uma área. Permite compreender melhor o campo escolhido, entender o ambiente sob os seus diversos aspectos. Deve despertar a curiosidade intelectual, estimular o sentido crítico, permitir a compreensão do real por meio do desenvolvimento da autonomia, da capacidade de discernir, de buscar o próprio saber e suas aplicações. De acordo com a concepção adotada, de nada adianta o saber se não se consegue utilizar, aplicar e transferir os conceitos e teorias que o compõem. Na busca da empregabilidade e da trabalhabilidade, o saber (*episteme*) e o fazer (*téchnê*) são indissociáveis, assim como o é o cotidiano das sociedades. A substituição do trabalho humano por máquinas, robôs e *cobots* tornou-se cada vez mais imaterial e acentuou o caráter cognitivo das tarefas.

Fazer (*téchnê*), portanto, na composição do perfil dos egressos e na concepção do modelo pedagógico, não pode ter o significado simples de preparar indivíduos para executar uma tarefa material determinada. Não podemos trabalhar os discentes com o que Paulo Freire caracterizou como "ensino bancário"[5], no qual o estudante é visto como um passivo depositário de conteúdos.

---

5. FREIRE, P. *Pedagogia do oprimido.* Rio de Janeiro: Ed. Paz e Terra, 2005.

Uma implicação desse modo de conceber a articulação entre esses dois aspectos da competência profissional é que a visão do que seja ensino e aprendizagem também se alterou. As ideias de transmissão de práticas mais ou menos rotineiras e memorização de conhecimentos são totalmente inadequadas. O estudante se torna um agente de seu próprio aprendizado. Nesse cenário, o papel das escolas passa a envolver o desenvolvimento de competências e habilidades procedimentais e atitudinais, que deverão capacitar os egressos para entrar, manter-se, ascender no mercado de trabalho, bem como desenvolver a habilidade de conceber e redigir pertinentes e adequadas perguntas, com o intuito de solucionar problemas complexos e reais.

O saber (*episteme*) e o fazer (*téchnê*) constituem pilares da formação profissional. Esta, por sua vez, não estará completa se não forem desenvolvidas também habilidades interpessoais reunidas sob o rótulo de conviver (*convivere*); e muito menos se não forem cuidados os aspectos relevantes para a vida em sociedade que denominei de ser (*noesis*). Ser pressupõe o aperfeiçoamento integral e integrado do indivíduo, entendido como o desenvolvimento do espírito, do corpo, da inteligência, das emoções, da sensibilidade, da empatia, da responsabilidade pessoal, da ética, do comportamento adequado à profissão escolhida, o que não pode prescindir do conviver respeitoso e inclusivo. O ser (*noesis*) e o conviver (*convivere*) constituem a formação do cidadão que, somada à formação do profissional (*episteme* – saber e *téchné* – fazer), certamente levará o egresso ao sucesso profissional e pessoal, ou seja, à empregabilidade e à trabalhabilidade.

Ao longo da minha experiência na gestão acadêmica, constatei que a aprendizagem do "conviver" é um dos maiores desafios para todos os educadores. Cada curso se apresenta como uma caixinha

"Como educadores, nossa principal tarefa é promover a convivência entre os estudantes dos diversos cursos, despertando a importante habilidade atitudinal das interdependências multiprofissionais."

fechada, similar a uma tribo que se percebe superior aos outros, por conta de suas características próprias no modo de se vestir, de se comportar, de se comunicar. A tarefa é árdua porque, de forma muito natural, os seres humanos têm a tendência de supervalorizar suas qualidades e as do grupo a que pertencem, levando-os, desafortunadamente, a alimentar preconceitos em relação aos demais.

Soma-se a isso o clima geral de concorrência individual e das profissões que caracterizam a atividade econômica contemporânea, com corporações profissionais fortes, que priorizam a competição, o sucesso individual e profissional das ocupações que defendem. Como educadores, nossa principal tarefa é promover a convivência entre os estudantes dos diversos cursos, despertando a importante habilidade atitudinal das interdependências multiprofissionais, o convívio aberto e criativo em equipes multidisciplinares, tão necessários hoje no mercado de trabalho.

A proposta acadêmica se organiza, portanto, em torno dos quatro pilares citados pela Unesco, que, ao longo de toda a vida, representam para cada indivíduo os pilares do conhecimento: aprender a conhecer, isto é, adquirir os instrumentos da compreensão; aprender a fazer, para poder agir sobre o meio que o cerca; aprender a viver junto, a fim de participar e cooperar com os outros e todas as atividades humanas; aprender a ser o elo que integra os três pilares anteriormente citados. Juntas, essas perspectivas constituem uma única via do saber, pois entre elas existem múltiplas interfaces de intersecções, de relacionamento e, principalmente, de permutas.

No ensino formal hodierno, a orientação da educação baseia-se no aprender e assimilar conteúdos factuais e conceituais, com o intuito de incrementar a inteligência de escola e, em menor proporção, no aprender a fazer, ou seja, desenvolver os conteúdos processuais para aprimorar a inteligência construtiva. O conviver (*convivere*) e o ser (*noesis*) (conteúdos atitudinais e metacognitivos), que usufruam da inteligência de rua do aprendiz, dependem de circunstâncias aleatórias diluídas no decorrer do processo de ensino, desenvolvimento e aprendizagem. Em concordância com os conceitos de Delors, cada um dos quatro pilares do conhecimento deve ser objeto de atenção igual por parte do ensino estruturado, a fim de que a educação apareça como uma experiência global a ser levada a cabo ao longo de toda a vida, no plano cognitivo, prático e atitudinal. No final das contas, o propósito cabal é o desenvolvimento da inteligência de vida, que nada mais é do que a junção da inteligência de escola, da inteligência construtiva e da inteligência de rua.

O incremento da inteligência de vida, bem como o desenvolvimento da conjunção dessas habilidades que compõem a concepção de conhecimento é que poderão propiciar ao egresso a empregabilidade e a trabalhabilidade. Isso se traduz na composição de projeto acadêmico em que se insiram unidades de ensino integradas, que reúnam estudantes oriundos de diversos projetos. Dessa forma, ali seriam promovidos férteis debates multidisciplinares, a aprendizagem do convívio com o diferente, da escuta aberta a surpresas e soluções coletivas. Os docentes dessas unidades de ensino devem ser preparados para implementar atividades de aprendizagem que levem à aquisição de conhecimentos relevantes e, principalmente, ao desenvolvimento de habilidades comportamentais e de convivência multiprofissional.

12.1.2. Conceito de competência

Na Grécia do século V a.C., o sistema de ensino se baseava na *Paideia*. Os estudantes eram submetidos a um programa que procurava atender a todos os aspectos da vida do indivíduo. A noção era que, além de formar o profissional, a educação deveria capacitar o cidadão. Os encontros aconteciam nas praças, onde os discípulos tinham contato com a teoria e vivenciavam a realidade do dia a dia. Ao darmos um salto até a década de 1750, na Inglaterra, a metamorfose fundamental que se vê ali é a Revolução Industrial, que, com o advento das máquinas mecanizadas, praticamente colocou um fim no trabalho artesanal, alterando a capacidade humana de produção de mercadorias. A educação se tornou sinônimo de treinamento, foi expulsa das praças, enclausurou-se, tendo a teoria e a prática desvinculadas do dia a dia. Mais um salto aos dias atuais, presenciamos a tecnologia de informação e comunicação que proporcionou aos estudantes estarem conectados com o mundo diuturnamente, desencarcerando a educação, colocando-a de volta, mesmo que virtualmente, nas praças, nas ruas, na prática cotidiana. Surgiu, então, o que denominei de *Paideia Digital*, bem delineada no livro *Educação para o século 21: a era do indivíduo digital* (2016).

Ainda observamos que as discussões sobre o conceito de currículo nos remetem ao ensino meramente transmissivo, sem estabelecer ligações com a realidade, tendo como foco apenas a memorização de conteúdos, muitas vezes sem que o aprendiz saiba o que fazer com eles. Essa dinâmica tem conduzido os estudantes à insatisfação e contribuído para a baixa qualidade do seu desempenho na escola e no trabalho.

Um sistema acadêmico somente será bem-sucedido se transportar a educação de volta às praças, à veracidade do dia a dia. Isso somente será possível com a utilização de um projeto acadêmico por competências no qual o discente passa a ser responsável pelo ato de aprender, de construir a trajetória de sua aprendizagem, em contraposição ao ensino transmissor de conteúdos, no qual o aprendiz atua como sujeito passivo, desconectado com a realidade do mundo do trabalho.

Para conceber e construir um sistema acadêmico, é preciso promover ações de ensino, desenvolvimento e aprendizagem voltadas para o incremento das competências e ser coerente com o conceito de conhecimento adotado, compreendendo competência como o resultado da junção de saber, fazer, ser e conviver, aplicados ao contexto de realização.

A conjugação dos conteúdos factuais e conceituais com os conteúdos processuais produz o saber fazer, crucial ao desenvolvimento de competências. A união dos conteúdos processuais com os conteúdos atitudinais e metacognitivos gera o saber e querer agir. Reunindo os conteúdos atitudinais, metacognitivos e conceituais, conquistamos o saber ser e conviver. A combinação de todos esses aspectos da noção de conhecimento é que promove o saber fazer, a entrega no contexto profissional próprio, a definição de competência que preconizo.

"O desenvolvimento de competências ganha espaço nas escolas por necessidades do mercado e por exigências de normas como a Lei de Diretrizes e Bases da Educação Nacional (LDB)."

Figura 12.3 – Conceito de competência

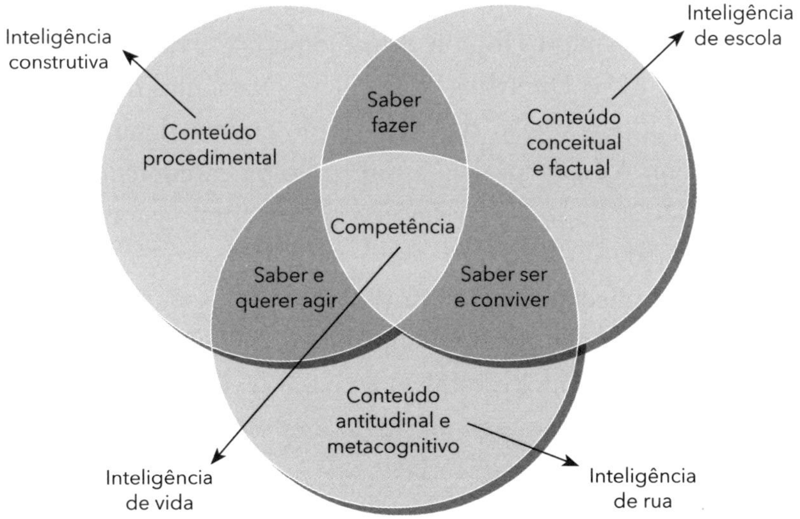

Fonte: elaborada pelo autor.

Em face das transformações do mundo contemporâneo, dos processos de reestruturação produtiva e de qualidade promovidas pela tecnologia digital cognitiva e inteligência artificial, a qualificação para o trabalho passa a ser vista como resultado da articulação de vários elementos subjetivos e objetivos. Tudo isso é parte da natureza das relações sociais vividas pelos indivíduos, da escolaridade, do acesso à informação, de saberes, da tecnologia, das manifestações científicas e culturais, além da duração e da profundidade das experiências vivenciadas tanto na vida social como no mundo trabalho. A constituição dos profissionais passa, então, a ter como objetivo o desenvolvimento de competências. Nessa perspectiva, a formação assume como finalidade capacitar indivíduos para que tenham condições de disponibilizar, durante seu desempenho profissional, os atributos adquiridos na vida social, escolar, pessoal, laboral, preparando-se para lidar com a incerteza, a flexibilidade e a rapidez na resolução de problemas.

O desenvolvimento de competências ganha espaço nas escolas por necessidades do mercado e por exigências da Lei de Diretrizes e Bases da Educação Nacional (LDB), da Base Comum Curricular do Ensino Básico e Médio e das Diretrizes Curriculares Nacionais dos cursos superiores, tornando-se o eixo do processo de ensino, desenvolvimento e aprendizagem. A LDB focaliza a dimensão da competência quando afirma que "não se limita ao conhecer, vai além, porque envolve o agir numa determinada situação". As competências são, assim, as habilidades, atitudes e conhecimentos aplicados, transferidos e utilizados.

A LDB explicita que alguém é competente quando "articula, mobiliza valores, conhecimentos e habilidades para a resolução de problemas não só rotineiros, mas também inusitados em seu campo de atuação". Assim, o indivíduo competente seria aquele que age com eficácia diante da incerteza, utilizando a experiência acumulada, partindo para uma atuação transformadora e criadora. As competências mobilizam habilidades, sendo ambas classificadas e associadas a comportamentos observáveis. Daí a importância do nosso *benchmarking* na escola de Mieza.

O conceito de competência, portanto, está ligado à sua finalidade, que consiste em abordar e resolver problemas complexos. Nesse contexto, o que se altera, na prática, é que as atividades de aprendizagem antes continham apenas conteúdos factuais e conceituais; agora, necessariamente, deverão abranger conteúdos processuais, atitudinais e metacognitivos, trabalhados metodologicamente numa proposta relacional dos diferentes desafios, conteúdos, atividades de aprendizagem e avaliação.

12.1.3. Escolha de conteúdos, habilidades e competências

Com o advento da internet, passamos a contar com uma ampla biblioteca global de conteúdos livres e gratuitos, mas a história das bibliotecas é uma odisseia árdua de construções e destruições. Inicialmente, o conceito de guardar e tornar público o conhecimento aparece na Epopeia de Gilgamesh, um antigo poema épico da Mesopotâmia, que teve sua origem por volta do século XXVI a.C. A história surge nos relatos religiosos, mitos gregos e dramas de Shakespeare. Seu registro mais completo provém de uma tábua de argila, pertencente ao rei Assurbanipal, o último grande rei do Império Assírio, escrita em língua acádia do século VIII a.C.

A narrativa gira em torno da relação entre o rei Gilgamesh e seu companheiro íntimo, Enkidu, um caçador selvagem, criado pelos deuses para que evitasse que o jovem rei oprimisse os cidadãos de Uruk. Na parte final do épico, Gilgamesh foi celebrado pelas construções que realizou e por ter trazido de volta o conhecimento perdido de diversos cultos para Uruk. O épico de Gilgamesh, além de ser uma das primeiras obras conhecidas e disponibilizadas para o público da literatura mundial, também deu origem à mais antiga versão do Gênesis, o primeiro livro tanto da Bíblia Hebraica como da Bíblia Cristã.

Entretanto, o primeiro projeto organizado de disponibilização do conhecimento foi a Biblioteca de Nínive, no século VII a.C. Nínive situava-se à margem oriental do rio Tigre, na antiga Assíria. Era chamada de "cidade excessivamente grande" no Livro de Jonas do Antigo Testamento. A biblioteca, fundada pelo rei Assurbanipal II (690-627 a.C.), era composta de uma coleção de aproximadamente 25 mil placas de argila, material usado na época, com textos em escrita cuneiforme e bilíngues, em acádio e sumério. A coleção possuía conteúdos sobre o mundo natural, geografia, matemática, astrologia, medicina, manuais de exorcismo e de augúrios, códigos de leis, relatos de aventuras e textos religiosos.

Em 332 a.C., o Egito estava sob o domínio do Império Persa ou Império Aquemênida (540-330 a.C.). Nesse mesmo ano, Alexandre Magno derrotou o rei Dario III e entrou triunfalmente na capital, Mênfis, aclamado pelos egípcios como libertador. No ano seguinte, a cidade que levaria seu nome foi fundada no delta do Nilo, sobre um antigo povoado chamado Rakotis. No início do século III a.C., o faraó Ptolomeu I Sóter, um general macedônio de Alexandre Magno, que se tornou sátrapa, nome dado aos governadores das províncias do Império Persa, fundou a Biblioteca de Alexandria, uma das maiores bibliotecas do mundo antigo. Ptolomeu I enviou uma carta a todos os governantes soberanos do mundo de então, pedindo que lhe enviassem todo tipo de obras. Pelo cálculo do sátrapa, seriam necessários 500 mil rolos de papiro para reunir e disponibilizar todo o conhecimento produzido pelo homem no mundo. Tudo era feito para conseguir alcançar essa meta.

Todo navio que chegava ao porto de Alexandria era obrigado a entregar quaisquer rolos de papiro que possuísse para a biblioteca. Uma cópia era feita e a embarcação partia com a nova edição, enquanto a original ficava retida. As obras em línguas diferentes eram traduzidas. Foi assim que o Antigo Testamento foi traduzido do hebraico pela primeira vez. No apogeu, a Biblioteca Real de Alexandria contou com cerca de 700 mil rolos de papiro. Segundo o historiador e filósofo grego Estrabão (63-24 a.C.), Alexandria era "um cenáculo erudito destinado aos homens de letras que estudavam na biblioteca". Destruída três vezes, a conservação de toda essa riqueza sempre foi problemática, a começar pelo tipo de material, altamente inflamável.

A Biblioteca de Pérgamo teve uma história tão apaixonante quanto a da cidade que a acolheu. Por tradição, os reis de Pérgamo, localizada na antiga Anatólia (que hoje é parte da Turquia),

"A rivalidade entre Pérgamo e Alexandria levou o Egito a cortar o fornecimento de papiro. Isso obrigou a biblioteca de Pérgamo a desenvolver alternativas, passando a utilizar o couro de cabra, que era mais resistente e durável."

eram colecionadores de arte e, acima de tudo, bibliófilos que amavam as obras escritas e tinham grande preocupação com a cultura. Eles estavam interessados em converter sua capital em uma cidade culturalmente rica, similar à cidade de Atenas na época de Péricles (495-429 a.C.), a maior personalidade política do século V a.C.

Átalo I Sóter, rei de Pérgamo entre 241 e 197 a.C., foi o fundador da Biblioteca de Pérgamo. Seu filho, Eumenes II, foi quem a engrandeceu, expandiu, fomentou, reunindo mais de 200 mil volumes. Na biblioteca, estabeleceu-se uma escola voltada à filosofia, sobretudo à filosofia estoica. A rivalidade entre Pérgamo e Alexandria levou o Egito a cortar o fornecimento de papiro. Isso obrigou a biblioteca de Pérgamo a desenvolver alternativas, passando a utilizar o couro de cabra, que era mais resistente e durável, como suporte para a escrita. Porém esse era um recurso caro e escasso, o que levou ao desenvolvimento de tecnologia para a sua otimização e reutilização, dando origem a um novo material de escrita, o pergaminho, denominação em homenagem à cidade onde foi inventado.

O pergaminho foi um importante suporte da escrita largamente utilizado na Antiguidade ocidental, em especial na Idade Média, até a descoberta e consequente difusão do papel. Nos mosteiros medievais, eram mantidas bibliotecas de pergaminhos onde monges denominados copistas se dedicavam à cópia de manuscritos antigos, devendo-se a essa atividade monástica a sobrevivência e divulgação dos textos clássicos da cultura grega e latina no Ocidente, principalmente à época do Império Bizantino.

A inquietação dos gregos com a ciência era muito grande. Suas poucas bibliotecas – afinal na Grécia Antiga o conhecimento era ensinado, sobretudo de forma verbal – eram repletas de obras importantes. Todas tinham cópias para que seu precioso conteúdo não se perdesse em caso de incêndio ou outro tipo de desastre. Os gregos foram os responsáveis pelo nascimento da filosofia (termo que significa amor à sabedoria), por volta do século IV a.C., na cidade de Mileto.

A primeira biblioteca pública romana foi idealizada por Júlio César e fundada por Assírio Polião, durante o reinado de Augusto, em 15 de março de 44 a.C. Marcus Terentius Varro foi o escolhido por Júlio César para abrir e dirigir a biblioteca. O professor e orador Marcus Fabius Quintilianus (35-95 d.C.) o descrevia como o *vir romanorum aruditissimus* (o homem mais erudito dos romanos). Marcus Terentius Varro escreveu 74 livros em 620 rolos de papiro, sobre diferentes temas. Lamentavelmente, o assassinato de Júlio César não permitiu a criação da biblioteca. Quando Varro faleceu, todos os seus livros foram saqueados e alguns destruídos.

Guardar, amparar, preservar e, principalmente, disponibilizar os conteúdos científicos, o conhecimento, a cultura das civilizações foi uma tarefa difícil, árdua, complicada, pois o nascimento e a decadência de impérios eram uma constante na história. Com o declínio do Império Romano, a crescente instabilidade e as guerras, são entravadas todas as formas de disponibilização do conhecimento. Arruinadas as bibliotecas existentes, refluem para os conventos e castelos feudais. Nesse período de turbulência e inquietação, os mosteiros tiveram papel fundamental: muito da cultura grega, romana, celta, nórdica, otomana, cristã da Antiguidade foi preservada pelo trabalho solidário, árduo e silencioso dos monges copistas.

Por volta de 537 d.C., o escritor e estadista romano Flavius Magnus Aurelius Cassiodorus Senator (490-581 d.C.) fundou o mosteiro de *Vivarium*, onde a vida de ascetismos e oração foi acompanhada pela proteção da cultura antiga. Em seu mosteiro, Cassiodorus criou uma biblioteca que, no período final da Antiguidade Clássica, pretendia preservar para a posteridade textos sagrados e profanos e colocar as obras gregas à disposição de leitores latinos. Com os *scriptorium* inseridos como parte regular da vida monástica, o mosteiro *Vivarium* se tornou modelo para toda a Idade Média. Nos conventos, o culto dos livros e sua paciente reprodução prosseguiram como uma das virtudes monacais. Entretanto, seu conteúdo era fechado ao exterior e se destinava apenas à minoria que frequentava os conventos, mosteiros e palácios.

Com o advento das grandes universidades nos séculos XII e XIII, a consequente disponibilização dos conteúdos ao público, os *scriptoria* e as bibliotecas monásticas deixam de ser os únicos centros da vida intelectual. Os livros não seriam mais guardados nos armários e passariam a ser acorrentados para permitir a consulta local, evitando o roubo. Surgem nos séculos XIV e XVI as primeiras bibliotecas senhoriais e reais, as quais se tornam símbolo de riqueza, poder e prestígio. As bibliotecas reais, inicialmente, tinham caráter privado e eram acessíveis apenas aos sábios. No entanto, logo se desenvolveu a ideia de serem locais de pesquisa, estudo e reflexão. Além de livros, dispunham de um ambiente propício ao desenvolvimento de atividades intelectuais.

Cosimo Giovanni di Medici, iniciador da dinastia Medici, que governou Florença durante a maior parte do Renascimento, que sempre esteve em companhia de literatos e humanistas, fundou o Museu Nacional de São Marcos, construído em um antigo convento dominicano do século XIII. Agregada ao museu estava a importante biblioteca de São Marcos, onde o acervo de Cosimo, imensamente caro, estava aberto a todos. A biblioteca se tornou o espaço predileto da elite intelectual florentina.

"Em 1500, os monges copistas foram substituídos por um número reduzido de artesãos. Uma equipe de impressores produzia anualmente 25 milhões de páginas impressas, encadernadas em 125 mil livros."

Quando o alemão Johannes Gutenberg, em 1456, reinventou a prensa com tipos móveis e produziu sua primeira Bíblia, já existia uma indústria de informação na Europa em todos os mosteiros onde havia monges, altamente qualificados, que trabalhavam desde o amanhecer até o poente, seis dias por semana, copiando livros à mão. Em 1500, os monges foram substituídos por um número reduzido de artesãos. Uma equipe de impressores produzia anualmente 25 milhões de páginas impressas, encadernadas em 125 mil livros. No curto período que antecedeu a invenção da imprensa, a disponibilização de conteúdos era um luxo que apenas os ricos e eruditos podiam granjear. A invenção de Gutenberg encerrou a indeclinável e crucial fase copista da humanidade. Diante da liberdade de produzir edições sem limites, os livros começaram a se multiplicar de forma exponencial. A drástica redução de custos e o impacto da revolução da imprensa na sociedade proporcionaram a disponibilização de conteúdos que deixaram de ser privados e se tornaram realmente públicos.

Em 1751, foi editado o primeiro volume da *Enciclopédia*, de Denis Diderot e Jean le Rond d'Alembert. A obra tinha a ambição de disponibilizar todo o conjunto de conteúdos científicos e conhecimentos até então. No fim do século XVIII, Diderot fazia parte do movimento iluminista. Seu trabalho foi acusado de estar na origem da Revolução Francesa, portanto não poderia ser editado. Críticas à parte, havia um desejo expresso de romper com um passado considerado ignorante, obscurantista, e afirmar o advento de uma nova era, fundada nas luzes da razão, na fé e no progresso.

Mesmo desautorizada, a obra continuou sendo vendida clandestinamente por livreiros a quem desejasse. Ampliado pelas polêmicas, o sucesso da *Enciclopédia* continuava imenso. Havia uma excitação geral, intelectual e política pela disponibilização dos conteúdos, textos teóricos, práticos e científicos. Ao término, em 1772, a obra compreendia 33 volumes, mais de 70 mil artigos e quase 3 mil ilustrações. Muitas das mais notáveis figuras do Iluminismo francês contribuíram com artigos, incluindo Voltaire, Rousseau e Montesquieu.

Concebido na década de 1980 por Timothy John Tim Berners-Lee, o World Wide Web (www), um sistema de criação, organização e interligação de documentos que possibilita a navegação entre eles, tornou exponencial a obtenção de qualquer informação de maneira rápida e gratuita. Carinhosamente chamado de TimBl, Timothy Berners-Lee criou e popularizou a inefável e indescritível internet.

Similar ao advento da imprensa, em 1456, a internet revolucionou o mundo da informação e da comunicação. A invenção do telégrafo, do telefone, do rádio e do computador preparou o terreno para esta gigantesca capacidade de busca de conteúdos, algo jamais visto em nenhum outro momento da história da humanidade. A internet é, de uma vez e ao mesmo tempo, um mecanismo de disseminação de conhecimento, um meio para colaboração, convívio, interação entre pessoas. A internet e a tecnologia proporcionaram ao homem disponibilizar uma biblioteca inteira em poucos centímetros, independentemente de espaço, localização geográfica e tempo.

Com a internet surgiram os mecanismos de busca. Nos primórdios, as pessoas ficavam impressionadas e espantadas ao encontrarem as informações que procuravam. Hoje, o usuário tende a partir do princípio de que é evidente que a informação está disponível, basta emitir a pergunta correta, clara e inteligível para uma inteligência artificial e/ou perscrutá-la por conta própria em algum mecanismo de busca ou fonte analógica como em um livro de alguma biblioteca ou por meio da conectividade e relacionamento de uma pessoa que saiba sobre o tema explorado. Atos aparentemente corriqueiros e banais, porém, não há nada que confira maior autonomia para o ser humano. É a antítese da mera transmissão de conteúdos por parte de um professor ou qualquer erudito. É uma questão de obtenção individual, trata-se do poder de encontrar e fazer das informações desejadas aquilo que parecer melhor, o que é muito distinto de tudo o que veio antes.

Com a exponencial e miríades de informações disponíveis, aparentemente, perguntar, procurar e escolher o conteúdo a ser ensinado na escola talvez seja a questão mais cândida. É certo, porém, que sempre é mais difícil responder perguntas despretensiosas. Perguntas simples podem ser profundas; para respondê-las, é necessário fazer avaliações extremamente francas, às vezes dolorosas. No caso da escolha de conteúdo, o desafio que enfrentamos a respeito da informação não é mais encontrá-la, mas discernir qual conteúdo é mais importante e essencial. Para tanto, desenvolver e incrementar a inteligência decernere passou a ser relevante.

Para o perfil nexialista atual, existem dois tipos de conhecimento: o que sabemos sobre o assunto e o que sabemos como encontrá-lo. Talvez a busca da informação seja mais singela e, ao mesmo tempo, a mais complicada ação que temos que implementar ao discernir e escolher um conteúdo para a concepção e construção de qualquer projeto acadêmico, afinal, o caráter das informações está se modificando continuamente. Portanto, conhecê-las, gerenciá-las e convertê-las em conhecimento constitui um determinante básico da eficácia de qualquer sistema acadêmico. A escolha é tão importante que essa responsabilidade deve ser institucional e não poderá ser ofertada se não tiver um objetivo claro e definido.

"Com muita informação e pouca formação não se constrói um bom profissional", nos ensina o ditado popular. Em época de tecnologia digital cognitiva, inteligência artificial, globalização, a informação é abundante, efêmera, disponível a qualquer tempo, em qualquer lugar. É preciso tomar os devidos cuidados na escolha, no discernimento e na tomada de decisão para que se possa utilizar os melhores conteúdos para a formação de profissionais competentes e aderentes às necessidades locais e globais. Para contextualizar, retrata-se a seguinte história, uma citação do professor Carlos Rodrigues Brandão:

> Há muitos anos nos Estados Unidos, Virgínia e Maryland assinaram um tratado de paz com os índios das Seis Nações. Ora, como as promessas e os símbolos da educação sempre foram muito adequados a momentos solenes, como aquele, logo depois os seus governantes mandaram cartas aos índios para que enviassem alguns de seus jovens às escolas dos brancos. Os chefes responderam; agradecendo e recusando. A carta acabou sendo conhecida porque alguns anos mais tarde o jornalista e abolicionista e um dos líderes da Revolução Americana Benjamin Franklin adotou o costume de divulgá-la aqui e ali. Eis o trecho que mais interessa:
>
> (...) Nós estamos convencidos, portanto, que os senhores desejam o bem para nós e agradecemos de todo o coração. Mas aqueles que são sábios reconhecem que diferentes nações têm concepções distintas das coisas e, sendo assim, os senhores não ficarão ofendidos ao saber que a vossa ideia de educação não é a mesma que a nossa.
>
> (...) Muitos de nossos bravos guerreiros foram formados nas escolas do Norte e aprenderam toda vossa ciência. Mas, quando eles voltavam para nós, eram maus corredores, ignorantes da vida da floresta e incapazes de suportar o frio e a fome. Não sabiam como caçar o veado, matar o inimigo e construir uma cabana, e falavam nossa língua muito mal. Eles eram, portanto, totalmente inúteis. Não serviam como guerreiros, como caçadores ou como conselheiros. Ficamos extremamente agradecidos pela vossa oferta e, embora não possamos aceitá-las, para mostrar nossa gratidão oferecemos aos nobres senhores de Virgínia e Maryland que nos enviem alguns dos seus jovens, que lhes ensinaremos tudo o que sabemos e faremos deles, homens[6].

---

6. BRANDÃO, C. R. *O que é educação*. São Paulo: Brasiliense, 2001. p. 9.

> "Há de se repensar a educação como um todo, planejar o ensino, desenvolvimento e aprendizagem, olhar por outros ângulos e abrir diferentes janelas para apreciar distintas paisagens e possibilidades, em busca de alternativas sob novas circunstâncias."

A carta está muito aderente ao que estamos vivenciando, pois estamos com escolas formando egressos inúteis às atuais necessidades do mercado de trabalho, mais digitais, automatizados e robotizados. Existem outras questões importantes para reflexão contidas na *Carta das Seis Nações Indígenas*. O universo digital trouxe o pluralismo para a educação, ou seja, não existe uma maneira singular nem inigualável modelo de educação. A escola não é o único ambiente onde ela acontece e, provavelmente, nem seja o melhor. Os povos indígenas sabiam que a educação do colonizador continha o saber, a cultura do modo de vida de quem queria dominar e confirmar a aparente legalidade de seus atos atrozes, violentos e bárbaros de colonização. Essa educação não servia para o mundo, a cultura, o contexto das Seis Nações. Não é muito diferente do que acontece na educação ideológica que se tenta implementar nas escolas contemporâneas.

Para fazer um paralelo com as circunstâncias hodiernas, temos que o modelo ofertado de educação, em que estamos todos conectados, não forma egressos capacitados para as exigências do mercado local, regional e global. Há de se repensar a educação como um todo, planejar o ensino, desenvolvimento e aprendizagem, olhar por outros ângulos e abrir diferentes janelas para apreciar distintas paisagens e possibilidades, em busca de alternativas sob novas circunstâncias.

A *Carta das Seis Nações* nos alerta que formar indivíduos competentes e cidadãos é mais que um desafio. Até porque, às vezes, esquecemos que profissionais são, antes de tudo, pessoas, e não componentes de engrenagens autônomas, como deseja a arcaica lógica da Revolução Industrial. Embora isso já seja senso e discurso comum, não raro ainda se observa, na prática, uma forte discrepância entre a produção de profissionais e a construção de pessoas capazes de exercer uma profissão, o que seria ideal.

O mundo moderno necessita de profissional que adquira inteligência cognitiva, que saiba pensar, raciocinar, imaginar e refletir. E mais: estes novos tempos pedem por aqueles capazes de desenvolver a habilidade de perscrutar a essência, separar o que é importante e útil, daquilo que é descartável. Pedem também por quem tem habilidade de emitir a pergunta certa, no momento correto, assim como a capacidade de fornecer alternativas para anomalias antes nunca vistas, problemas que não podem ser resolvidos com a aplicação mecânica de soluções e receitas padronizadas. No mundo contemporâneo, há vaga para o profissional que possui inteligência emocional; que domina suas sensações, sentimentos, emoções; que pratica a empatia; que tem a capacidade de compreender melhor o comportamento em determinadas circunstâncias e as formas como o outro toma as decisões. Mas não só. Requisita-se profissional com inteligência volitiva, que expressa agir no sentido de fazer, realizar, transformar, querer, praticar, aplicar e transferir. Demanda-se inteligência decernere, a habilidade de discernir, encontrar a essência, separar o que é importante e útil daquilo que é descartável, a fim de fazer boas e adequadas escolhas e tomar acertadas e eficientes decisões. Enfim, o mercado carece de profissional que tenha a habilidade denominada de "acuidade mental". Diante de tudo isso, faz-se urgente construir uma educação moderna, adequá-la às prerrogativas almejadas pelo mercado e sociedade, que desenvolva a inteligência de escola, a inteligência construtiva e se utilize da inteligência de rua, enfim, que amplifique a inteligência de vida. Caso contrário, os egressos terão o mesmo despreparo e inutilidade dos jovens indígenas que estudaram nas escolas da Virgínia e de Maryland.

12.1.4. Organização de conteúdos, habilidades e competências

"Jules Henri Fayol lutou por mais de 30 anos para salvar da falência uma indústria de mineração e aço. Seu esforço não foi em vão, pois não só foi bem-sucedido como se tornou uma referência mundial em termos de organização."

Organizar significa, resumidamente, pôr em ordem, arrumar, arranjar, dispor para funcionar. Em sentido geral, organização é o modo como se estrutura um sistema. Segundo o fundador da Teoria Clássica de Administração, o francês Jules Henri Fayol (1841-1925), "é do planejamento que se atinge a organização"[7], o que facilita a consecução dos diversos objetivos. Fayol atribuiu cinco funções ao administrador em uma estrutura organizacional chamada de PO₃Cs.

Podemos adaptar essas cinco funções pensando na educação, como o que fazemos a seguir.

1. **Planejar (*prévoir*).** Expressa visualizar o futuro e traçar o programa de ação. Para um sistema de ensino eficaz, a aprendizagem poderá significar a escolha correta de conteúdos alicerçados no perfil do egresso e nas competências para a empregabilidade e trabalhabilidade.

2. **Organizar (*organiser*).** Constituir o duplo organismo material e social da empresa. Conceber a sequência eficaz de ensino de conteúdos, eliminando lacunas que dificultam a aprendizagem e o desenvolvimento das competências e habilidades.

3. **Comandar (*commander*).** Dirigir e orientar a organização. Transmitir, mediar, provocar, orientar a forma e a sequência dos estudos dos conteúdos. Eu trocaria o vocábulo "comandar" por "liderar".

---

7. FAYOL, H. *Administração Industrial e Geral:* previsão, organização, comando, coordenação e controle. São Paulo: Ed. Atlas, 1990.

4. **Coordenar (*coordonner*)**. Unir e harmonizar os atos e esforços coletivos. Na educação, manifesta-se na unificação e harmonização dos diversos conteúdos por meio de uma ordem sequencial inteligente e de uma organização que proporcione melhor produtividade e aprendizagem das unidades de ensino ofertadas.

5. **Controlar (*contrôler*)**. Verificar se as normas e regras estabelecidas estão sendo seguidas. Avaliar, verificar e acompanhar se a sequência dos conteúdos está evitando as lacunas e proporcionando a aprendizagem dos conteúdos ofertados, bem como o desenvolvimento das competências programadas.

Para Fayol, tais ações conduziriam a uma administração eficaz das atividades da companhia. O engenheiro francês sabia o que estava dizendo, pois lutou por mais de 30 anos para salvar da falência uma indústria de mineração e aço. Seu esforço não foi em vão, uma vez que não somente salvou sua querida e estimada empresa como, ainda hoje, todas as companhias baseiam sua organização e seus organogramas nas ideias, princípios e conceitos de Fayol. Na educação, tais ações transportaram a um sistema de ensino e desenvolvimento eficiente em seus processos e eficaz nos resultados da aprendizagem.

Para existir ensino, faz-se necessário haver algo a instruir, isto é, conteúdos. Esses conteúdos devem ser organizados em uma ordem sequencial que facilite e produza a aprendizagem, o desenvolvimento dos desafios e o incremento das competências programadas. Em um sentido bastante restrito, currículo é o conjunto de conteúdos ordenados em forma de disciplinas a serem ofertados em determinado curso ou grau de ensino com o objetivo de desenvolver competências e habilidades. Dissemelhantes currículos produzem distintos profissionais. Porém essas heterogeneidades não são meras diferenças individuais, mas distinções sociais, ligadas à cultura, ao contexto, a paradigmas de uma determinada época.

É comum ouvir que a história estuda o passado para que, a partir disso, aprendamos a viver no presente e construir o futuro. A odisseia do currículo escolar não deve ser focalizada apenas no currículo em si, mas também como fator de produção, expressão, representação, reflexo de interesses de um período. A palavra curriculum, aplicada aos meios educacionais, aparece pela primeira vez no século XV. *Curricullum* evidenciava, a partir do *Modus et Ordo Parisiensis*, a ideia de ordem como estrutura e ordem como sequência, em função de determinado objetivo da aprendizagem.

O método *Modus et Ordo Parisiensis* foi praticado no início do século XV na Universidade de Paris, uma das mais antigas instituições de ensino superior, fundada em princípios do século XIII, a partir da escola da Catedral de Notre-Dame. Foi imitado por outras universidades e escolhido pelo fundador da Companhia de Jesus, Inácio de Loyola (1491-1556), como método para as escolas jesuíticas, pois este o considerava o melhor sistema de organização do tempo e da sequência dos conteúdos. O método deu origem ao *Ratio Studiorum*, que surgiu com a necessidade de unificar, consolidar, padronizar os processos e procedimentos pedagógicos diante da explosão do número de colégios dos jesuítas.

Entre os séculos XV e XVIII ocorreram transformações em todas as dimensões da sociedade: jurídica, política, econômica, social, ideológica, que levavam à transição do regime feudal para a sociedade capitalista. É nesse contexto que advém a passagem do ensino individualizado, no qual docente e discente, utilizando princípios da gramática, da retórica e da lógica, praticavam a *lectio* e a arte da disputa, para as escolas organizadas com muitos estudantes em classes e turmas. Por sua vez, as diversas turmas de uma escola deveriam passar pelo mesmo caminho com todos os óbices, semelhante à ideia de um circuito atlético. Foi dessa forma que se estabeleceu a passagem do termo *curriculum* do contexto do mundo dos esportes para o pedagógico. De modo similar ao do atleta, que conseguia passar todos os obstáculos e obtinha a vitória, os estudantes que conseguissem passar pelo *curriculum* recebiam a certificação, pelo qual a escola se responsabilizaria, atestando formar profissionais e cidadãos necessários às exigências da sociedade da época.

Os conceitos de sequência, término e integralização contidos no *curriculum* trazem embutidas a ideia de organização, sistematização, sequenciamento dos conteúdos. Uma escola só poderia atribuir o título a um egresso após o cumprimento de todas as exigências de um

> "A organização do trabalho e a consequente organização dos currículos escolares foram, então, sistematizadas conforme os princípios tayloristas e fordistas, arquétipos que emergiram como duas vertentes interligadas da organização científica do trabalho."

percurso ou trajetória acadêmica. Esses registros históricos expressam que a inovação do currículo é um fato de extrema relevância. Colocam a ideia de que a organização dos conteúdos deverá ser tratada como uma peça única expressa na globalidade estrutural, na completude sequencial, conforme os parâmetros e exigências de cada época histórica.

Com o advento da Revolução Industrial, que provocou grande impacto na estrutura da sociedade medieval, encerrando a transição entre o feudalismo e o capitalismo, um novo tipo de mão de obra qualificada era necessário. Assim, os currículos escolares passaram a ser organizados para suprir a necessidade de profissionais técnicos, sendo a memorização, a padronização, o treinamento e a transmissão de conteúdos fatores determinantes para a capacitação e o bom desempenho profissional.

O crescimento do consumo e dos mercados, no início do século XX, acelerou a competitividade e tinha suas bases na produção padronizada e em série para o consumo em massa. A organização do trabalho e a consequente organização dos currículos escolares foram, então, sistematizadas conforme os princípios tayloristas e fordistas, arquétipos que emergiram como duas vertentes interligadas da organização científica do trabalho.

Os princípios criados pelo engenheiro, pai da administração científica, Frederick Winslow Taylor (1856-1915), não somente interferiram nos processos de produção, substituindo a administração das coisas pelo controle dos homens, como também modificaram a maneira de organização dos currículos nas escolas. O trabalho em série, efetivado pelo empreendedor e fundador da Ford Motors Company, Henry Ford (1863-1947), constitui outra forma na evolução da organização científica do trabalho. A base organizacional não é mais a máquina, mas o posto de trabalho. As qualidades requeridas não são mais somente habilidades manuais, mas também a flexibilidade, a rapidez, a disciplina e a passividade. O operário não tinha necessidade de deter o conhecimento, e sim a habilidade para operacionalizar seu local de trabalho. Dessa forma, a pirâmide hierárquica foi enaltecida e a informação circulou de forma vertical e individual, nunca de maneira horizontal ou coletiva.

"Os princípios tayloristas serviram de inspiração para a construção dos currículos escolares, em que o objetivo com a educação era oferecer treinamento, com base em aprendizagem informativa e memorização."

Com base nos princípios tayloristas e fordistas, os currículos escolares passaram a ser elaborados como um sistema tecnológico de produção. Esse enfoque propõe que os resultados de aprendizagem sejam traduzidos em comportamentos específicos e definidos operacionalmente, tendo em vista que os objetivos que se pretende alcançar com a escolha e a organização dos conteúdos são o desenvolvimento de habilidades operacionais e trabalhadores passivos a uma hierarquia transparente. A organização das disciplinas no tempo é cartesiana, feita de forma vertical, sem a preocupação se isso provoca lacunas ou dificulta as conexões e uma aprendizagem somatória, pois o objetivo não é a assimilação do todo, mas o ensino da especialidade.

Os arquétipos tayloristas serviram de inspiração para a construção dos currículos escolares. Segundo estes, o objetivo com a educação era oferecer treinamento, com base em aprendizagem informativa, em que a memorização fica evidenciada. Os currículos são organizados com o pressuposto de uma educação pautada apenas em transmissão de conteúdos, nos quais os estudantes aprendem fatos e conceitos com o objetivo de erudição, não de empregabilidade e trabalhabilidade.

Essa organização cartesiana, que não se preocupa com a aplicabilidade e a transferência dos conteúdos, provoca uma lacuna de aprendizagem difícil de ser corrigida e amenizada durante o transcorrer dos estudos. É comum, por exemplo, no início do curso, ofertar conteúdos que são pré-requisitos ou conhecimentos prévios para a aprendizagem de conteúdos profissionalizantes no final do curso, ou seja, com um hiato de dois, três ou quatro anos. No momento da utilização desses conteúdos, os estudantes terão esquecido o que estudaram no início. Duas consequências desse descompasso: primeiro, a aprendizagem fica prejudicada; segundo, haverá repetição de conteúdos, perdendo em qualidade e produtividade o rol de conteúdos que deveriam ser ensinados e aprendidos.

A proposta é construir os currículos por meio de projetos e desafios. O primeiro passo é pensar em uma convincente definição dos atributos que estão ou deveriam estar envolvidos na prática social de uma profissão. Construído o perfil, elabora-se uma lista de atribuições reunidas no que denominei de área de atuação, referindo-se a cada tipo genérico de atividade do projeto. Para cada área de atuação devem ser identificadas as competências e habilidades a serem desenvolvidas. O passo seguinte será cotejar as diferentes listas de conceitos e habilidades essenciais, primordiais, cruciais para o desenvolvimento das competências programadas, estabelecendo relações entre elas, detectando os conhecimentos comuns e os hierarquizando. Trata-se de um processo de síntese e classificação dos conteúdos essenciais indispensáveis, que resultará em um banco de conteúdos essenciais, encadeados e relacionados como em uma grande rede.

Cada rol de conteúdos essencial e sua correspondente rede de conteúdos profissionalizantes e de conhecimentos prévios darão lugar a uma unidade de ensino-aprendizagem. Esta se conceitua como uma estrutura pedagógica dinâmica, orientada por determinados objetivos, em função de um conjunto articulado de conteúdos aplicados e sistematizados por uma metodologia didática.

Cada unidade de ensino guardará certa autonomia com respeito às demais; ao mesmo tempo, encontrar-se-á articulada com as outras, com vistas à totalização das áreas de atuação e do perfil profissional. Evidentemente, para o sucesso dessa proposta, os objetivos da aprendizagem não poderão consistir na memorização de informações nem na execução mecânica de determinados comportamentos.

O que pretendo é criar condições para que o estudante possa construir ativamente seu próprio conhecimento. Assim, a aprendizagem ocorrerá como resultado da assimilação ativa; do esforço do aprendiz; das sucessivas mutações provocadas pela informação gradativamente assimilada. Os parâmetros das unidades de ensino são os conteúdos factuais, conceituais, processuais, atitudinais e metacognitivos. As competências geram os conteúdos prévios que serão necessários e o momento em que serão aplicados. Dessa forma, não é a unidade de ensino que designa os conteúdos, e sim as competências que estipulam os conteúdos que irão compor a unidade de ensino.

A concepção da unidade de ensino se faz de forma horizontal e não mais vertical, uma vez que o conhecimento prévio será ministrado no momento em que irá servir de suporte para o conteúdo profissionalizante. Salvo algumas exceções, isso expressa que não existirá um professor de conteúdos básicos e um professor de conteúdos profissionalizantes, mas sim um docente que desenvolverá as competências por meio de desafios, resolução de problemas e incremento de projetos que utilizarão todos os tipos de conteúdos.

O método para escolha e organização das competências e conteúdos está sistematizado na implementação do BSC Acadêmico, bem delineado no livro *Currículo 30-60-10: a era do nexialista*[8].

12.2. Dimensão II do PDDA: disponibilização

Em toda a antiguidade, a tradição oral e a imitação por meio da prática foram as bases da transmissão do conhecimento. Entretanto, foi o desenvolvimento do sistema prático de escrita que alavancou as civilizações da época, refletindo no progresso econômico, intelectual e cultural do indivíduo. Na pré-história, o homem buscou se comunicar, exprimir ideias, legar, transmitir, ensinar, desenvolver, aprender com os desenhos feitos em paredes de abrigos, valhacoutos e cavernas.

Por meio da arte rupestre, a mais velha representação artística conhecida, os homens trocavam mensagens, passavam ideias, ensinavam, aprendiam, transmitiam desejos e necessidades. Contudo, ainda não se podia considerar um tipo de escrita, muito menos uma metodologia de ensino, pois não havia organização, nem mesmo padronização das representações gráficas. Foi somente na antiga Mesopotâmia que a escrita foi elaborada e criada. Por volta de 4000 a.C., os sumérios desenvolveram a escrita cuneiforme, denominação geral dada a certos tipos de escrita feitas com auxílio de objetos em formato de cunha. A escrita cuneiforme teve grande importância para os escribas, que, para desempenharem o ofício, necessitavam frequentar por um longo tempo as *Edubbas*, nome das escolas sumérias, local destinado a educação e treinamento.

"Na cultura egípcia, o sistema pedagógico se evidenciava pela organização dos conteúdos, e as metodologias de ensino e aprendizagem eram voltadas para a transmissão de conhecimentos divinos."

---

8. FAVA, R. *Currículo 30-60-10: a era do nexialista*. Maringá: Viseu, 2022, p. 187.

Os estudantes frequentavam a escola desde a juventude até a idade adulta. A finalidade das *Edubbas* era formar profissionais para trabalhar nas tarefas econômicas e administrativas do reino e dos templos.

Os egípcios também desenvolveram a escrita hieroglífica quase na mesma época dos sumérios. As paredes internas das pirâmides eram repletas de textos que relatavam a vida dos faraós, rezas, orações, mensagens para abismar, banzar, espantar possíveis saqueadores. A educação do Antigo Egito se dá de forma repetitiva. Os ensinamentos eram voltados à formação política e para soluções dos problemas do dia a dia. Também existiam as escolas esotéricas e sagradas, que formavam os sacerdotes. Além da escrita, as instruções também eram ofertadas por meio da fala, da obediência, da moral. Essas orientações eram transmitidas de pai para filho ou de escriba para discípulo. Disciplina, submissão, acatamento e subordinação eram constantes e, muitas vezes, o castigo fazia parte do método de instrução. Quase todas as escolas funcionavam nos templos, pois os sacerdotes eram os únicos que podiam exercer a função de professor. Na cultura egípcia, o sistema pedagógico se evidenciava pela organização dos conteúdos, e as metodologias de ensino e aprendizagem eram voltadas para a transmissão de conhecimentos divinos, uma vez que o saber religioso representava o principal objetivo da educação.

É na Grécia Antiga que se inicia a história da educação como a refletimos e realizamos hoje. No início, a educação grega não tinha um sistema desenvolvido nem rigidamente definido ou organizado. Em geral, as meninas eram, até os sete anos, educadas no *Gineceu* na companhia das outras mulheres da casa. Depois dessa idade, continuavam em casa, onde aprendiam trabalhos domésticos e música. Para os meninos não havia um programa obrigatório; o ideal era que fossem ocupados na prática da ginástica e da música.

Embora não se mantivesse escolas ou instituições, surgiram, no século V a.C., os primeiros professores remunerados. Trata-se dos *grammatistés*, que eram contratados para ensinar as crianças a ler e escrever. O método poderia ser definido como um preceptorado individual, pois se incumbiam da formação completa dos jovens a eles confiados, ensinando conteúdos conceituais, procedimentais e atitudinais. Chicote era o artifício principal da instrução. Os professores eram contratados diretamente pelos pais, o que fazia com que a educação fosse individualizada. O que era ensinado a cada jovem dependia diretamente da vontade e da capacidade financeira da família. Os *grammatistés* não tinham prestígio social algum. Em geral, auferiam um salário de miséria, isso quando recebiam.

No mundo grego, a filosofia contribuiu para a educação na busca por fazer interagir o homem com a sociedade. Por isso, podemos afirmar que, na Grécia Antiga, a educação visava ao desenvolvimento do cidadão. Os sofistas compunham um grupo de professores de retórica altamente respeitados, que viajavam de cidade em cidade realizando discursos e reflexões públicas para atrair estudantes, afinal, a escola sofista seriam eles mesmos. Levando seus ensinamentos aos jovens, respondiam às necessidades, segundo as quais todos deveriam ter acesso ao saber. O conteúdo do ensino se concentrava nas estratégias de argumentação, razão pela qual são também considerados os primeiros advogados do mundo, pois, devido à grande capacidade de arguição, cobravam de seus clientes para entabular defesas.

Nos séculos V e VI a.C., a cultura grega foi impulsionada por transformações sociais e econômicas, surgindo a *Paideia* como um modelo de educação. A *Paideia* tinha como finalidade a formação do cidadão na vida social,

"A *Paideia* tinha como finalidade a formação do cidadão na vida social, política, cultural e educativa. A escolha dos conteúdos era feita para que o estudante pudesse ter harmonia consigo e com a sociedade."

política, cultural e educativa. A escolha dos conteúdos necessários era feita para que o estudante pudesse ter harmonia consigo e com a sociedade. Foi nesse tempo que surgiu o termo pedagogia – *paidós* (criança) e *agogé* (condução), nome dado aos escravos (pedagogos), que conduziam as crianças às escolas. Somente mais tarde esse termo passou a ser utilizado para designar as reflexões em torno da educação. De qualquer forma, a Grécia Antiga pode ser considerada o berço da pedagogia, pois foram os gregos que iniciaram as primeiras reflexões acerca da ação pedagógica que vem influenciando, por séculos, a educação e a cultura ocidental.

Foram os romanos, no entanto, os primeiros a construir um sistema de ensino organizado, disciplinado, padronizado, implantado em suas instituições escolares espalhadas por todas as províncias do Império. O sistema de ensino foi dividido em três graus distintos: instrução primária, ensino secundário e ensino superior. As escolas primárias datam dos séculos VII e VI a.C.; as secundárias surgiram no século III a.C. O ensino superior sobreveio a partir do século I a.C., também denominado de ensino de retórica. Essa educação superior se iniciava assim que o jovem recebia a toga viril, uma espécie de capa de tecido branco frugal, muito simples, usada em ocasiões formais, expressando a entrada na vida adulta. Esses estudos ocorriam dos 15 até cerca de 20 anos, com o objetivo de formar oradores, já que a carreira política representava o ideal supremo.

Com o advento do cristianismo, a educação leiga foi substituída pela educação religiosa, tornando-se o único meio de aquisição e transmissão de conhecimento. Não era fácil conseguir autorização de funcionamento para uma escola durante a Idade Média, pois, com medo de perderem a influência, os bispos dificultavam ao máximo a concessão. Os estudantes e professores reagiram a essas limitações, passando a organizar associações denominadas de *universitas*, que, mais tarde, daria origem à palavra universidade. Apesar de a denominação ser similar, não podemos simplesmente transportar o conceito do tempo medieval para os nossos dias. Naquela época, a universidade, que na sua concepção significava corporação, fazia referência a um ensino mais individualizado, no qual um conjunto de professores e estudantes fazia parte de uma corporação ou instituição de ensino.

A partir do final do século XVIII, a Revolução Industrial trouxe a necessidade de mão de obra mais especializada e transportou a educação para as camadas mais pobres da sociedade. Era, porém, uma educação enclausurada, de massa, de baixa qualidade, com o objetivo apenas de capacitar, treinar, disciplinar, habilitar os estudantes para exercer determinado ofício.

A tecnologia evoluiu assustadoramente. Com ela, emergiu um novo mundo digital em redes, provocando um notório declínio da eficácia da aprendizagem nas escolas. As instituições de ensino não podem e não devem disponibilizar uma educação com intuito de preparar estudantes para se encaixarem no mundo de 50 anos atrás, pois aquele mundo não existe mais.

O conhecimento dos processos de aprendizagem incide cada vez mais em seu caráter singular e pessoal, de maneira que o problema de instruir não se situa basicamente nos conteúdos, mas em como se assimila, como se disponibiliza e quais métodos devem ser utilizados para que o aprendizado ocorra. O ponto fundamental é que, ao preparar estudantes para ter empregabilidade e trabalhabilidade, para a aprendizagem em um ambiente digitalizado, o objetivo deve ser incentivar o autoestudo, ou seja, o estudo autônomo, não heterônomo em todas as modalidades. Isso contrasta com a metodologia que tem sido dominante por séculos: a do ensino expositivo e da aprendizagem repetitiva.

O que determinará o método a ser utilizado é o perfil dos estudantes e os conteúdos. Portanto, as metodologias deverão ser híbridas. Há conteúdos que devem ser transmitidos, por meio da metodologia instrucional. Outros, como as práticas da área de saúde, por exemplo, necessitam de adestramento e, por esse motivo, a imitação é o melhor método. Outros, ainda, são ensinados de forma mais eficiente por meio da metodologia experiencial (ativa), utilizando métodos de medicação, exploração e provocação. Talvez seja a hora de aprendermos com os mestres medievais, que, já em sua época, à sua maneira e com as tecnologias disponíveis, colocavam jogabilidade em suas metodologias. Com a arte da disputa, os aprendizes eram desafiados, seduzidos, motivados, persuadidos a aprender; a diferenciar o verdadeiro do falso; a argumentar de forma equilibrada, coerente, harmônica e lógica; a discernir, escolher e tomar decisões coesas, pragmáticas, refletidas, acertadas e conexas às teorias e textos estudados.

Conforme exposto, a técnica de imitação foi a forma de ensinar de nossos primeiros ancestrais, enquanto a transmissão, o método que auxiliou a desenvolver a Revolução Industrial. Mas, agora, as metodologias instrucionais, experienciais (ativas) e experimentais, por meio da exploração, mediação e provocação, são as mais adequadas na utilização das possibilidades das tecnologias hodiernas. O certo é que a instigação, o desafio, a criação de necessidades e a formulação de perguntas coerentes e pertinentes, praxes estas utilizadas por Aristóteles na escola de Mieza e no Liceu Aristotélico, estão entre as melhores maneiras de ensinar e desenvolver competências para as Gerações Y, Z, Alpha e, em um futuro próximo, para a nascente Geração Beta.

12.3. Dimensão III do PDDA: distribuição

Até a Revolução Industrial, todas as culturas eram fragmentadas e locais. A falta de meios de comunicação e transporte rápidos limitava a miscigenação cultural e a propagação de conteúdos, conhecimentos, novas ideias e tendências. A distribuição de produtos e serviços era de nicho, determinada mais pela geografia que pela afinidade. Os veículos de disseminação eram restritos, sujeitos aos grupos teatrais itinerantes e aos escassos livros à disposição para poucos alfabetizados. A igreja dispunha da cardinal estrutura e do principal meio de comunicação de cultura, dominava a distribuição de ensino e a disponibilização do conhecimento.

O processo de industrialização no princípio do século XIX e a revolução dos transportes e do modo de produção transformaram as economias locais, características das sociedades agrárias, em uma economia global. A introdução de novas formas de comunicação aduziu expressivas benfeitorias para o cotidiano do homem. Tecnologias foram inventadas e contribuíram para a difusão, a disponibilização e a distribuição de cultura e conhecimentos. A preponderante base que possibilitou uma colossal gama de invenções foi o domínio da eletricidade.

Embora os primeiros avanços científicos sobre o uso cotidiano da eletricidade remontem aos séculos XVII e XVIII, os fenômenos elétricos têm sido estudados desde a Antiguidade.

"Tales de Mileto, ao esfregar um pedaço de âmbar em um naco de lã, notou que este passava a atrair objetos leves. Dois mil anos depois, esse fenômeno foi chamado de eletricidade, da palavra grega *elektron* (que quer dizer âmbar)."

Sete séculos antes do nascimento de Cristo, o físico e filósofo grego Tales de Mileto observou uma manifestação curiosa. Ao esfregar um pedaço de âmbar (um tipo de resina vegetal) em um naco de lã, notou que o âmbar passava a atrair objetos leves. Dois mil anos depois, esse fenômeno foi chamado de eletricidade, da palavra grega *elektron* (que quer dizer âmbar).

As aplicações práticas para a eletricidade permaneceram muito restritas. Somente no final do século XIX, foi factível disponibilizar seu uso comercial, industrial e residencial. A vertiginosa expansão da tecnologia elétrica transformou a indústria, o transporte e a comunicação. Por meio do telefone, por exemplo, tornaram-se exequíveis e aceleradas a transmissão e a circulação de informações. Com a fotografia, foi aberto um espaço para a escrita a partir de um registro de memória visual, tanto individual quanto coletivo. Na área dos transportes, as viagens passaram a ser mais rápidas, pois as revoluções nas maneiras de condução encurtaram as distâncias e, consequentemente, "diminuíram" o tamanho do mundo. O crescimento da malha ferroviária e rodoviária permitiu maior contato entre as regiões centrais e periféricas, de forma que produtos, serviços e, notadamente, ideias circulassem com maior fluidez pelos diversos grupos sociais. O rádio e a televisão, que vieram em seguida, tornaram-se poderosos veículos de transmissão, disseminação, difusão e divulgação de culturas de massa. Aliás, a grande vantagem do rádio e da televisão foi facultar um programa ou conteúdo para milhões de pessoas ao mesmo tempo.

Assim como a eletricidade, a internet alterou tudo novamente. A web, mais que uma distribuidora de conteúdo, passa a ser uma poderosa ferramenta de disseminação, propagação e socialização de ideias, com o poder de levar miríades de informações para uma pessoa em qualquer tempo, em todo lugar. O pluralismo ganha força e, com isso, surgem novos mercados, outros meios de distribuição de conteúdos, contemporâneas maneiras de ensinar e muitos modos de aprender.

Com o aperfeiçoamento da inteligência artificial, novamente estamos observando uma revolução em todos os meios de distribuição. A inteligência artificial na comunicação está relacionada à capacidade das máquinas de imitar o comportamento humano, o que altera substancialmente a maneira como as pessoas trocam informações, interagem e se relacionam entre si e com as máquinas. Diuturnamente, somos bombardeados com mensagens, conteúdos, informações e publicidades. O problema é que estas fornecem apenas informação unilateral, o que torna a comunicação interpessoal dificultosa. Para conter essa impotência e se comunicar com mais êxito, é necessário que as pessoas se tornem mais aptas para a era digital, uma vez que a inteligência artificial prossegue consistentemente abrindo caminhos, trilhas e acessos para a comunicação de muitas formas distintas, por exemplo, por meio dos assistentes de voz.

A evolução acelerada tornará factíveis situações e ações inimagináveis. Entretanto, a tecnologia e a inteligência artificial são apenas um dos lados da moeda. As pessoas devem também se desenvolver se quiserem usar as oportunidades em nível privado e profissional de forma eficaz, afinal, estas são tão somente meios para atingir um fim. Fornece ferramentas para aplicações e dá um impulso para tornar a distribuição e a disponibilização de conteúdos, informações e ideias mais eficientes e produtivas. Porém, sem as capacidades cognitivas dos seres humanos, qualquer tecnologia será sem alma e intercambiável.

As tecnologias possuem três qualidades-chave: primeira, o potencial para alterar o nexo com o tempo; segunda, o condão de mutuar a conexão com o espaço; terceira, a capacidade de modificar as relações entre as pessoas. Isso ocorreu com o rádio, a televisão, a internet e, mais recentemente, a inteligência artificial. Essas tecnologias, que reestruturam os liames com o tempo, espaço e pessoas, também tendem a criar muita ansiedade, o que, em geral, transforma-se em medo, expresso em forma de depressão e pânico moral. Quando apareceu a eletricidade, um dos argumentos contra disponibilizar a lâmpada elétrica para todos os domicílios era o temor de que isso tornasse as mulheres vulneráveis a "predadores", pois a claridade mostraria que estavam em casa à noite. Isso é similar às fobias de muitos educadores quando se ponderou sobre a utilização da digitalização e da virtualização nos processos de ensino, desenvolvimento e aprendizagem. A atual fobia com relação à inteligência artificial está no que os especialistas denominam como "singularidade", o medo de que as IAs estarão tão desenvolvidas a ponto de superarem os próprios seres humanos.

As tecnologias nem sempre se aperfeiçoam da mesma maneira, com a mesma velocidade ou em uma ordem previsível. Em virtude do contexto, das circunstâncias e das especificidades locais, em lugares diversos as pessoas não vivenciam a tecnologia da mesma forma. Mas se trata apenas de tecnologias; usá-las não torna ninguém moderno, atual, nem mais inteligente, sábio, equânime, decente. Elas simplesmente tornam as pessoas mais capazes de se comunicar, de colaborar e de competir mais velozmente.

Graças à tecnologia, dispomos de mais informações e mais opções que em qualquer outra época. Entretanto, possuímos também mais decisões a tomar e menos tempo para capturá-las, à medida que o ritmo da vida se acelera a cada avanço dos recursos voltados a economizar tempo e esforço. A tecnologia proporciona a possibilidade de uma distribuição de conteúdos com mais opções na forma e na modalidade.

"A tecnologia e a inteligência artificial são apenas um dos lados da moeda. As pessoas devem também se desenvolver, se quiserem fazer uso eficaz das oportunidades em nível privado e profissional."

A economia digital, por meio de poderosos mecanismos de busca, está facultando e motivando os estudantes a procurarem, diante de muitas alternativas, o projeto acadêmico que lhes seja mais adequado, determinando o surgimento de colossais alternativas para a educação. Isso só é factível graças ao baixo custo das ferramentas de produção. Qualquer indivíduo com um pouco de conhecimento tem a capacidade de produzir objetos de aprendizagem e disponibilizá-los gratuitamente. Se os computadores transformaram muitos em produtores de conteúdos e a internet converteu outros tantos em distribuidores, agora é a vez da inteligência artificial e do *big data*, que, juntos, ajudam a otimizar estratégias. Os algoritmos empregados nas IAs precisam ser alimentados com dados para serem eficientes, e quando nos referimos a dados em volume colossal, estamos falando de *big data*. Desse relacionamento íntimo surge a habilidade única de absorver, analisar, sintetizar e administrar miríades de informações, o que faz com que a produção de conteúdos se torne mais assertiva, eliminando o achismo por métricas confiáveis.

Como seres humanos, estamos sempre interessados em encontrar boas histórias. As recentes tecnologias e as mídias modificaram algumas das formas como expressamos essas necessidades, porém isso não significa que tenham gerado novos desejos. As novas alternativas não estão substituindo as tradicionais probabilidades de oferta instrucional, mas apenas dividindo o espaço entre elas e disponibilizando outras interessantes e abundantes escolhas. Somos uma espécie gregária, altamente influenciada pelo que os outros fazem. As coisas que os indivíduos valorizam permanecem ao longo do tempo, evoluem de modo bem menos rápido que a tecnologia. Isso inclui a necessidade de um sentimento de propósito, de pertencimento, a ideia de que existe uma comunidade de pessoas com as quais nos relacionamos, como família, amigos, professores, colegas de turma, e com as quais partilhamos interesses.

A educação a distância pode ser considerada a mais democrática das modalidades de educação, pois, utilizando-se de tecnologias de comunicação e informação, transpõe obstáculos de tempo e de espaço, tornando o conhecimento

> "A educação a distância pode ser considerada a mais democrática das modalidades de educação, pois, se utilizando de tecnologias de comunicação e informação, transpõe obstáculos de tempo e de espaço, tornando o conhecimento acessível."

acessível, disponível, alcançável em qualquer hora, em todo lugar. As primeiras experiências com educação a distância foram peculiares, singulares, isoladas. Utilizando a tecnologia da escrita e dos meios de transporte da época, o apóstolo Paulo (5-67 d.C.) escreveu suas 13 famosas epístolas, conhecidas como *Corpus Paulinum*, para pregar, disseminar, ensinar as máximas cristãs às comunidades da Ásia Menor sobre como viver de acordo com as doutrinas do Cristianismo em ambientes tão desfavoráveis. Trata-se da primeira substituição do ensino presencial pelo ensino assíncrono e mediado, dando origem à modalidade de educação a distância. O material didático utilizado por São Paulo foi a epístola, um texto escrito em forma de carta. Utilizando-se desses textos, Paulo expressava opinião, manifestava-se ou discutia determinados temas e fazia suas reflexões. Com eles, o apóstolo transcendia questões de interesses pessoais, com o objetivo de ensinar aos membros das novas comunidades a viver na doutrina cristã.

A partir do século XIX, com o advento da Revolução Industrial, os sistemas educacionais não estavam preparados para as transformações estruturais, tecnológicas, e para os profundos impactos destas no processo produtivo em âmbito econômico-social. A maioria das instituições de ensino da época não conseguiu se adaptar aos vigentes paradigmas e necessidades. Aliás, muitas dessas premências nem sequer foram identificadas, quanto mais supridas. Se as escolas não se atentaram às novas demandas, os editores as reconheceram e verificaram que poderiam lucrar explorando as possibilidades da produção, disponibilização, distribuição de educação em massa por meio das tecnologias dos correios e transportes ferroviários e rodoviários. Surgiram, assim, muitas escolas por correspondência na Inglaterra, berço da revolução, na França, na Alemanha e em outros países.

O estudo por correspondência não proporcionava qualquer interação real com o estudante, mas preparou o terreno para o desenvolvimento de formas mais sofisticadas de educação a distância. Com a invenção do rádio, muitas instituições de ensino rapidamente conceberam programas de ensino ofertados nesse novo e importante meio de comunicação em massa. No entanto, a crescente influência comercial do rádio e o advento da televisão impediram que esse meio de difusão ganhasse uma posição de destaque.

"Os discentes do ensino a distância desenvolveram a relevante característica de autodidatismo, uma necessidade ainda longínqua daqueles mais ajustados ao ensino presencial."

A partir da década de 1970, teve início uma nova era da educação a distância, caracterizada pelo surgimento de outros meios de comunicação utilizados consistentemente de modo integrado e não ocasional. A importância da educação a distância tornou-se cada vez mais evidente. A relevância dessa modalidade de ensino cresce na proporção em que as classes mais baixas, mais numerosas, buscam se educar e se atualizar profissionalmente. Historicamente, o ensino a distância tem desempenhado um papel social que poderia ser considerado terapêutico ou complementar, pois auxilia a minorar o elitismo educacional, corrigir fissuras do sistema presencial, socializar o conhecimento. Isso provocou o *boom* da educação a distância em todo o mundo.

Apesar de muitos mitos estarem sendo derrubados, a educação a distância ainda gera algumas desconfianças quanto à sua real eficácia. Trata-se de um pensamento muito mais cultural que realista. Cultural, pois, de forma geral, a sociedade é bastante reticente às mutações e inovações disruptivas. Distinto do ensino presencial, o ensino a distância requer metodologias que estejam pautadas em pressupostos de navegabilidade, conectividade, mobilidade, portabilidade, adaptabilidade, flexibilidade, intertextualidade e hipertextualidade como elementos para potencializar a ação dos estudantes e professores que se inter-relacionam.

A educação a distância vem angariando seu espaço e sua credibilidade. As estatísticas apontam que a captação de novos estudantes ultrapassou a modalidade presencial. Também se percebe que sua eficácia é bastante positiva, pois os resultados do Exame Nacional de Desempenho dos Estudantes (Enade) demonstram que os estudantes dessa modalidade auferem melhores resultados que os do ensino presencial. Isso evidencia que os discentes do ensino a distância conquistaram maturidade saudável para aproveitar as oportunidades e se adaptaram às ferramentas tecnológicas disponibilizadas para o seu aprendizado, que se mostram cada vez mais eficientes e acessíveis. Além disso, os novos estudantes desenvolveram a relevante característica de autodidatismo, uma necessidade ainda longínqua daqueles mais ajustados ao ensino presencial.

Figura 12.4 – Modalidades de aprendizagem

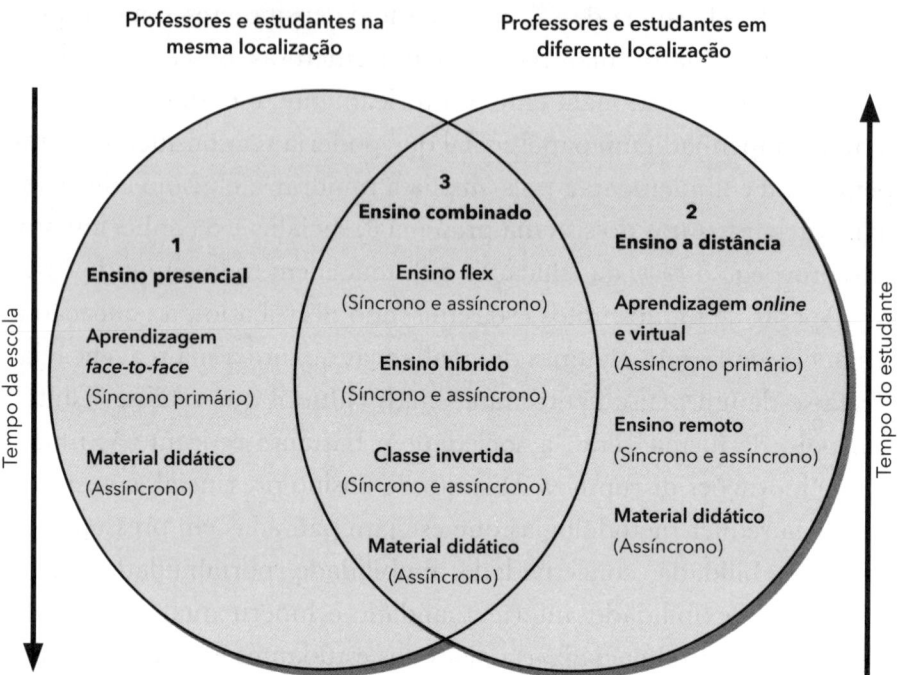

Professores e estudantes na mesma localização

Professores e estudantes em diferente localização

Tempo da escola

Tempo do estudante

3
Ensino combinado

1
Ensino presencial

Ensino flex
(Síncrono e assíncrono)

2
Ensino a distância

Aprendizagem
face-to-face
(Síncrono primário)

Ensino híbrido
(Síncrono e assíncrono)

Aprendizagem *online*
e virtual
(Assíncrono primário)

Ensino remoto
(Síncrono e assíncrono)

Material didático
(Assíncrono)

Classe invertida
(Síncrono e assíncrono)

Material didático
(Assíncrono)

Material didático
(Assíncrono)

Síncrono: professores e estudantes compartilham a mesma atividade e equivalente material em idêntico tempo.

Assíncrono: docentes e discentes partilham as atividades e materiais em tempos diferentes.

Fonte: elaborada pelo autor.

"O lado positivo dessa complexidade é que o aprendizado será mais dinâmico, prático e, por que não, divertido. Será deixado de lado aquele ensino estático, analógico e apático, no qual existe apenas uma possibilidade: a sala de aula."

O incrível e acelerado aperfeiçoamento das tecnologias de informação e comunicação fez com que o ensino híbrido, uma mistura bem temperada do ensino presencial com o ensino a distância, ganhasse notoriedade, tornando-se a modalidade mais ofertada. Isso não expressa que as demais modalidades perderam relevância, ao contrário, ainda detêm eficiência e eficácia, proporcionando ao estudante a oportunidade de escolha da modalidade que mais lhe agrade.

Conforme demonstrado no livro *Currículo 30-60-10: a era do nexialista*[9], os modelos de desenvolvimento e aprendizagem, alicerçados em tecnologias, estão diretamente relacionados a tempo, modalidade e local de instrução. A distribuição está dividida em duas modalidades:

1. **Ensino Presencial.** O processo de ensino, desenvolvimento e aprendizagem é síncrono primário, ou seja, docentes e discentes fazem atividades e utilizam o mesmo material, no mesmo local, ao mesmo tempo.

2. **Ensino a Distância.** Instrução mediada por tecnologia em que discentes e docentes estão separados espacial e temporalmente.

3. **Ensino Combinado.** Não se trata propriamente de uma modalidade, mas de uma metodologia que poderá ser ofertada tanto na modalidade presencial quanto na modalidade a distância. O que altera são os percentuais legais de proporção da oferta em cada uma das duas modalidades. No presencial, o instituto de ensino superior (IES) poderá ofertar EaD até o limite de 40% da carga horária do curso. No EaD, a proporção é de 70% a distância e 30% presencial. O Ensino Combinado refere-se à abordagem conjugada presencial e a distância, que gera oportunidades de interação virtual, mescladas com métodos tradicionais em ambientes presenciais. Requer a assistência física do docente em sala de aula para orientar e sanar dúvidas, tendo o discente tão somente alguns elementos de controle sobre o tempo, lugar, trilha e ritmo de estudos.

   a) **Ensino Flex.** Simples divisão de oferta do ensino tradicional conteudista, com atividades síncronas e assíncronas em percentuais determinados pela legislação.

---

9. FAVA, 2022, p. 178.

b) Ensino Híbrido Consciente. Similar ao Ensino Flex, na forma (atividades síncronas e assíncronas) e nos percentuais legais, contudo diferenciado, pois possui o objetivo de desenvolver competências por meio da utilização de tecnologias e não meramente transmitir e massificar conteúdos.

A educação está cada vez mais complexa, pois, com as aceleradas transmutações das tecnologias de informação e comunicação, será necessária uma assimilação contínua e profunda. O lado positivo dessa complexidade é que o aprendizado será mais dinâmico, prático e, por que não, divertido. Será deixado de lado aquele ensino estático, analógico, apático, fasto, passivo, no qual existe apenas uma possibilidade, um caminho, um trâmite, em suma, a sala de aula, impedindo e desmotivando o estudante a buscar respostas e, o mais relevante, a conceber novas perguntas. A distribuição e as modalidades serão extremamente variáveis, flexíveis e customizáveis, simplesmente para garantir que o ensino seja adaptável, ajustável, amoldável aos diversos perfis e situações nas quais se encontram os estudantes. Outras e inovadoras metodologias de ensino, desenvolvimento e aprendizagem deverão ser incrementadas a fim de permitir que o discente aprenda a aprender e que consiga aquinhoar, interagir e compartilhar seus conhecimentos com seus pares e docentes. É isso que torna a aprendizagem mais sedutora, atraente, dinâmica, aprazível, sociável e, notadamente, mais colaborativa, interativa e participativa.

12.4. Dimensão IV do PDDA: avaliação

A avaliação é uma investigação sistêmica para determinar o mérito e a pertinência de um conjunto de atividades e ações no processo de ensino, desenvolvimento e aprendizagem. Existem muitas razões para se efetuar a avaliação na educação, incluindo determinar a eficiência do planejamento (escolha, organização), distribuição e disponibilização de conteúdos e competências, bem como justificar os investimentos – se os objetivos dos cursos estão sendo atingidos, se a finalidade da aprendizagem está sendo alcançada.

O conceito de avaliação está relacionado com a ação e o efeito de julgar. Não se trata de uma atividade recente. Desde os tempos primitivos, os meninos só passavam à condição de adultos após serem aprovados em exames referentes aos usos e costumes da tribo. Na China, 1200 a.C., utilizava-se a avaliação não como instrumento educativo, mas como maneira de controle social. Nesse período, em virtude do sistema de exames, todos os cidadãos tinham possibilidades de alcançar cargos de prestígios e poder. A finalidade da avaliação era selecionar e admitir pessoas do sexo masculino para o serviço público. Até 360 a.C., esse sistema exercia profunda influência na educação chinesa.

Na Grécia Antiga, Sócrates considerava as perguntas tão ou mais importantes que as respostas, razão pela qual, por meio de seu método pedagógico chamado maiêutica, submetia seus discípulos a uma exaustiva e precisa perquirição oral. O grande filósofo sugeria a autoavaliação – *conhece-te a ti mesmo* – como um pressuposto básico para se encontrar a verdade. Os romanos limitaram-se a vulgarizar o sistema grego de avaliação de ensino, adaptando-o de acordo com o espírito latino.

Na Bíblia, a avaliação aparece como uma forma de *feedback*: "Se o teu irmão pecar contra ti, vai corrigi-lo, mas em particular, a sós contigo! Se ele te ouvir, tu ganhaste o teu irmão" (Mateus 18:15-20). A Idade Média se caracteriza, por sua vez, por uma intensa espiritualidade, por um grande interesse pelo conhecimento de realidades intermediárias e por um conjunto de verdades que os homens aprenderam com o auxílio da educação, mas mediante a aceitação da fé. Os aprendizes concordavam passivamente com as lições dos mestres. Repetir integralmente o que se ouvia ou lia era a prova mais convincente do saber. Apesar de o centro de gravitação do ensino ser o teocentrismo, os mestres medievais, ao refletirem sobre o irracional, prepararam o caminho da razão e abriram outras perspectivas de avaliação.

O Renascimento manifestava o movimento humanista em duas correntes distintas: o humanismo cristão e o pagão. Enquanto a corrente cristã trazia valiosas contribuições para a avaliação, por meio de uma orientação psicológica que visava atender às diferenças individuais dos estudantes, a corrente pagã exaltava a valorização da individualidade considerada como um fim em si mesma, sem vínculos com valores transcendentais. Esse humanismo viria imprimir no pensamento moderno seu caráter predominantemente racional e naturalista, surgindo, assim, a ciência moderna.

"O italiano Vittorino da Feltre dizia: 'Quero ensinar os estudantes a pensar e não a desvairar'."

Entre os mestres dessa época, destaca-se o educador italiano Vittorino da Feltre (1378-1446), precursor de concepções e práticas pedagógicas que seriam difundidas séculos depois: "Quero ensinar os estudantes a pensar e não a desvairar", dizia o mestre[10]. Para avaliar o aproveitamento do aprendiz, Vittorino mandava-o ler em voz alta. De acordo com a expressão que dava à leitura, julgava-o habilitado ou não. Seu critério de avaliação era a linguagem culta, pronúncia correta, tom de voz moderado. Era inflexível no que diz respeito ao comportamento, à moralidade e às boas maneiras.

Com a invasão de Constantinopla pelos turcos, os sábios bizantinos se refugiaram na Itália e levaram consigo as obras mais importantes dos escritores da Antiguidade. No entanto, foi a reinvenção da imprensa que mais contribuiu para o desenvolvimento das atividades intelectuais da época. Multiplicaram-se os livros, que se tornaram acessíveis, factíveis, alcançáveis. Fundaram-se escolas, criaram-se bibliotecas, eclodiram outras maneiras, novas inferências e ilações no processo de avaliação do aproveitamento dos estudantes.

---

10. DA FELTRE, Vittorino. *A Prince of Teachers*. Andesite Press, 2015.

Publicado na cidade de Leiden, na Holanda, em 1637, *O Discurso sobre o Método*, do filósofo e matemático francês René Descartes (1596-1650), apresenta quatro regras e princípios específicos utilizados até os dias de hoje na prática da avaliação para encaminhar o espírito na busca da verdade. São eles:

1. **Regra da evidência.** Nunca aceitar coisa alguma como verdadeira sem conhecê-la evidentemente como tal.

2. **Princípio da análise.** Dividir cada uma das dificuldades em tantas parcelas quantas fossem possíveis e necessárias para melhor resolvê-las.

3. **Regra da síntese.** Conduzir por ordem os pensamentos, começando pelos objetos mais simples e mais fáceis de conhecer para subir pouco a pouco, por degraus, até o conhecimento dos mais compostos, supondo certa ordem mesmo entre aqueles que não se precedem naturalmente uns aos outros.

4. **Regra da verificação.** Realizar revisões completas para ter certeza de que nada foi omitido.

Até o final da Idade Média, as escolas religiosas, tanto as católicas quanto as protestantes, insistiam em utilizar somente as arguições e os exames orais. Somente em 1702, na Universidade de Cambridge, fundada em 1209 na Inglaterra e ainda uma das mais importantes e influentes do mundo, foi utilizado pela primeira vez o exame escrito.

Com a Revolução Francesa entre os anos de 1789 e 1799, considerada o acontecimento que marcou o término do período feudal e o início da Idade Contemporânea, alterou-se drasticamente o quadro político-social da época. Surgiu uma intensa reação contra o sistema vigente e, portanto, a necessidade de se conceber um modelo de educação inteiramente novo. Despontou o laicismo, uma vistosa influência do racionalismo, do enciclopedismo, das ideias materialistas e anticlericais. Havia uma corpulenta reação contra o ensino humanista tradicional, dando relevo, predominante nos planos educativos, às ciências e às línguas modernas.

A avaliação começou a assumir uma forma mais estruturada com a utilização de exames. Esta ficou associada à ideia de prova, notação, controle, constituindo, dessa maneira, a área de estudos denominada pelo psicólogo francês Henri Piéron (1881-1964) de docimologia, isto é, o estudo sistemático dos exames, em particular do sistema de atribuição de notas, do comportamento dos examinadores e examinados.

"Para Comenius, considerado o fundador da didática moderna, 'se o estudante não aprendeu, é preciso refletir sobre o método utilizado com a finalidade de promover a aprendizagem'."

No século XVII, surgiram duas correntes para estruturação da avaliação: a primeira vem do professor, bispo e cientista checo Jan Amos Komensky – em latim, *Comenius* – (1592-1670), considerado o fundador da didática moderna, que defende a avaliação como um espaço de aprendizagem e não de verificação da aprendizagem: "se o estudante não aprendeu, é preciso refletir sobre o método utilizado com a finalidade de promover a aprendizagem"[11]. Para Comenius, a avaliação funciona como uma preciosa aliada da prática docente. A segunda corrente, em contraponto, foi proposta pelo sacerdote francês João Baptista de La Salle (1651-1791), fundador da congregação os "Irmãos Lassalistas" dedicada à educação, especialmente dos mais pobres. Declarado pelo papa Pio XII patrono de todos os educadores, defendia o exame como supervisão permanente e vigilância contínua. Centra-se no estudante e na avaliação de aspectos que deveriam ser direcionados para a prática pedagógica. Desse modo, a educação adere aos princípios da pedagogia do exame, articulando-se em prol da certificação e promoção da aprendizagem.

A partir de meados do século XIX, surgiram vários métodos de avaliação para melhorar a aprendizagem, como avaliação interna, externa,

---

11. COMENIUS. *Didática magna*. São Paulo: WMF Martins Fontes, 2011.

diagnóstica, formativa, somativa e por objetivos. Todas tinham como finalidade controlar e medir o que cada estudante estava aprendendo e verificar estatisticamente a quantidade de conteúdos assimilados. Na avaliação por mensuração, a atribuição do docente é essencialmente técnica, orientada por princípios e arquétipos que evidenciam a inflexibilidade, a imparcialidade, a objetividade, a quantificação e o ranqueamento. Nesse contexto, a única preocupação se refere aos procedimentos de avaliação, e não à prática.

A avaliação ganhou abrangência similar à que se verifica hoje graças à obra *Princípios básicos de currículo e ensino*, publicada em 1949 pelo educador americano Ralph W. Tyler (1902-1994). Suas ideias partiam do princípio de que educar consiste em alterar padrões de comportamento. A partir da visão de Tyler, o currículo passa a ser constituído com base na especificação de competências e habilidades desejáveis e expressas em objetivos a serem atingidos. Em outras palavras, a avaliação consiste em julgar em que grau as alterações comportamentais estão ocorrendo, isto é, em que medida os objetivos do processo de ensino, desenvolvimento e aprendizagem vêm sendo alcançados. O enfoque tyleriano enfatiza o aspecto funcional da avaliação realizada em função dos objetivos previstos. Tyler salientava que qualquer projeto pedagógico institucional ou de curso deveria responder às seguintes questões:

- Que objetivos educacionais a escola deve procurar atingir?
- Que experiências educacionais podem ser ofertadas com probabilidade de alcançar esses propósitos?
- Como organizar eficientemente essas experiências educacionais?
- Como podemos ter certeza de que esses objetivos estão sendo alcançados?

Todos os fatos históricos relatados no campo da avaliação deram origem à sua conformação atual. Ainda hoje, há conflitos entre a utilização de métodos quantitativos ou qualitativos, o que coloca em discussão a real finalidade da avaliação, a diferenciação entre os termos avaliar e verificar, configurando-se, dessa maneira, uma questão filosófica. Verificação, conceitualmente, expressa analisar o teor da verdade de algo, averiguar, indagar, examinar, ocasionar a comprovação, investigar a verdade de alguma coisa. A verificação é um processo que se encerra no momento da conformação desejada do objeto e não estimula uma tomada de decisão depois que se encontra configurada.

"A avaliação jamais pode ser concebida como um simples método classificatório de aprovação ou reprovação, mas sim como um processo de busca de resultados."

A avaliação difere da verificação porque é uma experiência que vai além da configuração desejada do objetivo. O ato de verificar é pontual; consiste, basicamente, em um processo seletivo, classificatório, no qual a aprendizagem é submetida a testes que conferem se o discente memorizou aquilo que o docente expôs. A avaliação, por sua vez, consiste em analisar o processo progressivo e formativo da aprendizagem do estudante, tendo como objetivo perceber tudo que o estudante aprendeu ou deixou de assimilar durante o processo de ensino, desenvolvimento e aprendizagem. A avaliação não pode ser vista como uma ação pontual, precisa, cumpridora, que ocorre somente quando o estudante faz uma prova, mas sim como algo gradual, paulatino, progressivo, que não tem data e hora para ocorrer. Avaliar, portanto, é identificar quais reforços são necessários para que o discente recupere o que não aprendeu em determinado período, procurando gerar a autonomia no discente para buscar, construir, erigir o próprio conhecimento. A avaliação jamais pode ser concebida como um simples método classificatório de aprovação ou reprovação, mas sim como um processo de busca de resultados.

Destaca-se que a escolha e a organização dos conteúdos não carecem ser de atribuição única do docente, e sim da coletividade interna, liderada pela instituição. É uma forma de garantir que os conteúdos essenciais escolhidos para o desenvolvimento das competências sejam realmente ministrados de forma eficiente, eficaz e efetiva. O mesmo vale para a avaliação da aprendizagem, que também não tem de ser totalmente de responsabilidade do professor. Isso cabe à instituição, que deverá se utilizar da colossal inteligência coletiva constante no grupo para concebê-la.

Avaliar em nenhum momento foi, não é e jamais será uma incumbência simples e fácil. Como educadores, é necessário termos a consciência de que, para julgar e atribuir o verdadeiro reconhecimento ao estudante que está sendo avaliado, são imprescindíveis a ética e a imparcialidade. É uma tarefa fundamental, pois envolve grande equilíbrio e sensibilidade e um enorme domínio de inteligência emocional e coletiva. A avaliação é um insumo tão prestigioso quanto a escolha e a organização correta dos conteúdos ou a metodologia de ensino, desenvolvimento e aprendizagem utilizada. Percebe-se a importância da avaliação quando finalmente se entende que esta é simplesmente a principal ferramenta que dá a certeza de que a instituição está cumprindo seu projeto pedagógico, desenvolvendo as competências de cada área de atuação e sendo eficiente no propósito de educar.

CAPÍTULO 13

Epílogo

Ao ser perguntado como escrever um livro, um escritor espanhol respondeu: "Uma grande obra geralmente começa com uma letra maiúscula; no término, põe-se um ponto-final". E no meio? Voltou-se a questionar: "*¡Bueno, en el medio hay que poner vida!*". Ao chegar ao final do texto, tenho a sensação de um objetivo, um propósito, uma meta cumprida. Antes, porém, defronto-me com as palavras de nosso poeta maior, Carlos Drummond de Andrade, que diz: "O problema não é inventar. É ser inventado hora após hora, e nunca ficar pronta nossa edição convincente..."[1]. Revela-se assim a realidade, uma vez que as mutações provocadas pela tecnologia digital cognitiva e a inteligência artificial são tão céleres, incessantes, contínuas que, diante desse cenário cabalístico, tenho o pressentimento de que, brevemente, todos esses conceitos, ideias e paradigmas ficarão novamente obsoletos.

Jeff Bezos, fundador da Amazon, nos ensina: "Se você luta contra [as tendências externas], provavelmente está lutando contra o futuro. Aceite-as e você será recompensado com ventos favoráveis". Encarar destemidamente o futuro requer que desobstruamos nossa mente para novas ideias. É ilusório se fiar que arcaicas crenças e maneiras de agir

---

1. DE ANDRADE, Carlos D. *Corpo:* novos poemas. São Paulo: Ed. Didática Paulista, 2002.

irão nos ajudar no processo de incorporação deste mundo novo, repleto de transmutações proporcionadas pela tecnologia digital cognitiva.

O crescimento, o desenvolvimento, a adaptação, a adequação, a atualização são essenciais para a saúde de qualquer companhia. A essa altura dos acontecimentos, não há espaço para resignação, sossego ou acomodação para qualquer instituição ou indivíduo diante de uma economia tão competitiva. Obstáculos, conflitos, outros comportamentos, inéditas necessidades, diferentes problemas, distintos horizontes surgem para agitar a imaginação, a continuidade, o aperfeiçoamento, a evolução, o aprimoramento, tanto institucional quanto de pessoas.

A educação está inserida em um ramo de negócio intrépido e arrojado. Para que uma instituição de ensino tenha sucesso e perenidade, é necessário ser competitiva. Nesse sentido, terá de ofertar serviços de ensino, desenvolvimento e aprendizagem com um nível de qualidade diferenciada em comparação aos concorrentes; ser suficientemente elevada para permitir mensalidades mais lucrativas; conquistar participação de mercado acima do que seria considerado natural; e obter rentabilidade e lucratividade maior que dos demais *players*.

Para desfrutar dessas vantagens, ou de todas elas, não é suficiente esforçar-se e ter boas intenções. Campanhas publicitárias e pseudoutilização de tecnologias não são suficientes. A única coisa que viabiliza é proporcionar serviços superiores, diferenciados, perceptíveis, que tenham visibilidade no mercado. Abraham Lincoln surpreendia as pessoas com uma brincadeira. Perguntava: "Quantas pernas tem um cachorro, caso você considere a cauda como uma perna?". Quando o indivíduo respondia "cinco", Lincoln retrucava: "Não... ele tem somente quatro. Afirmar que sua cauda é uma perna não a transforma em perna". Do mesmo modo, não é o bastante proclamar, por meio de propaganda e publicidade, que seus serviços são superiores. É preciso estar ciente de que é indispensável mostrar, por meio de indicadores e processos, que realmente o são.

Conheça profundamente os *stakeholders*, assim como o perfil dos estudantes. Os indivíduos das recentes gerações têm acesso a uma enorme gama de atividades mais interessantes e instigadoras fora do ambiente da escola, razão pela qual se tornam ansiosos, impacientes, intensos e, muitas vezes, arrogantes. Para os jovens das Gerações Y, Z e Alpha, tudo está se tornando cada vez mais transitório e celeremente obsoleto, o que os obriga a estarem sempre rastreando e querendo o novo. Desejam ser motivados pelo desafio, pela necessidade e, quando não encontram essas oportunidades, rebelam-se e perscrutam outros caminhos, ignorando qualquer proposta de fidelidade.

Adotar o "foco do foco" do estudante é fundamental, afinal este é o melhor ativo da instituição. Faz sentido tencionar o discente como um ativo que deve ser zelado, cultivado e acompanhado, pois este permanecerá na escola por alguns anos, cuja depreciação ou obsolescência (desistência) depende da qualidade dos serviços prestados. O estudante é um ativo cujo valor só cresce com o passar do tempo, e isso ocorre quando a satisfação, a lealdade, a interação e o bom relacionamento entre discente e escola estão adequados e bem fluidos, fazendo com que o educando volte para a instituição para se reciclar, complementar e dar continuidade à sua trajetória de aprendizagem. Sendo assim, cada contato, em qualquer ambiente escolar, é uma relevante oportunidade de valorização desse ativo.

É veraz que o mercado está se voltando para a seleção de profissional que alia sólida formação técnica com habilidades socioemocionais. Em outras palavras, que saiba planejar em Excel ou Number, mas também logra executar em PowerPoint ou Keynote com evidentes qualidades humanas. Mais ainda: que tenha habilidade de pensar e refletir; que seja dotado da arte de redigir pertinentes, coerentes e inteligíveis perguntas; e que tenha a capacidade de interagir e aproveitar todos os conhecimentos da enorme inteligência coletiva ao seu redor. Enfim, procura-se um nexialista com conectividade, discernimento e aptidão de encontrar informações certas para solucionar problemas complexos.

Espero que o texto traga bons *insights* para o planejamento institucional. Sendo você gestor ou educador, que se inspire e consiga superar o desafio de se adaptar ao perfil e características de cada geração e fazer uso da inteligência coletiva de seus liderados. Liderar é muito mais que pensar alto ou conversar formal ou informalmente com os *stakeholders*, embora isso faça parte do trabalho. Os líderes devem fazer acontecer, por meio dos quatro processos-chave – escolhendo bons educadores; estabelecendo o direcionamento estratégico; conduzindo os processos e as operações; e mantendo o foco e a disciplina na busca de resultados positivos e no atingimento das metas e propósitos.

As vantagens competitivas se modificam celeremente e o ciclo de vida de qualquer estratégia passa a ser muito curto. A cada dia surgem novos enfoques que refletem na economia, no mercado, na sociedade. Outros pontos fortes se tornam críticos, provocando, simultaneamente, a abertura de janelas de oportunidades a serem aproveitadas. No entanto, sejam quais forem as novas necessidades, não deixe de respeitar os quatro pilares da gestão ética e eficaz: (1) legalidade – trabalhe sempre dentro da lei; (2) qualidade – oferte serviços responsáveis, que levem os egressos a obter empregabilidade e trabalhabilidade; (3) rentabilidade e lucratividade – ser rentável e lucrativo não é profanação, é condição de sobrevivência e perenidade; (4) atratividade – é a única maneira de fidelizar os estudantes e consumidores. O esquecimento ou a falta de qualquer um desses pilares certamente interferirá na continuidade, na perenidade e no sucesso institucional.

"A verdadeira viagem da descoberta não está em buscar novas paisagens, mas em ter olhos novos", nos ensina o escritor francês Valentin Louis Georges Eugène Marcel Proust. Grosso modo, as inovações e disrupções não ocorrem no decurso de paradigmas e hábitos estabelecidos, mas quando as suposições e os pressupostos são enjeitados, as regras ignoradas e a criatividade escapa do controle. Concebi este texto com o intuito de provocar o debate e a reflexão a respeito de inovação e disrupção. Na prática, foi uma tentativa de captar uma fotografia do momento em que nos encontramos na era digital cognitiva. Trata-se de uma missão hercúlea, pois sou ciente do quanto este é um cenário que se transmuta substancialmente e com muita celeridade, gerando novas profissões, outras ocupações e diferentes modelos de negócios.

É muito provável que você, meu caro leitor, minha cara leitora, concorde e, ao mesmo tempo, discorde de muitas das minhas ideias e conceitos, porém uma coisa é certa: assim que este livro for impresso e disponibilizado, muito possivelmente já estará ultrapassado. No entanto, ainda poderá servir para aqueles que buscam respostas a muitas das questões em torno dessa explosão digital que ainda está em curso e a forma como isso afeta nossos jovens. Também poderá servir como contextualização para que possamos encontrar novas e criativas soluções. Os questionamentos concebidos e as respostas auferidas no texto serão pertinentes por algum tempo. Mas, como educador e pai, não quero e não posso parar por aqui. Assim, continuarei perguntando, analisando, sintetizando, avaliando, buscando respostas e soluções.

Agradeço a você, leitor e leitora, por ter tido o privilégio de compartilhar minhas dubiedades, incertezas, desassossegos, argumentações, propostas e sugestões.

Forte abraço!

CAPÍTULO 14

Aplicação do PDDA

A ferramenta de gestão acadêmica PDDA (Planejamento, Disponibilização, Distribuição, Avaliação), adaptada do PDCA (*Plan, Do, Check, Action*), de Walter Shewhart e William Edwards Deming, foi concebida com o propósito de ser um guia que direciona, flexibiliza, atualiza os processos operacionais e acadêmicos de uma instituição de ensino.

Figura 14.1 – Fluxo do PDDA

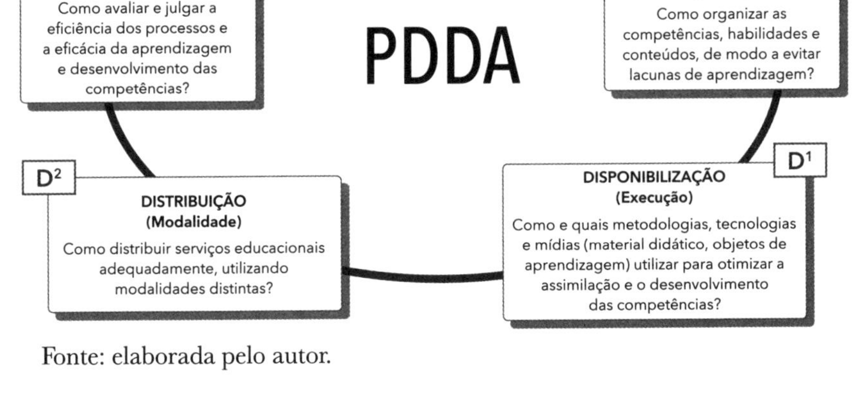

P¹

PLANEJAMENTO
(Escolha)

Quais conteúdos o egresso precisa conhecer bem (causa), para ser capaz de...? (efeito).

A

AVALIAÇÃO
(Agir)

Como avaliar e julgar a eficiência dos processos e a eficácia da aprendizagem e desenvolvimento das competências?

P²

PLANEJAMENTO
(Organização)

Como organizar as competências, habilidades e conteúdos, de modo a evitar lacunas de aprendizagem?

PDDA

D²

DISTRIBUIÇÃO
(Modalidade)

Como distribuir serviços educacionais adequadamente, utilizando modalidades distintas?

D¹

DISPONIBILIZAÇÃO
(Execução)

Como e quais metodologias, tecnologias e mídias (material didático, objetos de aprendizagem) utilizar para otimizar a assimilação e o desenvolvimento das competências?

Fonte: elaborada pelo autor.

251

Figura 14.2 – Processos do PDDA

AVALIAR → AGIR (A)

- Avaliação do processo de ensino, desenvolvimento e aprendizagem.
- Avaliação da aprendizagem:
  - Diagnóstica.
  - Formativa.
  - Somativa.
  - Autoavaliação.

PLANEJAR (P)

BSC Acadêmico:
- Qual o perfil do egresso? (Propósito)
- Quais as áreas de atuação do curso?
  - O que o estudante necessita conhecer bem (causa) para ser capaz de ... (efeito)?
  - Por que e o que ensinar e aprender?
  - Quais competências e habilidades serão desenvolvidas?
  - Quais conteúdos (factual, conceitual, processual, atitudinal e metacognitivo) o estudante deve assimilar para ser capaz de ...?

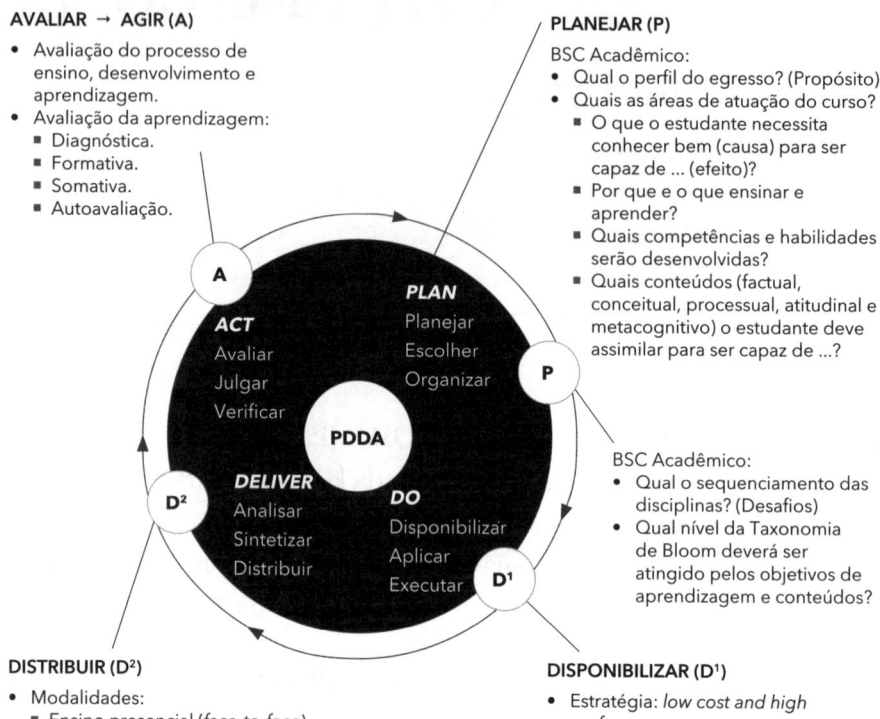

BSC Acadêmico:
- Qual o sequenciamento das disciplinas? (Desafios)
- Qual nível da Taxonomia de Bloom deverá ser atingido pelos objetivos de aprendizagem e conteúdos?

DISTRIBUIR (D²)

- Modalidades:
  - Ensino presencial (*face-to-face*).
  - Ensino a distância (EAD).
  - Ensino flex (*face-to-face* + virtual).
  - Ensino híbrido consciente.

DISPONIBILIZAR (D¹)

- Estratégia: *low cost and high performance*.
- Qual o número de entradas ao ano? (Carrossel)
- Quais os materiais didáticos? (Objetos de aprendizagem)
- Quais atividades de desenvolvimento e aprendizagem?
- Quais metodologias (instrucional, experiencial, experimental)?
- Quais tecnologias serão utilizadas no processo de ensino, desenvolvimento e aprendizagem?

Fonte: elaborada pelo autor.

14.1. Dimensão I: planejamento (escolha de competências, habilidades e conteúdos)

Figura 14.3 – Fluxo de escolha de conteúdos

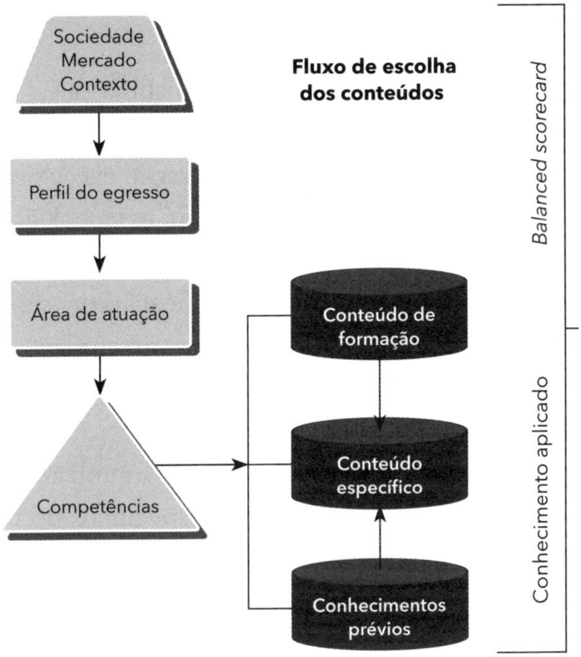

Fonte: elaborada pelo autor.

Pergunta a ser respondida:
- Quais competências, habilidades e conteúdos (factuais, conceituais, processuais, atitudinais e metacognitivos) o egresso necessita conhecer bem para ser capaz de desenvolver suas atividades nas diversas áreas de sua profissão e ocupação?

Premissas:
- Nenhum conteúdo poderá ser ofertado se não houver um propósito explícito e claro.
- Nenhum conteúdo poderá ser repetido se não houver um motivo justificável.

14.1.1. BSC Acadêmico

O *Balanced Scorecard* é uma metodologia de gestão estratégica que permite à organização equilibrar quatro perspectivas:

1. **Financeira.** Como a companhia será vista pelos investidores, acionistas, mercado e sociedade?
2. **Clientes.** Como a empresa será percebida pelos consumidores internos e externos?
3. **Processos internos.** Como a corporação executará e melhorará seus processos-chave, bem como utilizará as tecnologias disponíveis?
4. **Aprendizagem e crescimento.** Como a instituição investirá no treinamento, capacitação e qualificação de seus colaboradores, no sentido de capacitá-los para inovar, crescer e se perenizar?

A concepção do BSC Acadêmico se faz mediante aplicação da teoria original de Robert Kaplan e David Norton e de seus conceitos fundamentais para o planejamento (escolha e organização) das competências, habilidades e conteúdos prévios e específicos do curso. A ideia é propiciar em apenas uma folha o Projeto Pedagógico do Curso (PPC). Todo o processo deverá ser monitorado por indicadores de desempenho bem definidos.

Figura 14.4 – Dimensão I (fluxo de BSC Acadêmico)

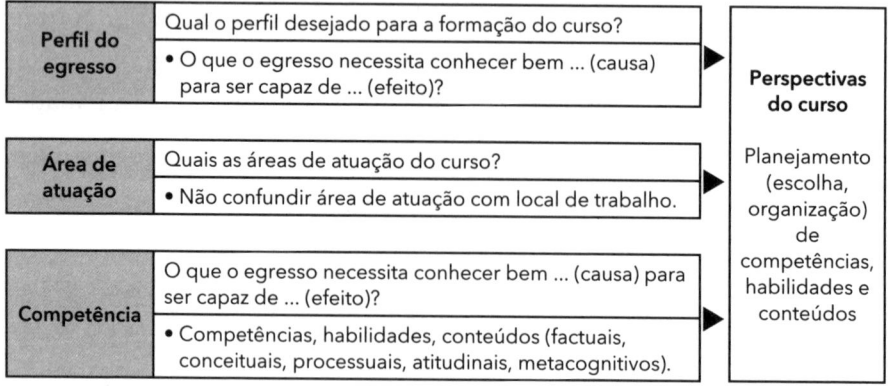

Processos internos	Análise dos processos internos: identificação de recursos e capacidades necessárias para elevar o nível de qualidade dos produtos e serviços.	▶ **Perspectivas institucionais**
	• Processos internos. • Processo de inovação. • Processo de ensino, desenvolvimento e aprendizagem. • Processo de acompanhamento dos egressos.	Adaptação, adoção, padronização para todos os cursos e modalidades
Aprendizagem e crescimento	Pessoas, sistemas e procedimentos operacionais	
	• Reciclagem e requalificação dos educadores. • Melhoria dos sistemas e processos. • Adoção de tecnologias. • Alinhamento dos procedimentos e da rotina da instituição.	▶

Fonte: elaborada pelo autor.

Premissas:

- Definição sintética, direta, objetiva do perfil do egresso. O texto deverá conter (no máximo) 250 caracteres.
- Definição da área de atuação de cada projeto acadêmico, com o intuito de facilitar a definição das competências, habilidade e conteúdos necessários para o bom desempenho profissional. O ideal é que contenha, no mínimo, duas e, no máximo, quatro áreas de atuação. O texto conceitual de cada área deverá conter (no máximo) 250 caracteres.
- Definição de competências, habilidades e conteúdos de cada área de atuação, para atingir o perfil profissional. As competências é que determinarão quais conteúdos serão ministrados, e não o contrário.

14.2. Dimensão I: planejamento (organização de competências, habilidades e conteúdos)

Figura 14.5 – Dimensão I (planejamento/organização de competências, habilidades e conteúdos)

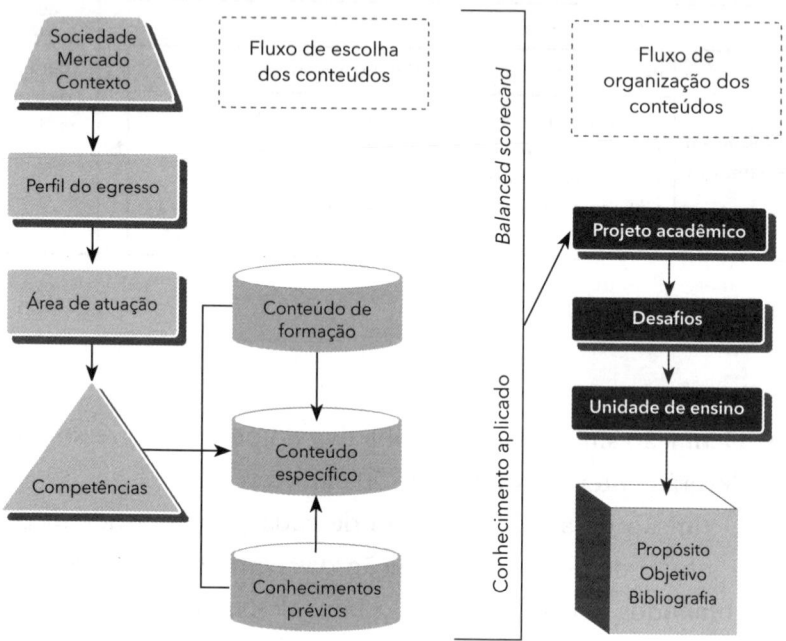

Fonte: elaborada pelo autor.

Pergunta a ser respondida:
- Como organizar as competências, habilidades e conteúdos de modo que evitem lacunas na aprendizagem?

Premissas:
- As competências é que deverão gerar os conteúdos profissionalizantes e estes definem os conteúdos de conhecimentos prévios que serão necessários e o momento em que serão aplicados e/ou transferidos. É nessa ordem que deverá ser a concepção do currículo, e não o contrário, como é feito no modelo tradicional.

- Não é a unidade de ensino que determina os conteúdos, e sim os desafios e as competências a serem desenvolvidas.
- A organização das unidades de ensino se faz de forma horizontal, e não mais vertical, uma vez que os conhecimentos prévios deverão ser ministrados no momento em que irão servir de suporte para os conteúdos profissionalizantes.
- A organização e o sequenciamento das unidades de ensino devem ser flexíveis, de fácil alteração, focadas nas competências, com conteúdos que contemplem o futuro, e não apenas o presente e o passado.

14.3. Dimensão II: disponibilização

Figura 14.6 – Dimensão II (disponibilização)

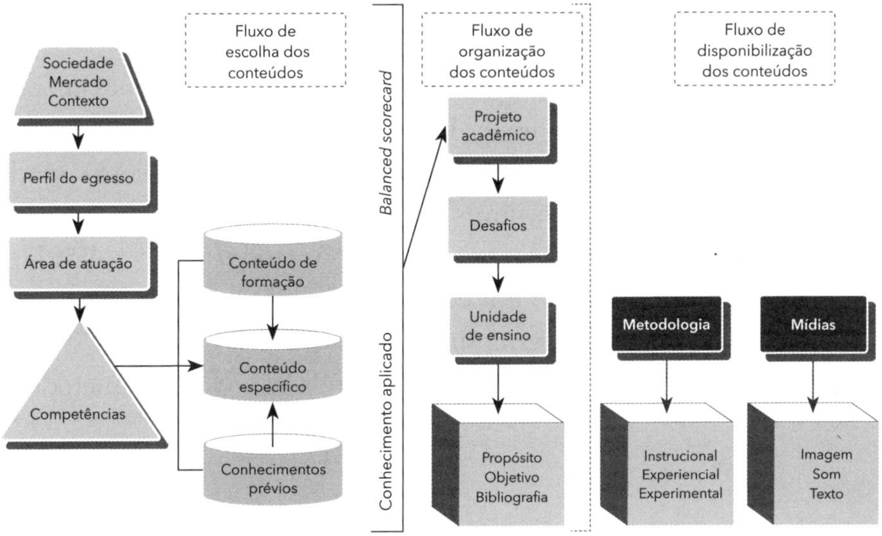

Fonte: elaborada pelo autor.

Pergunta a ser respondida:
- Como garantir a aprendizagem e o desenvolvimento das competências e habilidades com metodologias, mídias e tecnologias inovadoras?

Premissas:
- A ludicização, a sedução e a jogabilidade dos desafios e das atividades de aprendizagem serão os diferenciais para fidelizar e motivar os estudantes para a autoaprendizagem e o desenvolvimento das competências e habilidades programadas.
- O pluralismo deve estar contido em todas as ferramentas e procedimentos da disponibilização, em outras palavras, no processo de ensino, desenvolvimento e aprendizagem.
- A metodologia deverá ser híbrida (instrucional, experiencial e experimental) acompanhada de outras metodologias adjacentes (como imitação, transmissão, mediação, exploração e provocação).
- As mídias devem estar na sequência: imagem em movimento, imagem fixa, som e texto. Isso não expressa que uma é melhor que a outra, apenas ficará coerente com a sucessão e com o modo de aprendizagem das novas gerações.
- O que determinará a metodologia (método) a ser aplicada é o perfil do estudante e a competência a ser desenvolvida, bem como o conteúdo a ser ensinado.
- O que designará a mídia a ser usada é a metodologia (método).

14.4. Dimensão III: distribuição

Figura 14.7 – Dimensão III (distribuição)

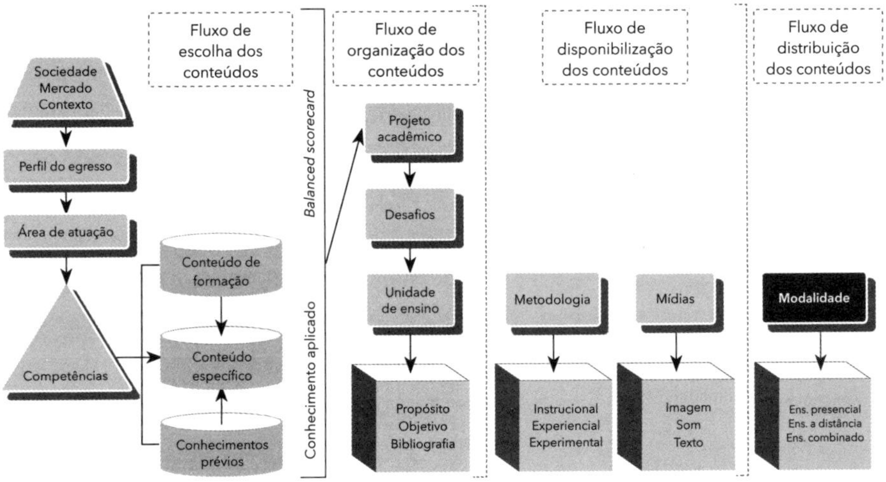

Fonte: elaborada pelo autor.

Pergunta a ser respondida:

- Como ofertar educação com a modalidade e a tecnologia adequada ao desenvolvimento de cada competência, habilidade, conteúdos, desafios e atividades de aprendizagem?

Premissas:

- A tecnologia gera a possibilidade de uma distribuição com mais opções na forma e na modalidade.
- Quem apontará a modalidade ofertada é a competência a ser desenvolvida e os conteúdos a serem ensinados, que poderá ser: presencial, a distância e/ou híbrida.

14.5. Dimensão IV: avaliação dos processos operacionais e acadêmicos

Figura 14.8 – Dimensão IV (avaliação dos processos operacionais e acadêmicos)

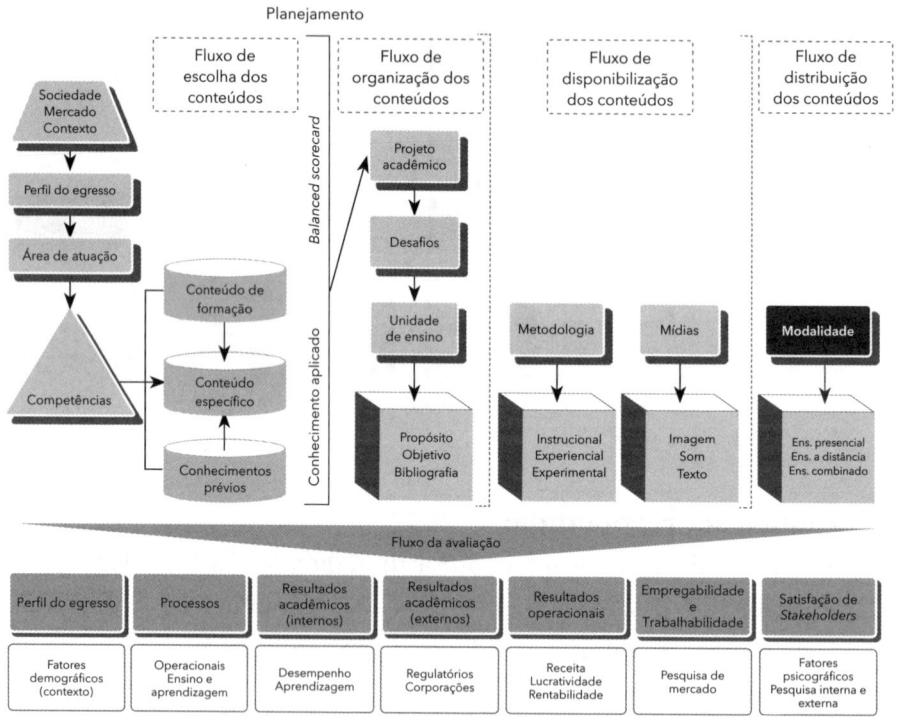

Fonte: elaborada pelo autor.

Pergunta a ser respondida:

▪ Como avaliar e julgar a eficiência do processo e a eficácia do desenvolvimento das competências, bem como a aprendizagem dos conteúdos?

Premissas:

▪ Avaliação das dimensões: concepção de indicadores do processo para cada uma das dimensões do PDDA.

- Avaliação dos processos operacionais: criação de indicadores operacionais, econômicos e financeiros, como rentabilidade, lucratividade e Ebitda.
- Fatores psicográficos: geração de indicadores do perfil dos estudantes. Que noções preconcebidas trazem consigo, quais seus sentimentos, suas necessidades, seus desejos e estereótipos. Em outros termos, mirar no "foco do foco" do discente.

Referências

ALBRECHT, K. *Revolução nos serviços:* como as empresas podem revolucionar a maneira de tratar os seus clientes. São Paulo: Pioneira, 2003.

BERGER, W. *A more beautiful question:* the power of inquiry to spark breakthrough ideas. New York: Bloomsbury, 2014.

BLANCHOT, M. *O livro por vir.* São Paulo: Martins Fontes, 2005.

BOSE, P. *Alexandre, o Grande:* a arte da estratégia. Rio de Janeiro: Best Seller, 2006.

BRANDÃO, C. R. *O que é educação.* São Paulo: Brasiliense, 2001.

BROWN, H. O poder surpreendente dos memes da internet. *BBC Future,* 22 out. 2022. Disponível em: https://www.bbc.com/portuguese/vert-fut-63304815. Acesso em: 5 mar. 2024.

BRUNER, J. *Acción, pensamiento y lenguaje.* Madrid: Alianza Editorial, 1995.

CANDIDO, A. A literatura e a formação do homem. In: DANTAS, V. (Org.) *Textos de intervenção.* São Paulo: Duas Cidades, Editora 34, 2002.

CAREY, K. *The end of college:* creating the future of learning and the university of everywhere. New York: Riverhead Books, 2015.

CARNEIRO, N. Uma antropologia da cultura III: a criação humana. *Brasil Escola*, [s/d]. Disponível em: https://meuartigo.brasilescola. uol.com.br/filosofia/uma-antropologia-cultura*-iii-cultura-criacao-humana.htm. Acesso em: 5 mar. 2024.

CARRETERO, M. *Constructivismo y educación*. Buenos Aires: Editorial Paidós, 2009.

CHRISTAKIS, N.; FOWLER, J. *O Poder das Conexões*. Rio de Janeiro: Elsevier, 2009.

CHRISTENSEN, C. M. *Dilema da inovação:* quando novas tecnologias levam empresas ao fracasso. São Paulo: Makron Books, 2001.

COLLINS, J. *Como as gigantes caem:* e por que algumas empresas jamais desistem. Rio de Janeiro: Alta Books, 2016.

COMENIUS. *Didática magna*. São Paulo: WMF Martins Fontes, 2011.

COVEY, S. R. *O 8° hábito:* da eficácia à grandeza. São Paulo: Ed. Campus, 2007.

DA FELTRE, Vittorino. *A Prince of Teachers*. Andesite Press, 2015.

DE ANDRADE, Carlos D. *Corpo:* novos poemas. São Paulo: Ed. Didática Paulista, 2002.

DEHEINZELIN, L. Sua vida segue o padrão distribuído, descentralizado ou centralizado? *Época Negócios*, 20 abr. 2022. Disponível em: https://epocanegocios.globo.com/colunas/Crie-Futuros/ noticia/2022/04/sua-vida-segue-o-padrao-distribuido-descentralizado-ou-centralizado.html. Acesso em: 5 mar. 2024.

DELORS, J. (Coord.). *Educação:* um tesouro a descobrir. São Paulo: Cortez Editora, 1999.

ENRICONE, D. *Ser professor.* Porto Alegre: EDPUCRS, 2006.

ERICKSON, T. *E agora geração X?* Como se manter no auge profissional e exercer a liderança plena numa época de intensa transformação. Rio de Janeiro: Elsevier, 2011.

EYSENCK, M. W.; EYSENCK, C. *Inteligência artificial × Humanos:* o que a ciência cognitiva nos ensina ao colocar frente a frente a mente humana e a IA. Porto Alegre: Artmed, 2023.

FAVA, R. *Currículo 30-60-10:* a era do nexialista. Maringá: Viseu, 2022.

FAVA, R. *O estrategista:* decisão em administração. Maringá: Viseu, 2022.

FAVA, R. *Trabalho, educação e inteligência artificial.* Porto Alegre: Penso, 2018.

FAVA, R. *Educação para o século 21:* a era do indivíduo digital. São Paulo: Saraiva Uni, 2016.

FAYOL, H. *Administração Industrial e Geral:* previsão, organização, comando, coordenação e controle. São Paulo: Ed. Atlas, 1990.

FREIRE, P. *Pedagogia do oprimido.* Rio de Janeiro: Ed. Paz e Terra, 2005.

FLYNN, J. R. *O que é inteligência?* Além do Efeito Flynn. São Paulo: Bookman, 2009.

FRIEDMAN, T. L. *O mundo é plano:* uma breve história do século XXI. Rio de Janeiro: Objetiva, 2005.

GOLEMAN, D. *Inteligência emocional:* a teoria revolucionária que define o que é inteligência. Rio de Janeiro: Objetiva, 2007.

GUILLÉN, M. F. *2030:* como as maiores tendências de hoje vão colidir com o futuro de todas as coisas e remodelá-las. Rio de Janeiro: Alta Cult, 2021.

HANDY, C. *A era do paradoxo.* São Paulo: Makron, 1995.

HEITLINGER, P. Paul Baran. *Networks*, [s/d]. Disponível em: http://www.tipografos.net/internet/paul-baran.html. Acesso em: 5 mar. 2024.

HORN, M. B.; JOHNSON, C. W. *Disrupting class:* how disruptive innovation will change the way the world learns. New York: McGraw-Hill, 2008.

HOWE, N.; STRAUSS, W. *Millennials rising:* the next great generation. New York: Vintage Books, 2009.

JASMIN, M. Despotismo e História na obra de Alexis de Tocqueville. *Instituto de Estudos Avançados da Universidade de São Paulo*, [s/d]. Disponível em: http://www.iea.usp.br/publicacoes/textos/jasmintocqueville.pdf. Acesso em: 5 mar. 2024.

JUNG, C. G. *Os Arquétipos e o inconsciente coletivo*. Petrópolis: Editora Vozes, 2002.

LEVY, P. *As tecnologias da inteligência:* o futuro do pensamento na era da informática. Rio de Janeiro: Editora 34, 1993.

LIPKIN, A.; PERRYMORE, A. J. *A geração Y no trabalho:* como lidar com a força do trabalho que influenciará definitivamente a cultura da sua empresa. Rio de Janeiro: Elsevier, 2000.

KEARSLEY, G. *Educação on-line:* aprendendo e ensinando. São Paulo: Cengage Learning, 2011.

KELLY, K. *Para onde nos leva a tecnologia*. Porto Alegre: Bookman, 2012.

MATTHEWMANN, J. *Os novos nômades globais*. São Paulo: Clio, 2012.

MINTZBERG, H.; AHLSTRAND, B.; LAMPEL, J. *Safári de Estratégia:* um roteiro pela selva do planejamento estratégico. Porto Alegre: Ed. Bookman, 2010.

MORAIS, R. R.; MONTEIRO, R. *Indústria 4.0:* impacto na gestão de operações e logística. São Paulo: Ed. Mackenzie, 2019.

NERI, M. A. *A nova classe média:* o lado brilhante da base da pirâmide. São Paulo: Saraiva Uni, 2011.

NONAKA, I.; TAKEYCHI, H. *The knowledge – creating company:* how Japanese companies create the dynamics of innovation. New York: Oxford University Press, 1995.

OLIVEIRA, S. *Geração Y:* o nascimento de uma nova versão de líderes. São Paulo: Integrare Editora, 2010.

PERNOUD, R. *Luz sobre a Idade Média*. Portugal: Publicações Europa--América, 1997.

PLATÃO. Teeteto (ou do conhecimento), Sofista (ou do ser), Protágoras (ou sofistas). In: BINI, E. (Ed.) *Diálogos*. Bauru: EDIPRO, 2007.

PORTER, M. *Competição*. São Paulo: Ed. Campus, 2009.

PORTER, M. *Estratégia Competitiva:* técnicas para análise de indústrias e da concorrência. São Paulo: Atlas 2005.

PRENSKY M. *Não me atrapalhe mãe – eu estou aprendendo!* Como os video-games estão preparando nossos filhos para o sucesso no século XXXI – e como você pode ajudar. São Paulo: Phorte Editora, 2010.

SCHWARTZ, B. *The paradox of choice*: Why more is less. New York: Harper Collins, 2016.

SENGE, M. P. *A quinta disciplina:* arte e prática da organização que aprende. Rio de Janeiro: Editora Best Seller, 2013.

SENGE, P. *Escolas que aprendem*: um guia para educadores. Porto Alegre: Artmed, 2004.

SENGE, P. *A dança da mudança*. Rio de Janeiro: Elsevier, 1999.

TAPSCOTT, D.; WILLIAMS, A. *Wikinomics:* como a colaboração em massa pode mudar o seu negócio. Rio de Janeiro: Nova Fronteira, 2007.

THE ECONOMIST. The world's most valuable resource is no longer oil, but data. *The economist*, 6 maio 2017. Disponível em: https://www.economist.com/leaders/2017/05/06/the-worlds-most-valuable-resource-is-no-longer-oil-but-data. Acesso em: 8 fev. 2024.

TRANJAN, R. *Metanoia*. 2. ed. São Paulo: Buzz Editora, 2019.

VASCONCELOS, A. C. P.; PENA, B. F. Angústia: o afeto que não engana. *Reverso*, v. 41, n. 78, p. 27-33, dez. 2019. Disponível em: http://pepsic.bvsalud.org/scielo.php?script=sci_arttext&pid=S0102-73952019000200003&lng=pt&nrm=iso. Acesso em: 5 mar. 2024.

WEBER, M. *A ética protestante e o espírito do capitalismo*. São Paulo: Martin Claret, 2013.

WELLER, W. A atualidade do conceito de gerações de Karl Mannheim. *Sociedade e estado*, v. 25 (2), ago. 2010. Disponível em: https://www.scielo.br/j/se/a/pYGppjZyvTjJH9P89rMKHMv. Acesso em: 5 mar. 2024.